Recht der Steuern und der öffentlichen Finanzordnung / Tax Law and Public Finance

herausgegeben von

Band 20

Christine Hinsch

Private Gemeinwohlfinanzierung und subjektives Recht

Steuerbegünstigte Spenden im Lichte des Verfassungs- und Unionsrechts

Nomos

Gedruckt mit Unterstützung der Helmut-Schmidt-Universität.
Universität der Bundeswehr Hamburg

Die Deutsche Nationalbibliothek verzeichnet diese Publikation in der Deutschen Nationalbibliografie; detaillierte bibliografische Daten sind im Internet über http://dnb.d-nb.de abrufbar.

Zugl.: Hamburg, Univ., Diss., 2020

ISBN 978-3-8487-8043-3 (Print)
ISBN 978-3-7489-2432-6 (ePDF)

Onlineversion
Nomos eLibrary

1. Auflage 2021

Vorwort

Die vorliegende Arbeit wurde im Wintersemester 2019/2020 von der Fakultät für Rechtswissenschaft der Universität Hamburg als Dissertation angenommen und mit dem Kolloquium am 26. Oktober 2020 erfolgreich abgeschlossen.

Mein größter und herzlichster Dank gilt meinem Doktorvater, Herrn Professor Dr. Ulrich Hufeld, für inspirierende Diskussionen, die fachliche und menschliche Begleitung dieses Projekts über eine Dekade sowie die größtmögliche wissenschaftliche und geistige Freiheit.

Herrn Professor Dr. Gerrit Frotscher danke ich für die zügige Erstellung des Zweitgutachtens.

Mein Dank gilt auch Frau Dr. Christine Grolig für ihre kollegiale und freundschaftliche Begleitung der Entstehung dieser Arbeit.

Zu guter Letzt danke ich meiner Familie, ganz besonders Martin, Lucia und Cecilia!

Hamburg, im November 2020 — Christine Hinsch

Inhaltsverzeichnis

1. Kapitel: Einleitung 13

2. Kapitel: Private Gemeinwohlfinanzierung 17

A. Gemeinwohl 17

B. Dritter Sektor 19

C. Gemeinnützigkeitsrecht 20

D. Finanzierung des Gemeinwohls 20

E. Der verfassungsrechtliche Gemeinwohlkern 21

3. Kapitel: Das subjektive Recht der Spender 24

A. Verfassungsrecht 26
- I. Subsidiaritätsprinzip 26
  - 1. Ausschließliche Staatsaufgaben 28
  - 2. Pluralistische Gemeinwohlaufgaben 28
  - 3. Konkurrierende Gemeinwohlaufgaben 31
  - 4. Motive der Gemeinwohlförderung 34
  - 5. Rückschlüsse für steuerliche Anreize 37
  - 6. Auswirkung der Spendenmotive auf ein subjektives Recht beruhend auf dem Subsidiaritätsprinzip 38
- II. Primat der Freiheit 42
- III. Auswirkungen auf das Spendenrecht 44

B. Grundrechte 45
- I. Grundrechtsschutz einer gemeinnützigen Betätigung 46
- II. Ein subjektives Recht aus dem Gleichheitssatz (Art. 3 GG) 50
  - 1. Leistungsfähigkeitsprinzip 51
  - 2. Objektives Nettoprinzip 52
  - 3. Subjektives Nettoprinzip 53
  - 4. Spende 54
  - 5. Lehre vom indisponiblen Einkommen 58
  - 6. Kritik an der Lehre vom indisponiblen Einkommen 60
    - a) Grundsätzliche Kritik 62
    - b) Berücksichtigung der Sozialversicherungsbeiträge 64

c) Berücksichtigung der Kosten zur Unterhaltszahlung 65
d) Berücksichtigung der Kosten für eine Haftpflichtversicherung 65
e) Individualexistenzminimum 66
7. Alternatives Besteuerungsmodel 68
8. Einordnung des Existenzminimums 70
9. Vereinbarkeit der steuerlichen Begünstigung der Spende mit Art. 3 Abs. 1 GG 73
III. Ein subjektives Recht aus dem Schutz des Eigentums (Art. 14 GG) 75
1. Rechtsprechung des Bundesverfassungsgerichts 76
2. Steuerstaat 78
3. Gemeinwohl 81
4. Non-Affektationsprinzip 85
5. Sozialpflichtigkeit Art. 14 Abs. 2 GG 86
6. Zwischenergebnis 88
IV. Einordnung der Spendenbegünstigung als Sozialzwecknorm 91
V. Grundrechtlicher Schutz von Spenden ins Ausland 93
1. Spenden an Organisationen mit Sitz in der EU/ im EWR 94
a) Verifikation der Spende 94
b) Anforderungen an die Verifikation im „Zinsurteil“ 95
c) Anwendung der Anforderungen an die Verifikation im „Zinsurteil“ auf die Spende 97
d) Zwischenergebnis 99
2. Spenden an Organisationen in Drittstaaten 100
a) Drittstaaten mit Amtshilfeabkommen 100
b) Drittstaaten ohne Amtshilfeabkommen 100
aa) Ungleichbehandlung im Vergleich zur Einschaltung von Hilfspersonen 101
bb) Ungleichbehandlung im Vergleich zu Mittelbeschaffungskörperschaften 103
3. Zwischenergebnis 105

4. Kapitel: Subjektive Rechte der Spendenempfänger 106

A. Finanzierungsverantwortung des Staates 108
I. Privatschulen 109
II. Wissenschaft 110
III. Kunst 111

IV. Religion und Weltanschauung 112
V. Steuerbefreiungen aufgrund der Finanzierungsverantwortung 113
VI. Weitere Gründe für eine Steuerbegünstigung 115
VII. Grenze der steuerlichen Begünstigung 117
VIII. Kein weitergehendes subjektives Recht aus Art. 3 GG oder Art. 14 GG 117

B. Spendenempfänger im Ausland 118

5. Kapitel: Unionsrecht 123

A. Grundfreiheiten 123

B. Rechtssache Stauffer 126

C. Rechtssache Schwarz/Gootjes-Schwarz 127

D. Rechtssache Jundt 128

E. Rechtssache Persche 129
I. Sachverhalt 130
II. Ergebnisse der Entscheidung 131
III. Stellungnahme 134
1. Spende von der Kapitalverkehrsfreiheit umfasst 134
2. Voraussetzungen des Gemeinnützigkeitsrechts nicht harmonisiert 137
3. Sitz der Organisation kein zulässiger Anknüpfungspunkt 137
4. Beschränkung der gemeinnützigen Zwecke auf das Inland möglich 138
5. Rechtfertigung mit der Wirksamkeit der Steueraufsicht 141
6. Grenzen bei der Ausgestaltung der Gemeinnützigkeitsvoraussetzungen 143

F. Verletzung weiterer Grundfreiheiten 144

G. Spendenempfänger 147
I. Kapitalverkehrsfreiheit 147
II. Niederlassungsfreiheit, Dienstleistungsfreiheit und Warenverkehrsfreiheit 149

6. Kapitel: Verfassungsrechtliche und unionsrechtliche Verstöße durch die aktuelle Gesetzeslage 151

A. Verfassungsrechtliche und unionsrechtliche Verstöße durch die aktuelle Gesetzeslage aus der Sicht des Spenders 151
I. Verfassungsrechtliche Diskriminierung 152
1. Ungleichbehandlung zu Organisationen in EU-/EWR-Staaten 153
2. Ungleichbehandlung zu Organisationen in Drittstaaten 156
II. Unionsrechtliche Diskriminierung 156
1. Struktureller Inlandsbezug 157
2. Spenden an Organisationen mit Sitz in der EU und im EWR 158
a) Satzungsvoraussetzung 158
aa) Mustersatzung (Anlage zu § 60 Abs. 1 Satz 2 AO) 158
bb) Satzungsmäßige Vermögensbindung 160
b) Anforderungen an die tatsächliche Geschäftsführung 163
c) Anforderung an den Zuwendungsnachweis 164
d) Zwischenergebnis 165
3. Hilfe bei der Beitreibung von Steuerforderungen 165
4. Haftung bei Mittelfehlverwendung von Spendenempfängern im EU/EWR-Staat (§ 10b Abs. 4 EStG) 167
5. Zuwendungsempfänger in Drittstaaten 168

B. Verfassungsrechtliche und unionsrechtliche Verstöße durch die aktuelle Gesetzeslage aus der Sicht des Spendenempfängers 169
I. Verstoß gegen das verfassungsrechtliche Bestimmtheitsgebot 169
II. Unionsrechtswidrige Diskriminierung 173
1. Struktureller Inlandsbezug 173
2. Struktureller Inlandsbezug auch Voraussetzung bei Spenden an juristische Personen des öffentlichen Rechts im EU-/EWR-Staat 176
3. Feststellung der Gemeinnützigkeit (§ 60a AO) 178
4. Satzungsvoraussetzungen 180
a) Mustersatzung (Anlage zu § 60 Abs. 1 Satz 2 AO) 180
b) Satzungsmäßige Vermögensbindung 180
5. Zuwendungsbestätigung 181

C. Stellungnahme zu weiteren Gesetzesänderungen 182
I. Abschaffung des § 62 AO a.F. 182

II. Sonderausgabenabzug erweitert um Schulgeldzahlungen an Privatschule mit Sitz in der EU/ im EWR 183
III. Erweiterung der steuerlichen Begünstigung nach § 3 Nr. 26 EStG auf juristische Personen des öffentlichen Rechts mit Sitz im EU-/EWR-Staat 184
IV. Zwischenergebnis 185

7. Kapitel: Spendenabzug in anderen Ländern 187

A. Schweden 188

B. Großbritannien 190

C. Zwischenergebnis 191

8. Kapitel: Ausblick: Möglichkeiten einer Europäisierung 193

I. Europäische Stiftung – Fundatio Europaea (FE) 193
II. Integration durch die Grundfreiheitsberechtigten 196

9. Kapitel: Zusammenfassung 200

Literaturverzeichnis 211

1. Kapitel: Einleitung

Wie weit trägt das europäische Gemeinnützigkeitsrecht? Einen ersten Eindruck vermittelt die Entscheidung des Europäischen Gerichtshofes (EuGH) in der Rechtssache (Rs.) Persche[1]. Herr Persche, der in Deutschland unbeschränkt steuerpflichtig ist, hatte Bett- und Badwäsche, Rollatoren und Spielzeugautos als Sachspende an ein Seniorenheim, an dem auch ein Kinderheim angegliedert ist, gespendet und bei seinem deutschen Finanzamt beantragt, dass diese Sachspende im Rahmen seiner Steuererklärung berücksichtigt wird.[2] Das Besondere an dieser Sachspende und der Grund dafür, dass sie im Rahmen seiner Steuererklärung nicht berücksichtigt wurde, war, dass sich das Seniorenheim in Portugal befindet.[3] Herr Persche hat sich gegen die Nichtberücksichtigung seiner Sachspende rechtlich gewehrt. Der Bundesfinanzhof (BFH) hat sein Verfahren ausgesetzt und dem Europäischen Gerichtshof (EuGH) die Frage vorgelegt, ob die Nichtberücksichtigung von grenzüberschreitenden Spenden innerhalb der Europäischen Union gegen Unionsrecht verstößt.[4] Der EuGH hat daraufhin entschieden, dass ein Mitgliedstaat die steuerliche Begünstigung einer Spende nicht allein deshalb versagen darf, weil die Spende an eine Organisation in das europäische Ausland geflossen ist.[5] Sofern die Organisation die Voraussetzungen dieses Mitgliedstaates erfüllt, um als steuerlich begünstigter Spendenempfänger anerkannt zu werden, darf nicht der Sitz im Europäischen Ausland der alleinige Versagungsgrund für die steuerliche Begünstigung sein.[6]

Aus der Entscheidung ergeben sich folgende Grundsätze: Erstens: Jeder Mitgliedstaat entscheidet selbst über eine steuerliche Begünstigung von Spenden.[7] Zweitens: Sofern der Mitgliedstaat Spenden steuerlich begünstigt, muss er auch grenzüberschreitende Spenden innerhalb der Europäischen Union steuerlich begünstigen.[8] Dies gilt jedoch nur, wenn die aus-

---

1 Europäischer Gerichtshof, Urteil vom 27.01.2009 – C-318/07, Persche.
2 Europäischer Gerichtshof, Urteil vom 27.01.2009 – C-318/07, Persche Rn. 2, 12.
3 Europäischer Gerichtshof, Urteil vom 27.01.2009 – C-318/07, Persche Rn. 15.
4 BFH, Beschluss vom 09.05.2007 – XI R 56/05, BFHE 218, 125 Rn. 53ff.
5 Europäischer Gerichtshof, Urteil vom 27.01.2009 – C-318/07, Persche Rn. 44.
6 Europäischer Gerichtshof, Urteil vom 27.01.2009 – C-318/07, Persche Rn. 49.
7 Europäischer Gerichtshof, Urteil vom 27.01.2009 – C-318/07, Persche Rn. 43.
8 Europäischer Gerichtshof, Urteil vom 27.01.2009 – C-318/07, Persche Rn. 72.

ländische Organisation seine Voraussetzungen für die steuerliche Begünstigung erfüllt.[9] Die Mitgliedstaaten verfügen somit über zwei Stellschrauben, um die steuerliche Begünstigung von Spenden in das europäische Ausland zu unterbinden. Ein Mitgliedstaat könnte die steuerliche Begünstigung von Spenden insgesamt abschaffen oder die Voraussetzungen so ausgestalten, dass sie de facto von Organisationen aus dem europäischen Ausland nicht erfüllt werden können. Die erste Handlungsalternative setzt jedoch wiederum voraus, dass die Verfassung des Mitgliedstaats ihm erlaubt, Spenden bei der Besteuerung unberücksichtigt zu lassen. Bei der zweiten Handlungsalternative dürfen die Voraussetzungen, die erfüllt werden müssen, um von der steuerlichen Begünstigung der Spenden zu profitieren, nicht so ausgestaltet sein, dass sie gegen das Unionsrecht verstoßen.

Auf den ersten Blick wirkt die erste Voraussetzung erstaunlich. Das Grundgesetz müsste es dem Gesetzgeber erlauben, die steuerliche Abzugsfähigkeit von Spenden abzuschaffen. Grundsätzlich würde man annehmen, dass der Gesetzgeber frei darüber entscheiden kann, ob er Spenden steuerlich begünstigen möchte. Oder ergibt sich eine Pflicht zur steuerlichen Begünstigung der Spenden aus der Verfassung selbst? Diese Pflicht könnte sich aus der freiheitlichen Ausgestaltung des Grundgesetzes, dem Subsidiaritätsprinzip, den Staatszielen und den Grundrechten, dem Eigentumsschutz oder dem Leistungsfähigkeitsprinzip ergeben.

Bei der zweiten Handlungsalternative stellt sich die Frage, ob das Einkommensteuergesetz so ausgestaltet werden kann, dass die steuerliche Begünstigung von Spenden de facto auf Spenden an inländische Spendenempfänger begrenzt ist, ohne dass diese Begrenzung gegen das Unionsrecht verstößt.

Die Untersuchung dieser Fragen lohnt, da diese Ergebnisse weitreichende Folgen für die Wissenschaft und Praxis haben könnten. Schließlich sind die meisten europäischen Verfassungen freiheitlich ausgestaltet, weil sie ihrer Bevölkerung einen fundamentalen Grundrechtsschutz vermitteln, mit deren Hilfe sich die Bevölkerung Freiheitsräume schaffen und erhalten kann. Innerhalb dieser Freiheitsräume können die Menschen nach ihrer Fasson leben. Die Grundrechte dienen primär dazu, sich eine größtmögliche Freiheit gegenüber dem Staat zu erhalten und zu verschaffen.[10] Sekundär sollen sie auch jedem Menschen die größtmögliche Freiheit im Verhältnis zu anderen Menschen gewähren, ohne die Freiheit der anderen ein-

9 Europäischer Gerichtshof, Urteil vom 27.01.2009 – C-318/07, Persche Rn. 49, 72.
10 *Isensee*, in: Isensee/Kirchhof, HStR Bd. IX, § 191 Rn. 2.

zuschränken.[11] Darüber hinaus wird grundsätzlich in den Verfassungen der europäischen Staaten das Eigentum geschützt.[12] Das Leistungsfähigkeitsprinzip hat bei der Besteuerung in Deutschland eine fundamentale Bedeutung,[13] sodass der Schluss naheliegt, dass sich in den anderen europäischen Verfassungen ein ähnlicher Schutz bei der Besteuerung finden lässt.[14] Sollte sich gar ergeben, dass alle europäischen Verfassungen eine steuerliche Begünstigung von Spenden erzwingen, so führt dies durch die Entscheidung des EuGH in der Rs. Persche dazu, dass sich jede grenzüberschreitende Spende innerhalb der Europäischen Union bei der Besteuerung positiv niederschlägt.

Für den Fall, dass sich keine Pflicht zur steuerlichen Begünstigung von Spenden aus den Verfassungen ergibt, könnte sich dennoch im Zusammenspiel mit der EuGH-Rechtsprechung ein subjektives Recht auf eine steuerliche Begünstigung von grenzüberschreitenden Spenden ergeben. Dies setzt allerdings voraus, dass nach der EuGH-Rechtsprechung eine Begrenzung der steuerlichen Begünstigung auf Spenden an inländische Spen-

---

11 Ders., in: Isensee/Kirchhof, HStR Bd. IX, § 191 Rn. 6.

12 Exemplarisch am Beispiel der Verfassungen Belgiens, Frankreichs, Italiens, der Niederlande, Österreichs, Polens, Spaniens, Tschechiens und Ungarns (deutsche Übersetzungen der zuvor zitierten Verfasssungen in: *Hufeld/Epiney/Merli*, Europäisches Verfassungsrecht,): Art. 16, 17 Belgische Verfassung (S. 313ff.); Frankreich: Erklärung der Menschenrechte Art. 2 S. 2, 17 (S. 439f.); Italien: Art. 42 Italienische Verfassung (S. 443ff.); Niederlande: Art. 14 Niederländische Verfassung (S. 469ff.); Österreich: Art. 5 Verfassungsgesetz der Republik Österreichs Staatsgrundgesetz über die allgemeinen Rechte der Staatsbürger (S. 564ff.); Polen: Art. 21, 64 Polnische Verfassung (S. 567ff.); Spanien: Art. 33 Spanische Verfassung (S. 681ff.); Tschechien: Art. 11 Verfassung der Tschechischen Republik Charta der Grundrechte und -freiheiten (S. 733ff.); Ungarn: Art. XIII. Ungarisches Grundgesetz (S. 742ff.).

13 *Hey*, in: Tipke/Lang, Steuerrecht, § 3 Rn. 40.

14 Ein dem Leistungsfähigkeitsprinzip vergleichbares Prinzip findet sich beispielsweise in der spanischen Verfassung in Art. 31 Abs. 1: „Alle tragen zum Aufkommen der öffentlichen Ausgaben bei, gemäß ihren wirtschaftlichen Möglichkeiten, mittels eines gerechten und von den Grundsätzen der Gleichheit und Progression geleiteten Steuersystems, das in keinem Fall bis zur Konfiskation führen darf." Deutsche Übersetzung in: *Hufeld/Epiney/Merli*, Europäisches Verfassungsrecht, S. 681 (687). Ein vergleichbares Prinzip findet sich auch in Art. 13 der französischen Erklärung der Menschen- und Bürgerrechte von 3. November 1789: „Für die Unterhaltung der Streitmacht und für die Kosten der Verwaltung ist ein gemeinschaftlicher Beitrag unerlässlich; dieser soll unter allen Bürgern des Staates im Verhältnis zu ihren Vermögensverhältnissen auf gleiche Weise verteilt werden." Deutsche Übersetzung in: *Hufeld/Epiney/Merli*, Europäisches Verfassungsrecht, S. 439 (440).

denempfänger sich nicht unionsrechtskonform ausgestalten lässt. Andererseits müssten alle Mitgliedstaaten die steuerliche Begünstigung von Spenden vorsehen. Aus diesem Grund wird exemplarisch die steuerliche Begünstigung von Spenden in Schweden und Großbritannien dargestellt.

2. Kapitel: Private Gemeinwohlfinanzierung

In Deutschland wurden den Berechnungen des Deutschen Zentralinstituts für soziale Fragen (DZI) zufolge im Jahr 2016 rund 7,7 Mrd. Euro von den Privathaushalten für gemeinnützige Zwecke gespendet.[15] Dies sind jedoch nur Schätzungen.[16] Genau beziffern lässt sich die Spendensumme nicht, da nicht alle Spenden in der Einkommensteuererklärung geltend gemacht werden.[17] Es gab zwar immer wieder stichprobenartige Befragungen der Bevölkerung, welchen Geldbetrag der Einzelne im letzten Jahr gespendet hat, doch kommen auch diese Befragungen zu sehr unterschiedlichen Ergebnissen.[18] Bevor sich der Frage zugewandt werden kann, ob die Spender oder Spendenempfänger ein subjektives Recht auf die steuerliche Begünstigung ihrer Gemeinwohlförderung haben, muss zuerst das Gemeinwohl definiert werden (hierzu unter A.). Häufig wird der Dritte Sektor (hierzu unter B.) und das Gemeinnützigkeitsrecht (hierzu unter C.) in einem Atemzug mit dem Gemeinwohl genannt, deshalb werden auch diese Begriffe in den Abschnitten B. und C. voneinander abgegrenzt.

A. Gemeinwohl

„Das Gemeinwohl verkörpert die Idee vom guten Zustand des Gemeinwesens und vom Gedeihen aller seiner Glieder“[19]. In dieser Definition versteht sich als Gemeinwesen und Staat die Gesellschaft als Ganzes und nicht der Staatsapparat an sich. Das Gemeinwesen umfasst die Bürger und die Staatsgewalt. Letzterer kommt die Aufgabe zu, Gemeinwohl zu schaffen, aber auch das von der Gesellschaft hervorgebrachte Gemeinwohl zu erhalten.[20] Eine Definition des Gemeinwohls lässt sich schwer fassen und steht einer Konkretisierung durch eine Herrschaftsgewalt oder eine Verfassung

15 *Deutsches Zentralinstitut für soziale Fragen,* DZI, Spendenalmanach 2017, S. 7, 292.
16 *Deutsches Zentralinstitut für soziale Fragen,* DZI, Spendenalmanach 2017, S. 292.
17 *Deutsches Zentralinstitut für soziale Fragen,* DZI, Spendenalmanach 2017, S. 16.
18 *Deutsches Zentralinstitut für soziale Fragen,* DZI, Spendenalmanach 2017, S. 6ff., 10.
19 *Isensee,* in: Isensee/Kirchhof, HStR Bd. IV, § 71 Rn. 2.
20 Ders., in: Isensee/Kirchhof, HStR Bd. IV, § 71 Rn. 20.

nicht zur Verfügung.[21] Vielmehr wird der Begriff immer wieder neu geprägt durch die Erfordernisse der jeweiligen Situation, die politischen Bedürfnisse und den geltenden Normen.[22] Das Gemeinwohl ändert sich nicht durch unterschiedliche Staatsformen. Doch mit dem Ziel, Gemeinwohl hervorzubringen, legitimiert sich die Schaffung einer Staatsgewalt.[23] Dem Begriff des Gemeinwohls lässt sich nur beispielhaft näherkommen:

Grundvoraussetzung für die Entstehung von Gemeinwohl ist eine Gesellschaft. Jede Handlung, die die Bedürfnisse der Mitglieder der Gesellschaft befriedigt, fördert das Gemeinwohl.[24] Die Tätigkeiten, die Gemeinwohl hervorbringen und fördern, sind so vielfältig wie die Bedürfnisse der Menschen. Zunächst gilt es, die Grundbedürfnisse zu befriedigen. Darüber hinaus wird das Gemeinwohl gefördert, indem ein Rechtssystem Handel zuverlässig gewährleistet und eine Infrastruktur bereitgestellt wird. Der Staat und seine Bürger fördern grundsätzlich in Arbeitsteilung das Gemeinwohl.[25] Der Staat stellt die Infrastruktur zur Verfügung, die ein erwerbswirtschaftliches Handeln voraussetzt.[26] Der Bürger, der sich gewinnorientiert betätigt, bietet Produkte am Markt an, die von anderen Bürgern nachgefragt werden und fördert auf diese Weise das Gemeinwohl.[27] So verkauft der Bäcker Brote, um das Grundbedürfnis nach Lebensmitteln zu befriedigen. Eigennütziges erwerbswirtschaftliches Handeln fördert genauso das Gemeinwohl wie altruistisches Verhalten.[28]

Zunächst überrascht dieses Ergebnis: Durch eigennütziges Handeln werden die meisten Bedürfnisse einer Gesellschaft befriedigt. Der Unternehmer, der regelmäßig gewinnorientiert und eigennützig handelt, befriedigt Bedürfnisse am Markt durch seine Produkte und schafft darüber hinaus auch Arbeitsplätze. Er fördert das Gemeinwohl in doppelter Hinsicht, obwohl er vordergründig nur daran interessiert ist, seinen Reichtum zu meh-

---

21 Ders., in: Isensee/Kirchhof, HStR Bd. IV, § 71 Rn. 3.
22 Ders., in: Isensee/Kirchhof, HStR Bd. IV, § 71 Rn. 54.
23 Ders., in: Isensee/Kirchhof, HStR Bd. IV, § 71 Rn. 3; *Seer*, in: DStJG 26 (2003), S. 11 (14).
24 *Isensee*, in: Isensee/Kirchhof, HStR Bd. IV, § 71 Rn. 41.
25 Ders., in: Isensee/Kirchhof, HStR Bd. IV, § 71 Rn. 110ff.; *Seer*, in: DStJG 26 (2003), S. 11 (14f.); *Droege*, Gemeinnützigkeit im offenen Steuerstaat, S. 329.
26 *Kirchhof*, Bundessteuergesetzbuch, S. 3f.
27 *Geserich*, in: Kirchhof/Söhn/Mellinghoff, EStG Kommentar, § 10b Rn. A 47; *Isensee*, in: Isensee/Kirchhof, HStR Bd. IV, § 71 Rn. 41ff.; *Seer*, in: DStJG 26 (2003), S. 11 (13f.).
28 *Isensee*, in: Isensee/Kirchhof, HStR Bd. IV, § 71 Rn. 41f.; *Seer*, in: DStJG 26 (2003), S. 11 (13f.).

ren.[29] Einige Bedürfnisse werden jedoch nicht ausreichend befriedigt, weder vom Staat noch von den Bürgern, die sich erwerbswirtschaftlich betätigen. Diese Bedürfnisse werden häufig von Bürgern oder Organisationen befriedigt, die aus altruistischen Gründen handeln oder sich betätigen. Anhand dieser Dreiteilung lässt sich die Aufteilung in einen Ersten, Zweiten und Dritten Sektor nachzeichnen. Der Erste Sektor beschreibt die staatliche Betätigung.[30] Der Zweite Sektor umfasst die Tätigkeiten der Bürger, mit denen privatwirtschaftlich Gewinne erzielt werden sollen.[31] Der Dritte Sektor ist der gesellschaftliche Bereich, der weder dem staatlichen noch dem marktwirtschaftlichen Teil der Volkswirtschaft zugerechnet werden kann.[32]

B. Dritter Sektor

Wie bereits im vorherigen Absatz angesprochen, arbeiten die Bürger in diesem Bereich meist aus altruistischen Gründen, zumindest nicht aus einem gewinnorientierten Motiv. Der Dritte Sektor darf jedoch nicht gleichgesetzt werden mit dem Bereich, auf den sich das Gemeinnützigkeitsrecht bezieht. Zum Dritten Sektor zählt ebenso der exklusive Golfclub, in dem sich ein elitärer Teil der Gesellschaft trifft und darauf verzichtet, mit dem Golfclub einen marktwirtschaftlichen Gewinn zu erzielen, wie auch ein ideeller Verein mit einer staatsfeindlichen Gesinnung, der sich nicht marktwirtschaftlich betätigt und nur aus Privatpersonen besteht.[33] Beiden würde der Status als gemeinnützige Organisation jedoch nicht erteilt werden:[34] Dem exklusiven Golfclub nicht, weil er nicht der Allgemeinheit offen steht, sondern nur einem elitären Zirkel der Gesellschaft, dem ideellen Verein mit einer staatsfeindlichen Gesinnung nicht, weil er mit seiner staatsfeindlichen Gesinnung gerade keine steuerbegünstigten Zwecke i. S. d. §§ 51 bis 54 AO verfolgt, und er die Voraussetzung des § 51 Abs. 3 AO nicht erfüllt.

---

29 *Isensee*, in: Isensee/Kirchhof, HStR Bd. IV, § 71 Rn. 42.
30 *Fischer*, Ausstieg aus dem Dritten Sektor, S. 9.
31 *Fischer*, Ausstieg aus dem Dritten Sektor, S. 9.
32 *Fischer*, Ausstieg aus dem Dritten Sektor, S. 9.
33 *Walz*, JZ 2002, 268 (269).
34 *Walz*, JZ 2002, 268 (269).

C. Gemeinnützigkeitsrecht

Das Gemeinnützigkeitsrecht stellt ein Teilgebiet des Steuerrechts dar. Der Staat unterstützt durch steuerliche Begünstigungen die Tätigkeiten der Bürger oder Unternehmen, durch die altruistisch das Gemeinwohl gefördert wird. Der Steuergesetzgeber hat hierzu in den §§ 52 bis 54 AO gemeinnützige, mildtätige und kirchliche Zwecke aufgelistet, die allesamt steuerlich begünstigt werden. Sofern eine Körperschaft einen gemeinnützigen Zweck verfolgt und die weiteren Voraussetzungen nach §§ 51 bis 68 AO erfüllt, wird sie als gemeinnützige Organisation anerkannt und genießt mit ihrer ideellen und teilweise auch mit ihrer wirtschaftlichen Betätigung steuerliche Vorteile. Steuerpflichtige, die ihrerseits Geld an anerkannte gemeinnützige Organisationen spenden, können diese Ausgaben steuerlich absetzen (vgl. § 10b EStG und § 9 Abs. 1 Nr. 2 KStG). Das Gemeinnützigkeitsrecht sieht die Steuerbegünstigung nur für das selbstlose Verhalten vor. Derjenige, der dagegen erwerbswirtschaftlich tätig wird und gleichzeitig Gemeinwohl schafft, soll der Besteuerung regulär unterliegen. Das Gemeinnützigkeitsrecht regelt somit nur einen kleinen Unterfall der Gemeinwohlhervorbringung durch Private.[35]

D. Finanzierung des Gemeinwohls

Festzuhalten ist, dass in allen drei Sektoren Gemeinwohl gefördert werden kann, aber nicht zwangsläufig geschaffen wird. Es kristallisieren sich vier Finanzierungsmöglichkeiten für das Gemeinwohl heraus. Erstens: Der Staat finanziert die Förderung des Gemeinwohls aus Steuermitteln, beispielsweise durch den Bau der Verkehrsinfrastruktur. Zweitens: Der Bürger finanziert die Schaffung von Gemeinwohl indirekt durch seine Steuerzahlung. Erst durch die Beteiligung des Staates am erwerbswirtschaftlichen Gewinn seiner Bürger wird der Staat mit finanziellen Mitteln ausgestattet, die es ihm ermöglichen, das Gemeinwohl zu fördern.[36] Drittens: Der Bürger schafft Gemeinwohl durch seine erwerbswirtschaftliche Tätigkeit – wie beispielsweise im Fall des Bäckers. Viertens: Der Bürger schafft Gemeinwohl durch fremdnützige finanzielle Unterstützung von Projekten, in denen das Gemeinwohl gefördert wird. Darüber hinaus kann der Bürger selbst Gemeinwohl hervorbringen, indem er selbstlos Gemeinwohl schafft,

35 *Isensee*, in: Isensee/Kirchhof, HStR Bd. IV, § 71 Rn. 118.
36 Ders., in: Isensee/Kirchhof, HStR Bd. IV, § 71 Rn. 41.

beispielsweise durch die Gründung und Führung gemeinnütziger Organisationen oder durch ein ehrenamtliches Engagement.

Der Staat schafft auch Gemeinwohl, indem er Anreize zum ehrenamtlichen Engagement seiner Bürger, zum Spenden oder zur Schaffung von gemeinnützigen Organisationen setzt. Dies erreicht er einerseits durch steuerliche Begünstigungen, so wie es beispielsweise das derzeitige Gemeinnützigkeitsrecht vorsieht. Andererseits kann er das altruistische Verhalten seiner Bürger durch Bezuschussungen unterstützen. So könnte er beispielsweise für jede gezahlte Spende einen festgelegten Betrag zusätzlich an die gemeinnützige Organisation zahlen.[37] Ein Gemeinwohlmonopol des Staates besteht nicht.[38] Vielmehr ist der Staat aus finanziellen und personellen Gründen auf die Mithilfe seiner Bürger angewiesen.[39] Für jede Staatsaufgabe, die der Staat nicht zu erfüllen braucht, weil seine Bürger durch ehrenamtliches Engagement oder aus erwerbswirtschaftlichen Gründen diese Aufgabe selbst wahrgenommen haben, spart der Staat personelle und finanzielle Ressourcen. Wird beispielsweise eine Privatschule allein von den Bürgern finanziert, so braucht der Staat eine Schule weniger selbst zu unterhalten. Der Staat profitiert vom bürgerschaftlichen Engagement, selbst wenn er dieses durch steuerliche Begünstigungen mitfinanziert. Denn die Ausgabenersparnis des Staates, die auf der gemeinnützigen Betätigung der Bürger beruht, übersteigt die Steuermindereinnahmen, die auf der steuerlichen Begünstigung einer gemeinnützigen Betätigung der Bürger beruhen, um ein Vielfaches.[40]

E. Der verfassungsrechtliche Gemeinwohlkern

Einigkeit besteht darüber, dass die steuerliche Begünstigung von gemeinnützigen Organisationen und Spenden verfassungsrechtlich gerechtfertigt ist, weil die Gemeinwohlförderung einen sachlichen Grund für eine solche

---

37 Eine solche Reform wurde vorgeschlagen von: *Kirchhof*, Bundessteuergesetzbuch, S. 288ff.; *von Auer/Kalusche*, in: Walz/von Auer/von Hippel, Spenden- und Gemeinnützigkeitsrecht in Europa, S. 13 (74).

38 *Hufeld*, Recht und Moral der Gemeinwohlfinanzierung, S. 11; *Droege*, Gemeinnützigkeit im offenen Steuerstaat, S. 320ff., 329.

39 *Isensee*, in: DStJG 26 (2003), S. 93 (100).

40 *Von Auer/Kalusche*, in: Walz/von Auer/von Hippel, Spenden- und Gemeinnützigkeitsrecht in Europa, S. 13 (69); *Hüttemann*, Gemeinnützigkeits- und Spendenrecht, S. 42.

Besserstellung darstellt.[41] Einige steuerbegünstigte Zwecke (§§ 52 bis 54 AO) lassen sich aus der Wertentscheidung des Grundgesetzes und aus den vom parlamentarisch legitimierten Gesetzgeber definierten Staatsaufgaben ableiten.[42] In Wechselwirkung hierzu sind die Begrifflichkeiten im Gemeinnützigkeitsrecht im Sinne der Verfassung auszulegen, sofern dieser Gemeinwohlzweck auf die Verfassung rekurriert.[43] Darüber hinaus gibt die Verfassung kein konkretes „Gemeinwohlprogramm“ vor, das sich aus den Grundrechten, Staatszielen und Staatsaufgaben ableiten ließe.[44] Die Verfassung bindet den Gesetzgeber lediglich, Gemeinwohlzwecke zu konkretisieren, die sich an den Grundrechten und Verfassungszielen orientieren, lässt ihm hierbei jedoch einen großen Gestaltungsspielraum.[45] Allerdings ist er verpflichtet, den Staatszielvorgaben des Grundgesetzes in irgendeiner Weise nachzukommen.[46]

Der allgemeinste Staatszweck und zugleich Rechtfertigung und Grenze aller Staatsgewalt ist das Gemeinwohl.[47] Nach der deutschen Verfassung müssen alle Repräsentanten des Staates dem Wohl des deutschen Volkes dienen.[48] Der Staat existiert nicht um seiner selbst willen, sondern um seinen Bürgern zu dienen und ist ihrem Wohl verpflichtet.[49] Aus diesen Gründen ist der Staat für die Erfüllung von Gemeinwohlaufgaben verantwortlich.[50] Staatsziele sind die Gemeinwohlbelange, die der Staat „sich zu eigen macht und in deren Dienst er sich stellt“.[51] Er trägt die Verantwortung für die Verwirklichung dieser Ziele, muss sie aber keineswegs alleine erbringen, sondern erreicht diese Ziele in Arbeitsteilung mit der Gesellschaft.[52] Obwohl die Staatszielbestimmungen für die staatlichen Organe

41 *Droege*, Gemeinnützigkeit im offenen Steuerstaat, S. 360.

42 *Hüttemann*, Gemeinnützigkeits- und Spendenrecht, S. 42ff.; *Möllmann*, Die steuerliche Privilegierung gemeinnütziger Körperschaften im Spannungsfeld von Verfassungsrecht und europäischen Grundfreiheiten, S. 89ff.

43 *Droege*, Gemeinnützigkeit im offenen Steuerstaat, S. 371f., 376.

44 *Isensee*, in: Isensee/Kirchhof, HStR Bd. IV, § 71 Rn. 70ff.

45 Ders., in: Isensee/Kirchhof, HStR Bd. IV, § 71 Rn. 70ff.

46 Ders., in: Isensee/Kirchhof, HStR Bd. IV, § 71 Rn. 73.

47 *Link*, in: VVDStRL Bd. 48, S. 7 (19).

48 Dies drückt sich insbesondere im Amtseid des Bundespräsidenten und der Mitglieder der Bundesregierung aus, Art. 56 und Art. 64 Abs. 2 GG: *Seer*, in: DStJG 26 (2003), S. 11 (12).

49 *Link*, in: VVDStRL Bd. 48, S. 7 (19).

50 Ders., in: VVDStRL Bd. 48, S. 7 (19f.).

51 *Seer*, in: DStJG 26 (2003), S. 11 (15).

52 Ders., in: DStJG 26 (2003), S. 11 (16).

als Zielvorgaben verbindlich sind,[53] bieten sie keine Individualansprüche.[54] Auch obliegt es dem Staat, die Staatsziele zu konkretisieren und festzulegen, wie er sie verwirklichen möchte.[55] In der Staatsaufgabe wird ein Staatsziel konkretisiert und die konkrete Tätigkeit umschrieben, die der Staat wahrnimmt.[56]

---

53 *Droege*, Gemeinnützigkeit im offenen Steuerstaat, S. 368.
54 *Seer*, in: DStJG 26 (2003), S. 11 (18).
55 Ders., in: DStJG 26 (2003), S. 11 (18).
56 Ders., in: DStJG 26 (2003), S. 11 (15).

3. Kapitel: Das subjektive Recht der Spender

Bei der Frage, ob der Staat verfassungsrechtlich verpflichtet ist, Spenden steuerlich zu begünstigen, kommen zwei Träger eines solchen subjektiven Rechts in Betracht. Einerseits könnten die Spender ein subjektives Recht auf die steuerliche Begünstigung ihrer Spende haben, weil sie altruistisch Aufgaben wahrnehmen. Sofern diese Aufgabenwahrnehmung durch den Spender den Staat vom eigenen Tätigwerden oder von einer Finanzierungsverantwortung befreit, könnte die Spende als Steuersurrogat gesehen werden. Andererseits könnte auch der Spendenempfänger ein subjektives Recht auf eine steuerliche Begünstigung haben. Da er mit seiner Tätigkeit ebenfalls Staatsaufgaben wahrnimmt, könnte auch seine Betätigung als Steuersurrogat angesehen werden, die eine zwingende Freistellung von Steuern zur Folge haben könnte. Gleichzeitig könnte der Spendenempfänger auch ein subjektives Recht auf die steuerliche Begünstigung von Spenden haben, wenn nur auf diese Weise sichergestellt ist, dass ihm ausreichend finanzielle Mittel von Steuerpflichtigen zur Verfügung gestellt werden, mit denen er seine gemeinnützigen Ziele verwirklichen kann, und den Staat eine Pflicht trifft, die gemeinwohldienliche Betätigung des Spendenempfängers zu unterstützen. In einem ersten Schritt soll der Frage nachgegangen werden, ob die Spender ein subjektives Recht auf eine steuerliche Begünstigung ihrer Spende haben.

Ausgehend von der Frage, ob der Staat frei darüber entscheidet, Spenden beim Spendenempfänger steuerlich zu begünstigen oder ob er verfassungsrechtlich hierzu gezwungen ist, bieten sich unterschiedliche Erklärungsmöglichkeiten. Bis zur EuGH-Entscheidung in der Rs. Persche wurde das subjektive Recht der Spender auf die Abzugsfähigkeit von Spenden von einem großen Teil der Literatur verfassungsrechtlich mit dem Prinzip der Staatssubstitution gestützt.[57] Nach dieser Auffassung entsprach es der Verfassung, Spenden von der Besteuerung auszunehmen, da die gemein-

---

57 Ders., in: DStJG 26 (2003), S. 11 (26); Mehrheitsvotum, in: BMF, Unabhängige Sachverständigenkommission zur Prüfung des Gemeinnützigkeits- und Spendenrechts, S. 23 (92f.); *Jachmann*, BB 2003, 990 (992); *von Proff*, IStR 2007, 269 (271f.); *Fischer*, FR 2008, 752 (756f.); *Oettler*, Das deutsche Gemeinnützigkeitsrecht und die Europäische Union, S. 21.

nützigen Organisationen Aufgaben des Staates erfüllen.[58] Durch die Spende an die gemeinnützigen Organisationen und durch die Arbeit der gemeinnützigen Organisationen blieben dem Staat Ausgaben erspart. Diese Ersparnis dürfe der Staat mit der Freistellung von Spenden von der Besteuerung vergüten.[59] Anstatt beim Bürger Steuern zu erheben, um damit das Gemeinwohl zu fördern, erkennt der Staat die private Gemeinwohlförderung durch den Bürger als Steuersubstitut an.[60]

Die Substitutionstheorie übersah, dass gemeinnützige Organisationen auch in Bereichen arbeiten, in denen sich der Staat nicht betätigen darf.[61] Aufgrund des Neutralitätsgebots im grundrechtssensiblen Bereich ist es dem Staat beispielsweise verwehrt, eine Staatsreligion zu gründen.[62] Im Bereich dieser sogenannten pluralistischen Gemeinwohlaufgaben entlasten die gemeinwohlnützlichen Betätigungen der Bürger nicht unmittelbar den Staat, weil ihm eine eigene Betätigung gerade verwehrt ist.[63] Eine Entlastungswirkung tritt hier jedoch mittelbar ein, wenn der Staat zumindest von seiner Finanzierungsverantwortung befreit wird.[64] Beispielsweise ergibt sich die Finanzierungsverantwortung des Staates für die Religionsgemeinschaften, die Körperschaften des öffentlichen Rechts sind, aus Art. 140 GG i. V. m. Art. 137 Abs. 6 WRV.[65] Zwar ist dem Staat die Wahrnehmung kirchlicher Aufgaben verwehrt, dennoch ist er nach dem Grundgesetz dazu verpflichtet, in Arbeitsteilung mit den Religionsgemeinschaften, die Körperschaften des öffentlichen Rechts sind, deren Aufgaben zu finanzieren.[66] Es werden jedoch auch gemeinnützige Organisationen im pluralistischen Bereich steuerlich begünstigt, für die der Staat keine Finanzierungsverantwortung trägt,[67] sodass weder die Betätigung dieser Organi-

---

58 *Jachmann/Meier-Behringer*, BB 2006, 1823 (1827); *Oettler*, Das deutsche Gemeinnützigkeitsrecht und die Europäische Union, S. 21; *Schaumburg*, in: Schaumburg/Englisch, Europäisches Steuerrecht, S. 292 (293f.).

59 *Jachmann/Meier-Behringer*, BB 2006, 1823 (1827); *Oettler*, Das deutsche Gemeinnützigkeitsrecht und die Europäische Union, S. 21.

60 *Oettler*, Das deutsche Gemeinnützigkeitsrecht und die Europäische Union, S. 21.

61 *Möllmann*, Die steuerliche Privilegierung gemeinnütziger Körperschaften im Spannungsfeld von Verfassungsrecht und europäischen Grundfreiheiten, S. 84f.

62 *Hüttemann*, Gemeinnützigkeits- und Spendenrecht, S. 40f.

63 *Hüttemann*, Gemeinnützigkeits- und Spendenrecht, S. 40f.

64 *Hüttemann*, Gemeinnützigkeits- und Spendenrecht, S. 40f; *Seer*, in: DStJG 26 (2003), S. 11 (25f.).

65 *Geserich*, in: Kirchhof/Söhn/Mellinghoff, EStG Kommentar, § 10b Rn. A 40; *Seer*, in: DStJG 26 (2003), S. 11 (25f.).

66 *Geserich*, in: Kirchhof/Söhn/Mellinghoff, EStG Kommentar, § 10b Rn. A 40.

67 *Hüttemann*, Gemeinnützigkeits- und Spendenrecht, S. 41.

sation selbst noch Spenden an diese Organisationen eine Entlastungswirkung beim Staat erzielen kann. Deshalb wird die Substitutionstheorie nicht mehr allein als verfassungsrechtliche Rechtfertigung[68] der Steuerfreistellung von Spenden herangezogen.[69] Im Rückgriff auf die Staatsziele, Staatszielbestimmungen und den Grundrechten lässt sich die steuerliche Begünstigung von Spenden zumindest verfassungsrechtlich rechtfertigen.[70] Mit dieser Feststellung ist jedoch eine Frage weiter offen: Besteht über die verfassungsrechtliche Rechtfertigung der Spendenbegünstigung hinaus ein subjektives Recht der einzelnen Steuerpflichtigen auf die steuerliche Berücksichtigung ihrer Spende?

A. *Verfassungsrecht*

Die freiheitliche Ausgestaltung des Grundgesetzes, das verfassungsrechtlich verankerte Subsidiaritätsprinzip und die Grundrechte der Bürger – namentlich der Schutz des Eigentums und das Leistungsfähigkeitsprinzip – könnten den Staat verfassungsrechtlich zwingen, Spenden steuerlich zu begünstigen.

I. Subsidiaritätsprinzip

Nach dem Subsidiaritätsprinzip soll im Verhältnis des Staates zum Bürger der Staat nur in den Bereichen tätig werden, in denen der Bürger die Aufgaben nicht selbst erfüllt oder erfüllen kann.[71] Nach der negativen Interpretation des Subsidiaritätsprinzips soll der Staat den Bürgern die größtmögliche Freiheit gewähren und nur dort regulierend einwirken oder selbst tätig werden, wo die Marktkräfte versagen.[72] Das Subsidiaritätsprinzip lässt sich aber auch positiv auslegen. Danach ist der Staat verpflichtet, in Bereichen, in denen seine Bürger die Aufgaben nicht selbst erfüllen können, Voraussetzungen zu schaffen, mit denen es den Bürgern möglich

---

68 Der Staatsentlastungsgedanke trägt weiterhin Bedeutung als Rechtfertigungsgrund für die steuerliche Begünstigung der Spende als Ausnahme vom Grundsatz der Besteuerung, *Hüttemann*, Gemeinnützigkeits- und Spendenrecht, S. 39ff.

69 *Droege*, Gemeinnützigkeit im offenen Steuerstaat, S. 317.

70 *Droege*, Gemeinnützigkeit im offenen Steuerstaat, S. 360, 367, 368ff., 372ff.

71 *Isensee*, Subsidiaritätsprinzip und Verfassungsrecht, S. 71f.

72 *Isensee*, Subsidiaritätsprinzip und Verfassungsrecht, S. 30.

ist, zukünftig auch diese Aufgaben zu übernehmen.[73] Der Staat soll also tätig werden, um sich selbst überflüssig zu machen.[74]

Dem Subsidiaritätsprinzip kommt im Verhältnis zwischen Bürger und Staat Verfassungsrang zu:[75] Dies wird aus der freiheitlichen Ausrichtung der Verfassung hergeleitet.[76] An erster Stelle stehen die freiheitlichen Grundrechte der Bürger, mit denen sie staatliches Handeln in die Schranken weisen können.[77] Mit dieser Verortung der Grundrechte an den Beginn der Verfassung stellt der Staat diese als höchste Priorität heraus.[78] Nachdem die Freiheitsrechte konkretisiert wurden, wird erst in einem weiteren Schritt der Staat definiert (Art. 20 GG). Seine Legitimation erwächst erst aus der freiheitlichen, persönlichen, demokratischen und föderalen Betätigung seiner Bürger.[79] Die Grundrechtsberechtigten sind frei in ihrer Betätigung, sie werden allein durch die Freiheit ihrer Mitmenschen in ihrem Handeln beschränkt.[80] Staatliches Handeln muss sich legimitieren, es muss die Würde der Menschen achten und schützen.[81] Der Staat soll die Freiheit seiner Bürger gewährleisten und zur größtmöglichen Entfaltung bringen. Er darf sie dabei nicht verdrängen.[82] Deshalb darf er Aufgaben, die von Privaten sachgerecht erfüllt werden, nicht an sich ziehen.[83] „Das Selbstbestimmungsrecht des Einzelnen hat Vorrang vor staatlicher Lenkung."[84] „Nur soweit die freie Initiative die Gemeinaufgaben nicht erfüllt, darf die öffentliche Gewalt tätig werden."[85]

Im Wirkungsbereich von Staat und Bürgern werden drei Bereiche unterschieden, der Bereich der ausschließlichen Staatsaufgaben, der Bereich der konkurrierenden Gemeinwohlaufgaben und der Bereich der pluralistischen Gemeinwohlaufgaben.

73 *Isensee,* Subsidiaritätsprinzip und Verfassungsrecht, S. 30.
74 *Isensee,* Subsidiaritätsprinzip und Verfassungsrecht, S. 30.
75 *Isensee,* Subsidiaritätsprinzip und Verfassungsrecht, S. 270ff.
76 *Isensee,* Subsidiaritätsprinzip und Verfassungsrecht, S. 270ff.
77 *Isensee,* Subsidiaritätsprinzip und Verfassungsrecht, S. 271.
78 *Isensee,* Subsidiaritätsprinzip und Verfassungsrecht, S. 271.
79 *Isensee,* Subsidiaritätsprinzip und Verfassungsrecht, S. 271.
80 *Isensee,* Subsidiaritätsprinzip und Verfassungsrecht, S. 272.
81 *Isensee,* Subsidiaritätsprinzip und Verfassungsrecht, S. 271.
82 *Isensee,* Subsidiaritätsprinzip und Verfassungsrecht, S. 272.
83 *Isensee,* Subsidiaritätsprinzip und Verfassungsrecht, S. 272.
84 *Isensee,* Subsidiaritätsprinzip und Verfassungsrecht, S. 272.
85 *Isensee,* Subsidiaritätsprinzip und Verfassungsrecht, S. 273.

1. Ausschließliche Staatsaufgaben

Im Bereich der ausschließlichen Staatsaufgaben darf sich nur der Staat betätigen. Für den Bürger ist die Betätigung in diesem Bereich ausgeschlossen.[86] Zu den ausschließlichen Staatsaufgaben zählen beispielsweise die Setzung und Durchsetzung des Rechts[87], ebenso wie die Verteidigung des Staates nach innen und außen.[88]

2. Pluralistische Gemeinwohlaufgaben

In Abgrenzung zu den ausschließlichen Staatsaufgaben stellt der pluralistische Bereich den Teil dar, in dem die Bürger ihre grundrechtlich geschützte Freiheit wahrnehmen und sie sich daher frei von staatlicher Einflussnahme entfalten können. Hierzu zählt etwa die Religion, die Wissenschaft, die Forschung und Lehre, die Kunst, die Presse und Medien, die Schule und die Erziehung.[89] Dem Staat ist es untersagt, im pluralistischen Bereich selbst tätig zu werden, um Gemeinwohl zu schaffen.[90] Allerdings muss er mit finanziellen Mitteln Rahmenbedingungen schaffen, die es den Bürgern ermöglichen, ihre Grundrechte auszuüben.[91] So finanziert der Staat die Schulen. Häufig ist auch eine Bezuschussung von Privatschulen not-

86 *Kirchhof*, Bundessteuergesetzbuch, S. 265.
87 *Geserich*, in: Kirchhof/Söhn/Mellinghoff, EStG Kommentar, § 10b Rn. A 40.
88 *Geserich*, Privater, gemeinwohlwirksamer Aufwand im System der deutschen Einkommensteuer und des europäischen Rechts, S. 22; *Kirchhof*, Bundessteuergesetzbuch, S. 265; *Seer*, in: DStJG 26 (2003), S. 11 (19).
89 *Hüttemann*, Gemeinnützigkeits- und Spendenrecht, S. 40.
90 *Geserich*, in: Kirchhof/Söhn/Mellinghoff, EStG Kommentar, § 10b Rn. A 40.
91 Am Beispiel der Wissenschaftsfreiheit: BVerfG, Urteil vom 29.05.1973 – 1 BvR 424/71 und 325/72, BVerfGE 35, 79 (114ff.); in Bezug auf die privaten Ersatzschulen: BVerfG, Urteil vom 08.04.1987 – 1 BvL 8, 16/84, BVerfGE 75, 40 (62ff.); BVerfG, Beschluss vom 09.03.1994 – 1 BvR 682, 712/88, BVerfGE 90, 107 (114f.); in Bezug auf die Kunstfreiheit: BVerfG, Urteil vom 05.03.1974 – 1 BvR 712/68, BVerfGE 36, 321 (331); in Bezug auf die Wissenschaftsfreiheit: BVerfG, Beschluss vom 31.05.1995 – 1 BvR 1379, 1413/94, BVerfGE 93, 85 (95); BVerfG, Urteil vom 29.05.1973 – 1 BvR 424/71 und 325/72, BVerfGE 35, 79 (114ff.); in Bezug auf die Religionsfreiheit: BVerfG, Urteil vom 24.09.2003 – 2 BvR 1436/02, BVerfGE 108, 282 (299ff.); BVerfG, Beschluss vom 16.05.1995 – 1 BvR 1087/91, BVerfGE 93, 1 (16f.); *Hüttemann*, Gemeinnützigkeits- und Spendenrecht, S. 40f.; *Möllmann*, Die steuerliche Privilegierung gemeinnütziger Körperschaften im Spannungsfeld von Verfassungsrecht und europäischen Grundfreiheiten, S. 89; *Seer*, in: DStJG 26 (2003), S. 11 (25f.).

wendig, weil die Privatschulen ohne die finanzielle Unterstützung des Staates die verfassungsrechtlichen Anforderungen an eine Privatschule nicht erfüllen können.[92] Auch die öffentlichen Universitäten finanziert der Staat und ermöglicht mit seinen finanziellen Mitteln die freie Forschung.[93] Viele Museen, Theater und Orchester sind ebenfalls auf die staatliche finanzielle Unterstützung angewiesen.[94] Die finanzielle Unterstützung setzt allerdings voraus, dass den Staat die Finanzierungsverantwortung trifft – wie beispielsweise für die Religionsgemeinschaften, die Körperschaften des öffentlichen Rechts sind, nach Art. 137ff. WRV –[95] oder dass er die entsprechende Tätigkeit durch Direktsubventionen fördern dürfte.[96]

Doch darf er mit der Verteilung der Mittel nicht Einfluss auf die Grundrechtsausübung nehmen.[97] Er könnte das Gemeinwohl auch fördern, indem er gezielt gemeinwohlfördernde Organisationen subventioniert. Dem Subsidiaritätsprinzip und dem Neutralitätsgebot entspricht der Staat jedoch besser, indem er mit indirekten Begünstigungen – beispielsweise durch steuerliche Vorteile – zum gemeinwohldienlichen Verhalten motiviert, als selbst mit direkten Subventionen tätig zu werden.[98]

Derzeit unterstützt der Staat die Bürger bei ihrer gemeinnützigen Betätigung im pluralistischen Bereich unter anderen durch die steuerliche Begünstigung der Spende nach § 10b EStG. Die Bürger können sich bei der Gemeinwohlförderung auf ihre Grundrechte berufen, die Gemeinwohlförderung und die Grundrechtsausübung fallen teilweise zusammen.[99] Der Staat hingegen hat die Grundrechte zu achten. Er läuft Gefahr mit direk-

---

92 BVerfG, Urteil vom 08.04.1987 – 1 BvL 8, 16/84, BVerfGE 75, 40 (64f.); BVerfG, Beschluss vom 09.03.1994 – 1 BvR 682, 712/88, BVerfGE 90, 107 (115); *Seer*, in: DStJG 26 (2003), S. 11 (25f.).

93 *Möllmann*, Die steuerliche Privilegierung gemeinnütziger Körperschaften im Spannungsfeld von Verfassungsrecht und europäischen Grundfreiheiten, S. 88; *Seer*, in: DStJG 26 (2003), S. 11 (25f.).

94 *Möllmann*, Die steuerliche Privilegierung gemeinnütziger Körperschaften im Spannungsfeld von Verfassungsrecht und europäischen Grundfreiheiten, S. 88; BVerfG, Urteil vom 29.05.1973 – 1 BvR 424/71 und 325/72, BVerfGE 35, 79 (114f.); *Seer*, in: DStJG 26 (2003), S. 11 (25f.).

95 *Hüttemann*, Gemeinnützigkeits- und Spendenrecht, S. 40f.; *Geserich*, in: Kirchhof/Söhn/Mellinghoff, EStG Kommentar, § 10b Rn. A 40.

96 *Musil*, in: Hübschmann/Hepp/Spitaler, AO/FGO Kommentar, Vor §§ 51-68 AO Rn. 38.

97 *Geserich*, in: Kirchhof/Söhn/Mellinghoff, EStG Kommentar, § 10b Rn. A 41.

98 *Isensee*, in: DStJG 26 (2003), S. 93 (100f.).

99 Ders., in: DStJG 26 (2003), S. 93 (99); ders., in: Isensee/Kirchhof, HStR Bd. IV, § 71 Rn. 115; *Hufeld*, Recht und Moral der Gemeinwohlfinanzierung, S. 27.

ten Subventionen gegen das Gleichbehandlungsgebot zu verstoßen.[100] Die privaten Initiativen können deshalb freier vorgehen und ihre Förderentscheidungen und Projekte nach ihren Erfahrungen, Einschätzungen und Anschauungen treffen.[101] Dadurch können sie schneller und flexibler auf neue Entwicklungen und Bedürfnisse reagieren und innovative Konzepte erproben.[102] Aufgrund des Neutralitätsgebotes, die Bindung an die Grundrechte und an das staatliche Haushaltsrecht kann der Staat nur eine Art Grundversorgung gewährleisten.[103] So können beispielsweise in der staatlichen Kindertagesstätte die religiösen und weltanschaulichen Werte wegen des Neutralitätsgebots nicht in dem Maße berücksichtigt werden, wie in einer privaten Kindertagesstätte.[104] Auch die Erprobung alternativer Lehrmethoden und Konzepte, sowie die Umsetzung neuzeitlicher Organisationsformen lassen sich in privaten Kindertagesstätten und Schulen leichter umsetzen.[105] Die Betätigung Privater im Bereich der pluralistischen Gemeinwohlaufgaben hebt somit die Qualität, wirkt bereichernd und anregend.[106] Zusammengefasst ist aufgrund der beschränkten Möglichkeiten des Staates im pluralistischen Bereich eine steuerliche Begünstigung von gemeinnützigen Betätigungen gerechtfertigt.[107] Der Staat ist zwar umfassend für das Gemeinwohl verantwortlich,[108] seine Befugnisse sind jedoch bei den pluralistischen Gemeinwohlaufgaben beschränkt – sowohl finanziell, personell als auch um der Freiheit der Bürger willen.[109] Der private gemeinnützige Sektor trägt hingegen zur Vielfalt des gesellschaftlichen und sozialen Lebens bei, ist Ausdruck einer freiheitlichen Ordnung, kann in einigen Bereichen effizienter Gemeinwohlaufgaben wahrnehmen und genießt bei den Bürgern zum Teil größeres Vertrauen als staatliche Stellen oder gewinnorientierte Unternehmen.[110] Deshalb ist der Staat in diesem

---

100 *Isensee*, in: DStJG 26 (2003), S. 93 (99); ders., in: Isensee/Kirchhof, HStR Bd. IV, § 71 Rn. 115.

101 *Hüttemann*, Gemeinnützigkeits- und Spendenrecht, S. 41f.; *Hufeld*, Recht und Moral der Gemeinwohlfinanzierung, S. 27.

102 *Hüttemann*, Gemeinnützigkeits- und Spendenrecht, S. 41f.

103 *Hüttemann*, Gemeinnützigkeits- und Spendenrecht, S. 41.

104 *Hüttemann*, Gemeinnützigkeits- und Spendenrecht, S. 41.

105 *Hüttemann*, Gemeinnützigkeits- und Spendenrecht, S. 41.

106 *Hüttemann*, Gemeinnützigkeits- und Spendenrecht, S. 41.

107 *Hüttemann*, Gemeinnützigkeits- und Spendenrecht, S. 39ff.

108 *Geserich*, in: Kirchhof/Söhn/Mellinghoff, EStG Kommentar, § 10b Rn. A 41.

109 *Isensee*, in: DStJG 26 (2003), S. 93 (100); *Geserich*, in: Kirchhof/Söhn/Mellinghoff, EStG Kommentar, § 10b Rn. A 40f.

110 *Hüttemann*, Gemeinnützigkeits- und Spendenrecht, S. 41f.

Bereich auf die Gemeinwohlverwirklichung durch die Bürger angewiesen.[111]

Der Staat löst das Dilemma der Förderung des pluralistischen Gemeinwohls ohne inhaltlich Einfluss zu nehmen auf, indem er durch das steuerliche Gemeinnützigkeitsrecht Anreize für die Bürger schafft, sich in diesen Bereichen zu betätigen.[112] Wo er verantwortlich ist, aber nicht selbst tätig werden darf, soll er zumindest das Gemeinwohl fördern, indem er das bürgerliche Engagement unterstützt.[113] Das Steuerrecht folgt in diesem besonders grundrechtssensiblen Bereich den Wünschen der Freiheitsberechtigten, es verstärkt private Freiheitsinitiativen, vermehrt ihren Erfolg durch staatlichen Steuerverzicht und achtet gleichzeitig die Freiheit der Grundrechtsberechtigten vom Staat.[114] Diese Entlastung ist verfassungsrechtlich gerechtfertigt,[115] jedoch nicht verfassungsrechtlich notwendig,[116] wie diese Arbeit zeigen wird.

3. Konkurrierende Gemeinwohlaufgaben

Im Bereich der konkurrierenden Gemeinwohlaufgaben dürfen sich der Staat und die Bürger gleichberechtigt betätigen.[117] Zu diesen Gemeinwohlaufgaben zählen beispielsweise das Gesundheitswesen, die Altenpflege, die Entwicklungshilfe im Ausland und der Umweltschutz. Bürger und Staat nehmen arbeitsteilig die Erfüllung der konkurrierenden Gemeinwohlaufgaben wahr. Die private und staatliche Gemeinwohlhervorbringung stehen hierbei gleichwertig nebeneinander.[118] Das Subsidiaritätsprinzip weist sowohl im pluralistischen als auch im konkurrierenden Bereich der Gemeinwohlverwirklichung den Bürgern den Vorrang zu,[119] um die Initiative und Autonomie der Bürger (und Grundrechtsträger) zu respektieren und zu fördern.[120] Allein dann, wenn die Betätigung oder die finan-

---

111 *Geserich*, in: Kirchhof/Söhn/Mellinghoff, EStG Kommentar, § 10b Rn. A 42.

112 *Isensee*, in: DStJG 26 (2003), S. 93 (100).

113 Ders., in: DStJG 26 (2003), S. 93 (100).

114 *Kirchhof*, in: DStJG 26 (2003), S. 1 (4); *Hufeld*, in: FS Mußgnug, S. 255 (257).

115 *Tiedtke/Möllmann*, DStR 2007, 509.

116 *Seer*, in: Kirchhof, EStG Kommentar, § 10b Rn. 1.

117 *Geserich*, Privater, gemeinwohlwirksamer Aufwand im System der deutschen Einkommensteuer und des europäischen Rechts, S. 23.

118 *Seer*, in: DStJG 26 (2003), S. 11 (19f.).

119 *Isensee*, in: Isensee/Kirchhof, HStR Bd. IV, § 71 Rn. 111.

120 Ders., in: Isensee/Kirchhof, HStR Bd. IV, § 71 Rn. 111.

zielle Unterstützung der Bürger nicht ausreicht, gesteht das Subsidiaritätsprinzip dem Staat zu, konkurrierende Gemeinwohlaufgaben selbst zu verwirklichen oder pluralistische Gemeinwohlaufgaben finanziell zu unterstützen.[121] Um dem Subsidiaritätsprinzip zu entsprechen, schafft der Staat im ersten Schritt die äußeren Bedingungen.[122] Er stellt die Beachtung des Gemeinwohls sicher innerhalb seiner rechtlichen und tatsächlichen Verfügungsmacht, seiner Organisationen, seiner Regelungen oder sonstigen Einflussnahme.[123] Er schafft rechtliche, institutionelle und ökonomische Rahmenbedingungen, unter denen sich das Gemeinwohl gut entwickeln kann.[124] Sofern die Privatwirtschaft die Gemeinwohlbedürfnisse der Bürger ausreichend befriedigt, braucht der Staat für die Gemeinwohlverwirklichung nicht mehr tätig zu werden. Werden Gemeinwohlbedürfnisse der Gesellschaft nicht durch die Privatwirtschaft, sehr wohl aber von privaten gemeinnützigen Organisationen wahrgenommen, so ist dem Staat die Gemeinwohlverwirklichung auf diesem Gebiet ebenfalls verwehrt. Eine Gemeinwohlverwirklichung durch den Staat erfolgt nachrangig nur dort, wo die Bürger das Gemeinwohl aus eigener Kraft nicht verwirklichen und wo es mit Dienst-, Sach- und Geldleistungen vom Staat gefördert werden kann.[125] Die Definition des Gemeinwohls erfolgt ebenfalls in Arbeitsteilung. Die Grundrechtsträger definieren in ihrer Grundrechtsausübung das Gemeinwohl,[126] gleichzeitig kann auch der parlamentarisch legitimierte Gesetzgeber aus seiner Sicht förderungswürdige Gemeinwohlzwecke festlegen.[127]

Einigkeit herrscht darüber, dass sich die steuerliche Begünstigung der Spende mit dem Subsidiaritätsprinzip vereinbaren lässt. Sie führt dazu, dass sich die Bürger auf diesem Gebiet betätigen und ein Tätigwerden des Staates weder mit weitergehenden finanziellen Mittel noch durch eine eigene Betätigung erforderlich ist.[128] Darüber hinaus wird durch das Anreizmodell keinerlei Einfluss darauf genommen, welche Organisation von der

121 Ders., in: Isensee/Kirchhof, HStR Bd. IV, § 71 Rn. 111.
122 Ders., in: Isensee/Kirchhof, HStR Bd. IV, § 71 Rn. 110.
123 Ders., in: Isensee/Kirchhof, HStR Bd. IV, § 71 Rn. 110.
124 Ders., in: Isensee/Kirchhof, HStR Bd. IV, § 71 Rn. 110.
125 Ders., in: Isensee/Kirchhof, HStR Bd. IV, § 71 Rn. 110.
126 Ders., in: Isensee/Kirchhof, HStR Bd. IV, § 71 Rn. 112.
127 *Droege*, Gemeinnützigkeit im offenen Steuerstaat, S. 380f.
128 *Geserich*, Privater, gemeinwohlwirksamer Aufwand im System der deutschen Einkommensteuer und des europäischen Rechts, S. 25; *Hüttemann*, Gemeinnützigkeits- und Spendenrecht, S. 42; *Droege*, Gemeinnützigkeit im offenen Steuerstaat, S. 334ff.; *Oettler*, Das deutsche Gemeinnützigkeitsrecht und die Europäi-

Bezuschussung profitiert. Sofern der Bürger an eine Organisation spendet, die vom Staat als gemeinnützig anerkannt ist, überlässt der Staat den Bürgern die Entscheidung, welche Organisation von dem staatlichen Anreizmodell profitieren soll.

Das Subsidiaritätsprinzip erfordert jedoch nicht, weder nach der negativen noch nach der positiven Interpretation, dass Spenden vom zu versteuernden Einkommen abgezogen werden müssen. Aus der negativen Interpretation des Subsidiaritätsprinzips lässt sich die Pflicht zur steuerlichen Begünstigung der Spenden nicht herleiten. Denn nach der negativen Interpretation des Subsidiaritätsprinzips soll sich der Staat in Bereichen, die ausreichend von den Bürgern erfüllt werden, nicht betätigen. Vom Staat kann nach dem negativen Subsidiaritätsprinzip also nur ein Unterlassen, jedoch keine Handlung gefordert werden. Die Pflicht des Staates zur Begünstigung der Spenden, damit die Erfüllung der Gemeinwohlaufgaben durch den Staat langfristig überflüssig wird, kann mit dem negativen Subsidiaritätsprinzip nicht begründet werden.

Nach der positiven Interpretation darf der Staat Anreize bieten, um ein bestimmtes Verhalten der Bürger zu fördern. Eine Pflicht zur Aufrechterhaltung des derzeitigen Spendenrechts lässt sich hieraus jedoch nicht entnehmen. Eine solche Pflicht wäre erst anzunehmen, wenn die Abschaffung des derzeitigen Spendenrechts dazu führte, dass die gemeinnützige Betätigung der Bürger abnehme und der Staat vermehrt selbst tätig werden müsste. Derzeit ist jedoch nicht absehbar, ob eine Abschaffung dieser steuerlichen Begünstigung von Spenden einen Rückgang der gemeinnützigen Betätigung der Bürger zur Folge hätte, sodass der Staat einen möglichen Rückgang ausgleichen müsste. Denn die Motive für die Veranlassung zur Spende sind vielfältig. Es gibt unterschiedliche Modelle, die das altruistische Verhalten der Menschen erklären. Nach einem Erklärungsmodell veranlasst die Möglichkeit, die eigene Steuerlast durch eine Spende zu redu-

---

sche Union, S. 22f.; a.A. *Möllmann,* Die steuerliche Privilegierung gemeinnütziger Körperschaften im Spannungsfeld von Verfassungsrecht und europäischen Grundfreiheiten, S. 88: Das Subsidiaritätsprinzip besagt lediglich, dass der Staat nicht lenkend eingreifen darf, schweigt jedoch zu der Frage, wann der Staat abweichend vom Gleichbehandlungsgrundsatz steuerlich fördern darf. Das Abgrenzungskriterium, wonach die staatliche Förderung gerechtfertigt ist, sofern die private Initiative zu schwach und deshalb steuerliche Anreize geboten sind, ist ihm zu unbestimmt. Letztendlich stimmt er jedoch zu, dass die steuerliche Begünstigung gemeinwohldienlichem Handeln im Bereich der konkurrierenden Gemeinwohlaufgaben gerechtfertigt ist (S. 89).

zieren, Menschen zum Spenden.[129] Nach anderen Erklärungsmodellen kann eine steuerliche Begünstigung der Spende die Spendenbereitschaft jedoch auch hemmen.[130]

4. Motive der Gemeinwohlförderung

Anhand einiger weniger Erklärungsmodelle lassen sich die überwiegenden Gründe zum Spenden aufzeigen. Einig sind sich alle Erklärungsmodelle, dass der Mensch grundsätzlich nichts ohne Grund macht. Schon nach der Evolutionstheorie von Charles Darwin muss hinter altruistischem Verhalten ein tiefer gehender Sinn stehen. Nach der darwinistischen Evolutionstheorie überlebt langfristig nur der, der an die natürlichen Gegebenheiten am besten angepasst ist.[131] Ein rein altruistisches Verhalten ohne Vorteile für den Handelnden würde eine Belastung für das Lebewesen bedeuten und es bei seinem Kampf ums Überleben und bei der Weitergabe seiner Gene durch Fortpflanzung unnötig angreifbar machen.[132] Mit der Theorie von Darwin lässt sich altruistisches Verhalten innerhalb der eigenen Familie erklären, da es der Weitergabe ihrer Gene dient. Richard Dawkins hat diese Theorie dahingehend erweitert, dass sich auch das altruistische Verhalten gegenüber nahen Verwandten lohnt,[133] da ihre Gene weitestgehend mit den eigenen Genen übereinstimmen[134].

Diese Ansätze erklären jedoch noch nicht, warum sich Menschen altruistisch für andere Menschen einsetzen, mit denen sie nicht verwandt sind. Nach der Theorie des reziproken Altruismus helfen Lebewesen und Menschen anderen Artgenossen in der Erwartung, dass ihnen im Gegenzug dafür zukünftig ebenfalls geholfen wird.[135] Allerdings können die Spenden von Europäern nach Afrika nicht darauf zurückgeführt werden, dass die

129 *Paqué*, Philanthropie und Steuerpolitik, S. 280ff.

130 *Weitemeyer*, Forschungsjournal Soziale Bewegungen – Analysen zu Demokratie und Zivilgesellschaft 2011, 65 (72).

131 *Darwin*, Über die Entstehung der Arten durch natürliche Zuchtwahl, S. 97ff.

132 *Weitemeyer*, Forschungsjournal Soziale Bewegungen – Analysen zu Demokratie und Zivilgesellschaft 2011, 65 (67).

133 *Dawkins*, Das Egoistische Gen, S. 166ff.; dieses Phänomen schildert auch *Ridley*, The origins of virtue, S. 157ff.

134 *Dawkins*, Das Egoistische Gen, S. 166ff.; so auch: *Cronin*, The Ant and the Peacock, S. 254f.

135 *Weitemeyer*, Forschungsjournal Soziale Bewegungen – Analysen zu Demokratie und Zivilgesellschaft 2011, 65 (67); *Dawkins*, Das Egoistische Gen, S. 282ff.

Europäer hoffen, zukünftig von den Afrikanern unterstützt zu werden.[136] Daher wurden die Gründe für altruistisches Verhalten nach dieser Theorie sehr weit gefasst, sodass auch die Erlangung von Sozialprestige als ein weiterer möglicher Grund erfasst wird.[137]

Es spenden jedoch Menschen auch Geld, engagieren sich für arme Teile der Bevölkerung oder spenden Blut im Krankenhaus, ohne dass ihr Umfeld etwas mitbekommt.[138] Dieses rein uneigennützige Verhalten wird auf die Moralvorstellungen der handelnden Person zurückgeführt.[139] Interessanterweise sind Spenden für religiöse und kirchliche Zwecke relativ unabhängig von der Einkommenshöhe und den steuerlichen Vergünstigungen.[140] Andere erklären wiederum altruistisches Verhalten mit dem Handycap-Prinzip.[141] Nach dem Handycap-Prinzip demonstrieren Menschen mit ihrem altruistischen Verhalten ihren Reichtum. Nur wer über mehr verfügt, als er für sich selbst benötigt, kann es sich leisten, uneigennützig Andere zu unterstützen oder seinen Reichtum für Dinge zu verwenden, die ihm nichts nützen.[142] Die Ökonomen hingegen erklären altruistisches Verhalten mit dem sogenannten „warm glow“,[143] Menschen verhalten sich altruistisch, weil sie hierfür mit dem Gefühl etwas Gutes gemacht zu haben, psychologisch belohnt werden.[144]

Es ist abschließend festzuhalten, dass das Verhalten der Menschen sowohl von egoistischen als auch von altruistischen Beweggründen veranlasst wird, und unsere Gesellschaft egoistisches und altruistisches Verhal-

---

136 *Weitemeyer*, Forschungsjournal Soziale Bewegungen – Analysen zu Demokratie und Zivilgesellschaft 2011, 65 (67).

137 *Weitemeyer*, Forschungsjournal Soziale Bewegungen – Analysen zu Demokratie und Zivilgesellschaft 2011, 65 (67f.).

138 *Ridley*, The origins of virtue, S. 137f.

139 *Weitemeyer*, Forschungsjournal Soziale Bewegungen – Analysen zu Demokratie und Zivilgesellschaft 2011, 65 (71); *Paqué*, Philanthropie und Steuerpolitik, S. 229f.

140 *Paqué*, Philanthropie und Steuerpolitik, S. 229f.

141 *Weitemeyer*, Forschungsjournal Soziale Bewegungen – Analysen zu Demokratie und Zivilgesellschaft 2011, 65 (68).

142 *Weitemeyer*, Forschungsjournal Soziale Bewegungen – Analysen zu Demokratie und Zivilgesellschaft 2011, 65 (68f.); *Zahavi/Zahavi*, Signale der Verständigung, S. 378ff.

143 *Andreoni*, Journal of Political Economy 1989, 1447 (1455ff.); *Andreoni*, The Economic Journal 1990, 464 (464ff.); ders., in: Kolm/Ythier, Handbooks in Economics, S. 1201 (1220ff.).

144 *Weitemeyer*, Forschungsjournal Soziale Bewegungen – Analysen zu Demokratie und Zivilgesellschaft 2011, 65 (66f.); *Andreoni*, in: Kolm/Ythier, Handbooks in Economics, S. 1201 (1220ff.).

ten einfordert.[145] Kein Mensch verhält sich ausnahmslos egoistisch oder altruistisch. Der Anteil an egoistischem und altruistischem Verhalten variiert sehr stark zwischen den einzelnen Menschen. In diesem Sinne wird auch der Anreiz zur Spende bei den Menschen mehr und weniger stark von egoistischen oder altruistischen Zügen geprägt sein.

Welche Schlüsse lassen sich aus diesen Erkenntnissen ziehen? Spenden sollten im Grundsatz eine steuerliche Privilegierung erfahren, um die Rechtsgemeinschaft in der Überzeugung zu bestärken, dass altruistisches Verhalten erwünscht ist.[146] In einem Land, in dem für die Allgemeinheit die steuerliche Belastung und die Belastung mit Sozialabgaben hoch sind, könnte ansonsten der Eindruck entstehen, dass der Einzelne durch die Steuern und Sozialabgaben bereits genug für die Allgemeinheit geleistet habe und sich ohne die steuerliche Entlastung das altruistische Verhalten verringert.[147] Gleichzeitig ist zu beachten, dass das positive Ansehen des Spenders in der Gesellschaft abnimmt, desto höher die Spende steuerlich begünstigt wird. Die Zahlung von Steuern und Abgaben kann das Sozialprestige nicht erhöhen, weil sie nicht freiwillig geleistet werden.[148] Dementsprechend vermindert sich auch der altruistische Charakter einer Spende in der Höhe der steuerlichen Ersparnis und erbringt zugleich weniger Sozialprestige.[149] Losgelöst von den bisherigen Erklärungsmodellen spenden einige Menschen in unserer Gesellschaft gerade aufgrund der damit einhergehenden Steuerersparnis.[150] Gleichzeitig bietet es diesen Menschen, aber auch Konzernen eine Möglichkeit, anstatt der Steuerzahlung auf deren Verwendung sie nur mittelbar Einfluss nehmen können, mit der Spen-

145 *Ridley*, The origins of virtue, S. 144ff.

146 *Weitemeyer*, Forschungsjournal Soziale Bewegungen – Analysen zu Demokratie und Zivilgesellschaft 2011, 65 (71).

147 *Weitemeyer*, Forschungsjournal Soziale Bewegungen – Analysen zu Demokratie und Zivilgesellschaft 2011, 65 (71); *Paqué*, Philanthropie und Steuerpolitik, S. 253ff., der festgestellt hat, dass die Spendenbereitschaft mit der Zunahme von Sozialausgaben sinkt.

148 *Weitemeyer*, Forschungsjournal Soziale Bewegungen – Analysen zu Demokratie und Zivilgesellschaft 2011, 65 (71f.).

149 *Weitemeyer*, Forschungsjournal Soziale Bewegungen – Analysen zu Demokratie und Zivilgesellschaft 2011, 65 (72).

150 *Paqué*, Philanthropie und Steuerpolitik, S. 280ff. prognostiziert, dass die Spendensumme drastisch abnehmen würde, sofern die steuerliche Förderung der Spenden abgeschafft werden würde. Gerade das Spendenaufkommen der oberen Einkommensklassen würde sich deutlich reduzieren.

de gezielt diejenigen Projekte zu fördern, die sie für sinnvoll erachten[151] oder die ihnen langfristig gesehen nützlich sind. Hierzu zählt beispielsweise die Förderung der Ausbildung von Studenten, in der Hoffnung, später auf einen großen Pool von gut ausgebildeten Arbeitnehmern zugreifen zu können. Aus all diesen Gründen bietet es sich für den Staat an, Spenden steuerlich zu begünstigen, die Begünstigung jedoch auf einem Niveau zu halten, sodass ihr nicht der altruistische Charakter verloren geht und mit ihr noch Sozialprestige erlangt werden kann.[152]

5. Rückschlüsse für steuerliche Anreize

Da die Motive für Spenden bei den Menschen unterschiedlich sind, die einen spenden, um Sozialprestige zu erlangen, die anderen aufgrund ihrer religiösen oder moralischen Wertvorstellungen, andere wiederum um Steuern zu sparen, besteht eine große Uneinigkeit darüber, ob und wie weit die steuerliche Begünstigung von Spenden die Spendenbereitschaft der Bürger beeinflusst.[153] Einerseits wird auf die altruistischen Gründe für die Spendenbereitschaft hingewiesen und erklärt, dass es eines weiteren Anreizes durch den Staat nicht mehr bedürfe.[154] Zur Bekräftigung dieser Argumentation wird auf Studien[155] verwiesen, die diese Annahme bestätigen.[156] In Schweden wird auf eine steuerliche Begünstigung von Spenden

151 *West*, in: Adloff/Priller/Strachwitz, Prosoziales Verhalten, S. 64 (69f.): Sie teilt die Spender in fünf Spendentypen ein. Ein Spendentyp zeichnet sich dadurch aus, dass er seine Spende als Investition in die Zukunft und als Mittel der politischen Einflussnahme sieht.

152 *Weitemeyer*, Forschungsjournal Soziale Bewegungen – Analysen zu Demokratie und Zivilgesellschaft 2011, 65 (72).

153 *Von Auer/Kalusche*, in: Walz/von Auer/von Hippel, Spenden- und Gemeinnützigkeitsrecht in Europa, S. 13 (17); *Andreoni*, in: Kolm/Ythier, Handbooks in Economics, S. 1201 (1230ff.); *Kirchhof*, Bundessteuergesetzbuch, S. 290; *Mayerl*, in: DZI, Helfersyndrom, Prestigeverlangen oder Gemeinsinn?, S. 45 (45ff.); *West*, in: DZI, Helfersyndrom, Prestigeverlangen oder Gemeinsinn?, S. 53 (54ff.); *Steiner*, in: DZI, Helfersyndrom, Prestigeverlangen oder Gemeinsinn?, S. 60 (62ff.).

154 *Kirchhof*, Bundessteuergesetzbuch, S. 290.

155 Übersicht zu den Studien bei: *Andreoni*, in: Kolm/Ythier, Handbooks in Economics, S. 1201 (1230ff.).

156 *Mayerl*, in: DZI, Helfersyndrom, Prestigeverlangen oder Gemeinsinn?, S. 45 (45ff.); *West*, in: DZI, Helfersyndrom, Prestigeverlangen oder Gemeinsinn?, S. 53 (54ff.); *Steiner*, in: DZI, Helfersyndrom, Prestigeverlangen oder Gemeinsinn?, S. 60 (60ff.).

verzichtet.[157] Dort wird angenommen, dass die Steuervergünstigungen bei den Empfängerorganisationen einen ausreichenden Anreiz zum Spenden bieten.[158] In Deutschland gibt es jedoch auch Stimmen, die annehmen, dass schon ein Systemwechsel bei der steuerlichen Begünstigung von Spenden die Bereitschaft der Bürger zum Spenden verringern wird.[159] Konkret wurde Bezug genommen auf einen Reformvorschlag, nach dem die Spende der Bürger lediglich bei der Empfängerorganisation durch den Staat bezuschusst wird.[160] Bei einem solchen Zuschussmodell wird befürchtet, dass es den Spendern nicht mehr das Gefühl einer Steuerersparnis vermittelt und die Spendenbereitschaft deshalb sinken könnte.[161] Andere Stimmen vertreten die Ansicht, dass sich staatliche Anreize auf die Spendenbereitschaft der Bürger auswirken. Hierbei soll unerheblich sein, durch welches System die Spende vom Staat begünstigt wird. Für die Bürger sei allein relevant, dass sich die Spendentätigkeit durch eine Einflussnahme des Staates für den Einzelnen finanziell vergünstigt.[162]

6. Auswirkung der Spendenmotive auf ein subjektives Recht beruhend auf dem Subsidiaritätsprinzip

Das Subsidiaritätsprinzip erzwingt nicht ein subjektives Recht auf die steuerliche Begünstigung einer Spende beim Spender. Falls ein Teil der gemeinnützigen Betätigung der Bürger zurückgehen würde und dieser Teil vom Staat kompensiert werden müsste, sofern die steuerliche Begünstigung der Spende beim Spender entfiele, bedeutet dies nicht, dass nach dem Subsidiaritätsprinzip zwingend die steuerliche Begünstigung der Spende beim Spender aufrechterhalten werden muss. Vielmehr sind auch andere Anreizmodelle des Staates denkbar, mit denen er in der Zukunft das gleiche bürgerschaftliche Engagement aufrechterhalten könnte. Beispielsweise indem er nicht dem Spender einen Teil seiner gezahlten Steu-

---

157 *Lindencrona*, in: Walz/von Auer/von Hippel, Spenden- und Gemeinnützigkeitsrecht in Europa, S. 419 (421).

158 Ders., in: Walz/von Auer/von Hippel, Spenden- und Gemeinnützigkeitsrecht in Europa, S. 419 (433).

159 *Hüttemann*, Gemeinnützigkeits- und Spendenrecht, S. 38f.

160 *Kirchhof*, Bundessteuergesetzbuch, S. 11.

161 *Hüttemann*, Gemeinnützigkeits- und Spendenrecht, S. 38f.

162 *Von Auer/Kalusche*, in: Walz/von Auer/von Hippel, Spenden- und Gemeinnützigkeitsrecht in Europa, S. 13 (16ff.); *Kirchhof*, Bundessteuergesetzbuch, S. 288, 290.

ern erstattet, sondern einen Zuschuss direkt an die gemeinnützigen Organisationen zahlt, der abhängig von der Summe der eingeworbenen Spenden ist.[163] Ein solches Modell wird im kirchhofschen Bundessteuergesetzbuch vorgeschlagen. Hiernach erhält nicht der Steuerpflichtige eine Vergünstigung vom Staat, sondern die Spendenempfängerkörperschaft. Diese erhält für jede eingeworbene Spende einen Zuschuss vom Staat. Die Spende wird nach diesem Reformmodell indirekt steuerlich begünstigt.

Da das kirchhofsche Steuermodell vorsieht, dass alle Steuerpflichtigen einem linearen Einkommensteuertarif in Höhe von 25 % unterliegen und sie daher für jede geleistete Spende eine Steuerersparnis von 25 % nach dem heutigen System erzielen würden, erhält die Empfängerorganisation nach diesem Modell einen Zuschuss in Höhe von einem Drittel der Spendeneinnahmen. Ein Drittel der Spendeneinnahmen entspricht nämlich genau den 25 %, die die Steuerpflichtigen als Steuerbegünstigung erhalten würden. Spendet nämlich ein Steuerpflichtiger EUR 100, so würde er nach dem heutigen Modell, aber unter Zugrundelegung des von Kirchhof vorgeschlagenen linearen Einkommensteuersatzes von 25 %, EUR 25 im Rahmen seiner Steuererklärung erstattet bekommen. Der Steuerpflichtige hätte also tatsächlich selbst nur EUR 75 gespendet, die restlichen EUR 25 wären tatsächlich vom Staat gezahlt worden. Um also eine gleiche Spendenaufteilung zwischen Bürger und Staat nach dem kirchhofschen Steuermodell zu erreichen, müsste der Bürger EUR 75 direkt an die Empfängerorganisation spenden und der Staat müsste diese Spende in Höhe von EUR 25 bezuschussen. Im Verhältnis zu der geleisteten Spende entspricht der Zuschuss genau einem Drittel.

Der Steuerpflichtige müsste nach dem kirchhofschen Steuermodell allerdings schon im Moment der Spende den Zuschuss durch den Staat berücksichtigen – sofern er eine vergleichbare steuerliche Begünstigung seiner Spende, wie nach der derzeitigen Rechtslage, vom Staat erhalten möchte – und seinen Spendenbetrag um 25 v. H. reduzieren. Der Steuerpflichtige müsste daher selbst dafür Sorge tragen, dass er von der staatlichen Unterstützung der Spendentätigkeit profitiert. Rein wirtschaftlich betrachtet kann der Steuerpflichtige den gleichen Zustand herstellen, der bisher durch die steuerliche Berücksichtigung der Spende durch das Finanzamt erreicht wurde.

163 Ein solches Anreizmodell schlagen vor: *Kirchhof*, Bundessteuergesetzbuch, S. 11; *von Auer/Kalusche*, in: Walz/von Auer/von Hippel, Spenden- und Gemeinnützigkeitsrecht in Europa, S. 13 (74).

Gleichzeitig kann der Verwaltungsapparat durch diese Regelung erheblich verschlankt werden. Schließlich muss sich die Verwaltung nicht mit jeder Spende und dem einzelnen Spender auseinandersetzen, sondern nur mit der erheblich geringeren Zahl an Spendenempfängern. Bei diesem Vorschlag wird nicht mehr die Spendenleistung beim Bürger steuerlich honoriert, sondern der Spender kann mit einer kleineren Spende eine höhere Spendeneinnahme beim Spendenempfänger bewirken, indem er den Staat mit seiner Spende zu einem Zuschuss an die gemeinnützige Organisation zwingt. Nach diesem Reformvorschlag setzt der Staat jedoch keinen Anreiz zur Spende durch einen steuerlichen Vorteil des Spenders, sondern außerhalb der Besteuerung des Spenders durch eine Bezuschussung. Besonders deutlich wird dies bei einem Spender, der keine Steuern zu zahlen hat. Auch in diesem Fall bezuschusst der Staat die Spende in Höhe eines Drittels der Spendenzahlung. Jede Spende wird unabhängig von einer Besteuerung des Spenders gleich vom Staat bezuschusst.

Nach diesem Steuerreformmodell wird die Spende des Steuerpflichtigen nicht bei der Einkommensbesteuerung berücksichtigt. Dies ist nach dem Subsidiaritätsprinzip möglich. Der Staat kann frei entscheiden, wie er Anreize zum gemeinwohldienlichen Verhalten setzen möchte. Die Besteuerung des Einkommens, aus dem die Spende geleistet wird, kann derzeit nicht als ein Hemmnis ausgemacht werden, dass die Steuerpflichtigen vom gemeinnützigen Verhalten abhält. Denn zwischen der Pflicht zur Steuerzahlung und der Spende besteht kein Zusammenhang. Der Zusammenhang besteht vielmehr zwischen der Einkommensteuerreduzierung durch die steuerliche Berücksichtigung der Spende im Rahmen der Einkommensbesteuerung. Die Rücknahme einer steuerlichen Begünstigung stellt jedoch keinen verfassungsrechtlich zu rechtfertigenden Eingriff dar, sondern beschränkt den Gesetzgeber aus Gründen des Vertrauensschutzes allein in zeitlicher Hinsicht.[164] Die Rücknahme einer einmal eingeführten steuerlichen Begünstigung kann nicht verhindert werden.[165] Auch der Umstand, dass der Steuerpflichtige selbst dafür Sorge zu tragen hat, dass sich die staatliche Bezuschussung bei ihm ausgabemindernd auswirkt – der Spender muss den späteren staatlichen Zuschuss an den Spendenempfänger bei der Spendenhöhe berücksichtigen –, wirkt sich nicht dergestalt aus, dass dem Subsidiaritätsprinzip nur entsprochen wird, wenn die Spende bei

164 *Kirchhof*, in: Isensee/Kirchhof, HStR Bd. V, § 118 Rn. 61f.; BVerfG, Beschluss vom 03.12.1997 – 2 BvR 882/97, BVerfGE 97, 67 (80).

165 *Kirchhof*, in: Isensee/Kirchhof, HStR Bd. V, § 118 Rn. 61f.; BVerfG, Beschluss vom 03.12.1997 – 2 BvR 882/97, BVerfGE 97, 67 (80).

der Einkommensteuerermittlung des Spenders berücksichtigt wird. Denn der Staat setzt einerseits Anreize, die die Bürger zur gemeinnützigen Betätigung ermutigen. Andererseits unterstützt und fördert der Staat auch in diesem Reformmodell die Betätigung im Bereich der pluralistischen Gemeinwohlaufgaben, ohne selbst Einfluss auf die geförderten Projekte zu nehmen, sondern folgt vielmehr blind der Entscheidung der Bürger. Ob dieser Spendenanreiz ausreicht, wird zwar bezweifelt.[166] Allerdings kann letztlich nur die Praxis zeigen, ob auch mit diesem Reformmodell ein hinreichender Anreiz zum Spenden gesetzt wird.[167] Eine Beibehaltung des derzeitigen Spendensystems fordert das Subsidiaritätsprinzip zumindest nicht.

Darüber hinaus zwingt das Subsidiaritätsprinzip nicht zur Schaffung oder zum Erhalt einer direkten oder indirekten staatlichen Spendenbegünstigung. Nach der negativen Interpretation sind lediglich Maßnahmen zu unterlassen, die das Spendenverhalten staatlich einschränken könnte. Hierzu gehört jedoch nicht die Beibehaltung einer einmal vom Gesetzgeber aufgenommenen Begünstigung. Der Gesetzgeber darf durchaus eine einmal getroffene Entscheidung wieder rückgängig machen, ohne dass dies sogleich als eine staatliche Beschränkung eingeordnet werden könnte.[168] Nach der positiven Interpretation dürfen zwar auch Anreize zu einem staatlich erwünschten Verhalten gegenüber den Bürgern gegeben werden. Allerdings soll nach der positiven Interpretation des Subsidiaritätsprinzips die Unterstützung des Staates langfristig überflüssig werden.[169] Grundsätzlich soll der Staat nach der positiven Interpretation des Subsidiaritätsprinzips keine dauerhaften Anreize zu einem bestimmten Verhalten geben. Eine Ausnahme hierzu gilt freilich für den Fall, dass der Gesetzgeber die steuerliche Begünstigung der Spende abschaffen würde, ohne andere Anreize zur Unterstützung der gemeinnützigen Organisationen zu schaffen, und deshalb die finanzielle Unterstützung der gemeinnützigen Organisationen zurückginge. Sofern der Staat in diesem Fall die gemeinnützigen Organisationen direkt unterstützen müsste, um die Finanzierungslücke zu schließen, entspräche es dem Subsidiaritätsprinzip mehr, die steuerliche Begünstigung der Spenden aufrechtzuhalten. Denn eine

---

166 So schon *Hüttemann*, Gemeinnützigkeits- und Spendenrecht, S. 38f., der gerade dem Gefühl, Steuern sparen zu können, eine wichtige Anreizfunktion zum Spenden zuschreibt.

167 S.o. 3. Kapitel: A. I. 5. Rückschlüsse für steuerliche Anreize S. 37.

168 *Kirchhof*, in: Isensee/Kirchhof, HStR Bd. V, § 118 Rn. 61f.; BVerfG, Beschluss vom 03.12.1997 – 2 BvR 882/97, BVerfGE 97, 67 (80).

169 *Isensee*, Subsidiaritätsprinzip und Verfassungsrecht, S. 30.

mittelbare Unterstützung der gemeinnützigen Organisationen, die blind der Förderentscheidung des Grundrechtsträgers folgt, entspricht dem Subsidiaritätsprinzip mehr als eine direkte Subventionierung der gemeinnützigen Organisationen durch den Staat. Allerdings ist unklar, ob die Abschaffung der steuerlichen Berücksichtigung der Spende beim Spender zu einem Rückgang der Spenden führen würde. Daher obliegt dem Gesetzgeber die Entscheidung die steuerliche Berücksichtigung der Spende beim Spender beizubehalten oder abzuschaffen.

II. Primat der Freiheit

Die Bürger sollen nach dem Subsidiaritätsprinzip vorrangig zum Staat Gemeinwohlaufgaben wahrnehmen. In Abgrenzung dazu besagt das Primat der Freiheit, dass die Freiheit Vorrang vor einer Regulierung durch den Staat genießt. Die Regulierung durch den Staat kommt also nur als ultima ratio in Betracht. Da die Verfassung freiheitlich ausgerichtet ist, kommt vorrangig den Grundrechtsträgern die Aufgabe zu, das Gemeinwohl zu schaffen.[170] Allerdings glaubt die Verfassung nicht an die altliberale Theorie, dass allein der Markt mit seinen Korrektiven das Beste für alle Bürger hervorbringen konnte.[171] Vielmehr soll mithilfe der Sozialstaatsklausel der Staat an den Stellen nachbessern können, wo die Kräfte des Marktes versagen.[172] Seine Mittel sind allerdings beschränkt, insbesondere muss er den freiheitlichen Charakter der Verfassung wahren und darf sich nicht der Gefahr aussetzen, im Widerspruch zur freiheitlichen Verfassung die Gemeinwohlverantwortung an sich zu ziehen.[173] Der Verfassung liegt ein Gesellschaftsmodell zugrunde, das annimmt, die Gesellschaft mit all ihren Facetten – Wirtschaft, Presse, Wissenschaft, Gemeinwohl und dem privaten Lebensbereich – entwickelt sich am besten, wenn den Bürgern die größtmögliche Freiheit zukommt. Lediglich dort, wo die Marktkräfte keine positive Wirkung entfalten, wird regulierend eingewirkt.[174] Die Verfassung geht davon aus, die Gesellschaft würde sich am besten entwickeln, wenn sie sich von unten auf die Wahrnehmung von Freiheitsrechten grün-

---

170 Ders., in: Isensee/Kirchhof, HStR Bd. IV, § 71 Rn. 110f.; *Geserich*, Privater, gemeinwohlwirksamer Aufwand im System der deutschen Einkommensteuer und des europäischen Rechts, S. 28.

171 *Isensee*, in: Isensee/Kirchhof, HStR Bd. IV, § 71 Rn. 122.

172 Ders., in: Isensee/Kirchhof, HStR Bd. IV, § 71 Rn. 123.

173 Ders., in: Isensee/Kirchhof, HStR Bd. IV, § 71 Rn. 111, 124.

174 Ders., in: Isensee/Kirchhof, HStR Bd. IV, § 71 Rn. 115.

det.[175] Freiheit und Ordnung werden nicht als ein Gegensatz verstanden.[176] Das Freiheitsprinzip selbst schaffe eine gesellschaftliche Ordnung.[177] Dem Staat kommt hierbei die Aufgabe zu, die Selbstregulierungskräfte der Märkte zu kontrollieren und „allgemeingültige Rechtsregeln zu schaffen, nach denen sich das freie Spiel der geistigen und ökonomischen Kräfte zu gestalten hat".[178]

Das Freiheitsprinzip gilt also auch für den Bereich der Gemeinwohlschaffung.[179] Regulierend soll der Staat nur dort einwirken, wo die gesellschaftlichen Kräfte versagen. Im Bereich des Gemeinnützigkeitsrechts steuert der Staat am besten nach, wenn er Anreize zur gemeinnützigen Betätigung schafft, die konkrete Betätigung und ihre Ausgestaltung aber den Bürgern überlässt. Er darf Anreize zur Gemeinwohlschaffung geben, weil er letztverantwortlich für die Schaffung des Gemeinwohls ist.[180] Dieser Letztverantwortung kann er auf zweierlei Weise nachkommen. Entweder der Staat entscheidet selbst, was er als förderungswürdig erachtet, oder er unterstützt die Spendentätigkeit seiner Bürger. Seiner Letztverantwortung kommt der Staat im Sinne des Primats der Freiheit besser mit einer Unterstützung der Spender als mit einer Direktsubvention beim Spendenempfänger nach,[181] weil die Steuerverschonung im Vergleich zur Subvention eine kleinere Einflussnahme durch den Staat darstellt und dem Bürger die Freiheit überlässt, wer gefördert werden soll. Allerdings zwingt auch das Primat der Freiheit nicht zur steuerlichen Berücksichtigung der Spende beim Spender. Eine staatliche Bezuschussung der eingesammelten Spenden beim Spendenempfänger entspricht dem Primat der Freiheit im gleichen Maße, wie die steuerliche Begünstigung beim Spender. Denn in beiden Fällen folgt die Subvention des Staates blind der Spendenentscheidung des Spenders und Grundrechtsträgers mit dem einzigen Unterschied, dass das Spendenvolumen im letzteren Fall bei Spendenempfänger und nicht beim Spender ermittelt wird.

---

175 Ders., in: Isensee/Kirchhof, HStR Bd. IV, § 71 Rn. 115.

176 *Herzog*, in: Isensee/Kirchhof, HStR Bd. IV, § 72 Rn. 81f.

177 Ders., in: Isensee/Kirchhof, HStR Bd. IV, § 72 Rn. 81f.

178 Ders., in: Isensee/Kirchhof, HStR Bd. IV, § 72 Rn. 81f.

179 *Isensee*, in: Isensee/Kirchhof, HStR Bd. IV, § 71 Rn. 119f.; *Geserich*, Privater, gemeinwohlwirksamer Aufwand im System der deutschen Einkommensteuer und des europäischen Rechts, S. 28.

180 *Isensee*, in: Isensee/Kirchhof, HStR Bd. IV, § 71 Rn. 111; *Geserich*, Privater, gemeinwohlwirksamer Aufwand im System der deutschen Einkommensteuer und des europäischen Rechts, S. 23.

181 *Isensee*, in: DStJG 26 (2003), S. 93 (101).

III. Auswirkungen auf das Spendenrecht

Zusammengefasst folgt aus den Unterkapiteln I.[182] und II.[183], dass das Subsidiaritätsprinzip und das Freiheitsprinzip der Verfassung die steuerliche Begünstigung von Spenden rechtfertigen, jedoch verfassungsrechtlich nicht erzwingen.[184] Festzuhalten ist, dass der Staat nach diesen Prinzipien keinerlei Anreize zum Spenden geben muss, sofern sich die Spenden ohne solche Anreize nicht rückläufig entwickeln würden. Sollte sich die gemeinnützige Betätigung ohne die steuerlichen Subventionen effektiv nicht vermindern, so müssten folgerichtig nach dem Subsidiaritätsprinzip und dem Freiheitsprinzip die steuerlichen Subventionen des Gemeinnützigkeitsrechts abgebaut werden.

Die steuerliche Begünstigung von Spenden wäre nicht einmal verfassungsrechtlich zwingend, wenn die Spenden ohne einen steuerlichen Anreiz rückläufig wären. Denn alternativ zur Begünstigung der Spende beim Spender, könnte eine staatliche Bezuschussung der Spendeneinnahmen beim Spendenempfänger erfolgen, so wie es Kirchhof in seinem Besteuerungsmodell vorgeschlagen hat.[185] Die Höhe der Subventionen einer einzelnen gemeinnützigen Organisation läge in der Hand der Grundrechtsberechtigten: Je mehr sie an diese Organisation spenden, desto höher fällt die staatliche Subvention an diese Organisation aus. Die Grundrechtsberechtigten entschieden darüber, welche gemeinnützige Organisation besonders förderungswürdig ist.

Als weitere Alternative besteht für den Staat die Möglichkeit, seiner Finanzierungsverantwortung nachzukommen, indem er gemeinnützige Organisationen steuerlich begünstigt oder von staatlichen Abgaben und Gebühren befreit. Eine solche Begünstigung verstößt nicht gegen das Subsidiaritätsprinzip[186] und lässt sich auch mit der freiheitlichen Ausgestaltung der Verfassung sowie der Verantwortung für die Verwirklichung der pluralistischen Gemeinwohlaufgaben vereinbaren. Derzeit profitieren bereits gemeinnützige Organisationen von einer Vielzahl von Steuerbefreiungen, wie beispielsweise der Befreiung von der Körperschaftsteuer nach § 5 Abs. 1 Nr. 9 Satz 1 KStG, von der Gewerbesteuer nach § 3 Nr. 6 Satz 1

---

182 S.o. 3. Kapitel: A. I. Subsidiaritätsprinzip S. 26.

183 S.o. 3. Kapitel: A. II. Primat der Freiheit S. 42.

184 *Möllmann*, Die steuerliche Privilegierung gemeinnütziger Körperschaften im Spannungsfeld von Verfassungsrecht und europäischen Grundfreiheiten, S. 89f.

185 Kirchhof in: *Kirchhof*, Bundessteuergesetzbuch, S. 288 sieht dieses Modell als Ersatz für die steuerliche Begünstigung von Spenden vor.

186 S.o. 3. Kapitel: A. I. Subsidiaritätsprinzip S. 26.

GewStG, von der Grundsteuer nach § 3 Abs. 1 Satz 1 Nr. 3 Buchst. b GrStG und Zuwendungen an diese Organisationen sind von der Erbschaft- und Schenkungsteuer befreit nach § 13 Abs. 1 Nr. 16 Buchst. b Satz 1 ErbStG. Auch Direktsubventionen erfolgen in Bezug auf (Privat-)Schulen und Universitäten.[187] Darüber hinaus variieren die Spendeneinnahmen jährlich. Der Staat steht auch nicht in der Verantwortung, durch Anreize eine bestimmte Spendensumme bei den gemeinnützigen Organisationen zu generieren. Die Folgen einer Abschaffung sämtlicher steuerlicher Begünstigungen von Spenden lässt sich derzeit nicht absehen, gerade auch im Hinblick auf die unterschiedlichen Gründe, die die Menschen veranlassen zu spenden.

Da einerseits ungewiss ist, ob die gemeinnützigen Organisationen auf die staatliche Unterstützung angewiesen sind und andererseits eine verfassungsgemäße Alternative zur Unterstützung gemeinnütziger Organisationen existiert, obliegt es im Ergebnis der Entscheidungsprärogative des Gesetzgebers, wie er eine staatliche Unterstützung der gemeinnützigen Organisationen ausgestaltet. Insgesamt lässt sich ein subjektives Recht auf die steuerliche Begünstigung von Spenden nicht aus dem Subsidiaritätsprinzip und der freiheitlichen Ausgestaltung des Grundgesetzes herleiten. Somit verbleibt allein die Möglichkeit, dass sich ein subjektives Recht auf die steuerliche Begünstigung von Spenden aus den Grundrechten ergeben könnte.

B. Grundrechte

Aus den Grundrechten selbst könnte sich ein subjektives Recht der Bürger auf eine steuerliche Begünstigung von Spenden ergeben. Dies setzt allerdings voraus, dass auch die gemeinnützige Betätigung Grundrechtsschutz genießt (hierzu unter I.). Das subjektive Recht, das Spenden steuerlich begünstigt werden müssen, könnte sich einerseits aus dem allgemeinen Gleichheitssatz (Art. 3 Abs. 1 GG) ergeben. Aus dem allgemeinen Gleichheitssatz wird abgeleitet, dass eine dem Gleichheitssatz entsprechende Besteuerung nur stattfindet, wenn der Einzelne nach dem Leistungsfähig-

187 Hierzu im Einzelnen für die Privatschulen: 4. Kapitel: A. I. Privatschulen S. 109 und für die Universitäten: 4. Kapitel: A. II. Wissenschaft S. 110.

keitsprinzip besteuert wird.[188] Darüber hinaus soll nur der Teil des Einkommens besteuert werden, der dem Einzelnen zur freien Verfügung steht.[189] Da das Einkommen, das für Spenden verwendet wird, dem Einzelnen nicht mehr zur freien Verfügung steht, könnte eine Besteuerung dieses Einkommens ein Verstoß gegen das Leistungsfähigkeitsprinzip darstellen (hierzu unter II.). Andererseits könnte sich das subjektive Recht auch aus Art. 14 Abs. 2 Satz 2 GG ableiten lassen. Hiernach soll das Eigentum auch der Allgemeinheit dienen. Grundsätzlich kommt ein Teil des Einkommens durch die Besteuerung der Allgemeinheit zugute. Sofern ein Teil des Einkommens allerdings bereits der Allgemeinheit durch eine Spendenbetätigung des Steuerpflichtigen zur Verfügung gestellt wurde, könnte der Pflicht aus Art. 14 Abs. 2 Satz 2 ausreichend entsprochen worden sein, sodass eine weitere Besteuerung von diesem Teil des Einkommens unverhältnismäßig wäre (hierzu unter III.).

I. Grundrechtsschutz einer gemeinnützigen Betätigung

Die Verfassung ist freiheitlich ausgerichtet. Sie gewährt jedem Einzelnen die größtmögliche Freiheit. Jeder Eingriff des Staates in das Verhalten seiner Bürger steht unter Rechtfertigungsdruck. Die Verfassung schützt seine Bürger bei ihrer erwerbswirtschaftlichen Tätigkeit wie in ihrer Freizeit. Sofern der Bürger gemeinnützig tätig wird, handelt er nicht eigen-, sondern fremdnützig. Die Grundrechte schützen fremdnütziges Verhalten nicht anders als eigennütziges. Dem Bürger kommt also im Gemeinnützigkeitsrecht der gleiche Schutz gegenüber dem Staat zu. Es gibt keine Bereichsausnahme für die Geltung der Grundrechte. Mit den Worten von Josef Isensee: „Die Ausübung der grundrechtlichen Freiheit ist von Verfassung

---

188 Ständige Rechtsprechung: BVerfG, Beschluss vom 29.05.1990 – 1 BvL 20, 26, 184 und 4/86, BVerfGE 82, 60 (86); BVerfG, Urteil vom 03.11.1982 – 1 BvR 620/78, 1335/78, 1104/79 und 363/80, BVerfGE 61, 319 (343f.); BVerfG, Beschluss vom 11.10.1977 – 1 BvR 343/73, 83/74, 183 und 428/75, BVerfGE 47, 1 (29); BVerfG, Beschluss vom 02.10.1973 – 1 BvR 345/73, BVerfGE 36, 66 (72).

189 *Kirchhof*, in: Isensee/Kirchhof, HStR Bd. V, § 118 Rn. 187; Beschlüsse, in: Ständige Deputation des Deutschen Bundestages, Verhandlungen des siebenundfünfzigsten Deutschen Juristentages Mainz 1988, Beschlüsse N 211, N 214-N 216; *Böckenförde*, StuW 1986, 335 (336); *Kulmsee*, Die Berücksichtigung von Kindern im Einkommensteuergesetz, S. 10f., 69; *Lang*, Die Bemessungsgrundlage der Einkommensteuer, S. 191ff., 202ff.; *Lang*, StuW 1990, 331 (342f.).

wegen nicht determiniert. Sie steht dem willkürlichen wie dem vernünftigen, dem eigennützigen wie dem gemeinnützigen Gebrauch offen."[190]

Sollte der Steuerpflichtige einen grundrechtlich verankerten Anspruch auf die steuerliche Berücksichtigung einer Spende haben, so könnte er dieses Recht gegen den Gesetzgeber in Stellung bringen. Der Bürger wäre nicht mehr vom Wohlwollen des Gesetzgebers abhängig, sondern hätte einen originären Anspruch gegenüber dem Staat. So verlockend dies einerseits für den Steuerpflichtigen klingt, so ist doch andererseits auch Vorsicht geboten. Die vorschnelle Konkretisierung von Verfassungsprinzipien auf eine bestimmte verfassungsrechtliche Rechtsfolge birgt auch Risiken, weil sie dem parlamentarischen Gesetzgeber Gesetzgebungsmaterie entzieht und diese nur mithilfe einer Verfassungsänderung nach Art. 79 GG dem Gesetzgeber zurückgegeben werden kann.[191] Deshalb sollte nicht vorschnell ein Verfassungsprinzip auf eine bestimmte verfassungsrechtliche Rechtsfolge konkretisiert werden.

Das Recht der Bürger, Vermögen an gemeinnützige Organisationen zu spenden, ist grundrechtlich geschützt.[192] Jedes gemeinnützige Verhalten der Grundrechtsberechtigten wird zunächst von der allgemeinen Handlungsfreiheit, Art. 2 Abs. 1 GG umfasst. Speziellere Grundrechte sind häufig ebenfalls einschlägig und sodann vorrangig. So fällt beispielsweise die Spende an eine Organisation, die gemeinnützig die Kunst fördert, in den Schutzbereich des Art. 5 GG. Bei der Förderung von gemeinnützigen Organisationen, die sich durch ihre Weltanschauung abheben, kommt Art. 4 GG in Betracht. Dies allein führt nicht zu einer steuerlichen Abzugspflicht. Andere Steuerzahler können sich ebenfalls auf Grundrechte berufen. Dies entbindet sie jedoch nicht von ihrer Pflicht, Steuern zu zahlen. Der Künstler, der von den Einnahmen aus dem Verkauf seiner Bilder lebt, muss diese Einnahmen der Einkommensteuer unterwerfen. Dies gilt unabhängig davon, dass seine Erwerbstätigkeit unter dem Schutz der Berufs- und Kunstfreiheit steht. Grundsätzlich gilt, solange die Steuergesetze die Berufsneutralität wahren, also keine Auswirkung auf die Berufswahl oder die Berufsausübung haben und nicht eine Kunstrichtung begünstigen, sondern sich gegenüber den verschiedenen Kunstrichtungen neutral ver-

---

190 *Isensee*, in: Isensee/Kirchhof, HStR Bd. IV, § 71 Rn. 117.

191 *Moes*, Die Steuerfreiheit des Existenzminimums vor dem Bundesverfassungsgericht, S. 136.

192 *Hufeld*, Recht und Moral der Gemeinwohlfinanzierung, S. 11, 25; *Droege*, Gemeinnützigkeit im offenen Steuerstaat, S. 329.

halten, liegt eine Beeinträchtigung der Berufs-[193] oder Kunstfreiheit[194] nicht vor. Unterschiedliche Sonderbelastungen und -entlastungen im Einkommensteuerrecht, die an einzelne Einkunftsarten anknüpfen, damit einige Berufsfelder begünstigen, können wiederum als Lenkungsnormen gerechtfertigt sein, sofern sie dem Gemeinwohl dienen.[195]

Dennoch müssen Handlungen des Staates, die geeignet sind, die Bürger von einer Spendentätigkeit abzuhalten, verfassungsrechtlich gerechtfertigt sein. Sollte der Gesetzgeber sich entschließen, die steuerliche Begünstigung der Spende abzuschaffen, würde dies keinen Eingriff in die Spendentätigkeit bedeuten. Denn der Gesetzgeber würde keine neue Einkunftsquelle erschließen, sondern eine steuerliche Begünstigung abschaffen. Auf eine Aufrechterhaltung der steuerlichen Begünstigung von Spenden könnte sich der Bürger lediglich aus Vertrauensschutzgründen (Art. 20 Abs. 3 GG[196]) berufen. Der Vertrauensschutz kann die Abschaffung von Begünstigung jedoch nur in zeitlicher Hinsicht beschränken, die Abschaffung insgesamt kann er nicht verhindern.[197]

Da die Spende jedoch grundrechtlich geschützt ist, stellt sich die Frage, ob der Staat die Voraussetzungen dafür schaffen muss, dass der Bürger von seinen Grundrechten Gebrauch machen kann. Trifft den Staat bei Bürgern, die gerade so viel verdienen, dass sie ihr Existenzminimum bestreiten können, die Pflicht, ihnen Spenden an gemeinnützige Organisationen zu ermöglichen? Die Grundrechte dienen in erster Linie als Abwehrrechte gegenüber dem Staat, der Staat soll den Bürgern nicht verbieten, von ihren Grundrechten Gebrauch zu machen. Aus einigen Grundrechten wie beispielsweise Art. 1 Abs. 1 GG i. V. m. Art. 20 Abs. 1 GG lassen sich auch Leistungsrechte gegenüber dem Staat ableiten, nämlich das zur Verfügung stellen von Geldmitteln, die für die Existenz notwendig sind, solange der Einzelne nicht in der Lage ist, diese Mittel selbst aufzubringen. Hierbei ist der Gesetzgeber nicht verpflichtet, die Höhe der Mittel so zu bemessen,

---

193 *Hey*, in: Tipke/Lang, Steuerrecht, § 3 Rn. 188; *Tipke*, Die Steuerrechtsordnung Bd. I, S. 431ff.

194 *Bethge*, in: Sachs, GG Kommentar, Art. 5 Rn. 190.

195 *Tipke*, Die Steuerrechtsordnung Bd. I, S. 432, 436.

196 Zur verfassungsmäßigen Ordnung zählt, dass die Gesetze den Anforderungen der Rechtssicherheit genügen. Zur Rechtssicherheit gehört, im Rahmen des Gesetzgebungsverfahrens auch das Vertrauen der Bürger in das bisher geltende Recht zu beachten: *Sommermann*, in: von Mangoldt/Klein/Starck, Kommentar zum GG, Art. 20 Rn. 287f., 292.

197 *Kirchhof*, in: Isensee/Kirchhof, HStR Bd. V, § 118 Rn. 61f.; BVerfG, Beschluss vom 03.12.1997 – 2 BvR 882/97, BVerfGE 97, 67 (80).

dass ihm jedwede Grundrechtsausübung ermöglicht wird.[198] Spiegelbildlich hierzu ist er nicht verpflichtet, bei der Besteuerung ausreichend Finanzmittel zu belassen, damit der Bürger von all seinen Grundrechten Gebrauch machen kann. Vielmehr ist bei der Berechnung des Existenzminimums ein Teil für kulturelle Veranstaltungen, wie Theater, Oper, die Kunsthalle oder ähnliches vorgesehen,[199] sogenanntes kulturelles Existenzminimum.[200] Der Bürger hat jedoch keinen Anspruch auf die Finanzierung jeglicher Kulturveranstaltungen.[201] Ihm steht ein Geldbetrag zur Verfügung und er muss sich entscheiden, wofür er diesen Geldbetrag ausgeben möchte.[202] So hat das Bundesverfassungsgericht geurteilt, dass die Sozialleistungen nur dann evident unzureichend sind, wenn „sie in der Gesamtsumme keinesfalls sicherstellen können, Hilfebedürftigen in Deutschland ein Leben zu ermöglichen, das physisch, sozial und kulturell als menschenwürdig anzusehen ist".[203] Dieses kulturelle Existenzminimum kann er selbstverständlich auch für Spenden verwenden. Die Möglichkeit zu spenden wurde somit bei der Berechnung des Existenzminimums mittelbar berücksichtigt. Soweit sich das Steuerrecht zur Ermittlung des Existenzminimums am Sozialrecht orientiert, darf es genauso typisieren und pauschalieren, wie das Sozialrecht.[204] Daher enthält auch das steuerliche

---

198 BVerfG, Beschluss vom 23.07.2014 – 1 BvL 10, 12/12, 1 BvR 1691/13, BVerfGE 137, 34 (72).

199 § 20 Abs. 1 Satz 2 SGB II und § 27a Abs. 1 Satz 2 SGB XII; dies ist auch verfassungsrechtlich zwingend: „Zu den persönlichen Bedürfnissen des täglichen Lebens gehört in vertretbarem Umfang eine Teilhabe am sozialen und kulturellen Leben in der Gemeinschaft."; BVerfG, Beschluss vom 23.07.2014 – 1 BvL 10, 12/12, 1 BvR 1691/13, BVerfGE 137, 34 (72).

200 *Geserich*, Privater, gemeinwohlwirksamer Aufwand im System der deutschen Einkommensteuer und des europäischen Rechts, S. 53f.

201 *Geserich*, Privater, gemeinwohlwirksamer Aufwand im System der deutschen Einkommensteuer und des europäischen Rechts, S. 53; § 20 Abs. 1 Satz 4 SGB II: „Über die Verwendung der zur Deckung des Regelbedarfs erbrachten Leistungen entscheiden die Leistungsberechtigten eigenverantwortlich; dabei haben sie das Eintreten unregelmäßig anfallender Bedarfe zu berücksichtigen." § 27a Abs. 3 Satz 2 SGB XII: „Der Regelsatz stellt einen monatlichen Pauschalbetrag zur Bestreitung des Regelbedarfs dar, über dessen Verwendung die Leistungsberechtigten eigenverantwortlich entscheiden; dabei haben sie das Eintreten unregelmäßig anfallender Bedarfe zu berücksichtigen."

202 *Wahrendorf*, in: Grube/Wahrendorf, SGB XII Kommentar, § 27a Rn. 12f. und 37f.

203 BVerfG, Beschluss vom 23.07.2014 – 1 BvL 10, 12/12, 1 BvR 1691/13, BVerfGE 137, 34 (75).

204 *Lang*, Die Bemessungsgrundlage der Einkommensteuer, S. 202ff.

Existenzminimum einen Teil für soziale und kulturelle Ausgaben in selber Höhe wie das Existenzminimum.

Eine unmittelbare Pflicht zur steuerlichen Begünstigung von Spenden könnte sich jedoch aus dem in Art. 3 Abs. 1 GG verankerten Leistungsfähigkeitsprinzip ergeben. Durch die Spendentätigkeit vermindert der Steuerpflichtige in sozial erwünschter Weise seine eigene finanzielle Leistungsfähigkeit,[205] für seine private Lebensführung steht ihm anschließend weniger zur Verfügung. Grundsätzlich unterliegt der Einkommensteuer nur dasjenige Einkommen, das dem Steuerpflichtigen nach Abzug der existenzsichernden und einkommenserhaltenen Ausgaben verbleibt. Sofern auch Spenden die steuerliche Leistungsfähigkeit der Steuerpflichtigen mindern, müssten die Ausgaben für Spenden von der Ermittlung der Einkünfte, die der Einkommensbesteuerung unterliegen, ausgenommen werden.

II. Ein subjektives Recht aus dem Gleichheitssatz (Art. 3 GG)

Nach Art. 3 Abs. 1 GG muss auch der Gesetzgeber alle Bürger gleich behandeln. Der Gleichheitssatz ist verletzt, „wenn der Staat eine Gruppe von Normadressaten im Vergleich zu anderen Normadressaten anders behandelt, obwohl zwischen beiden Gruppen keine Unterschiede von solcher Art und solchem Gewicht bestehen, dass sie die ungleiche Behandlung rechtfertigen könnten […].“[206] Eine Ungleichbehandlung ist jedoch zulässig, sofern sie gerechtfertigt ist.[207]

---

205 *Hufeld*, Recht und Moral der Gemeinwohlfinanzierung, S. 28.

206 Ständige Rechtsprechung: BVerfG, Beschluss vom 29.05.1990 – 1 BvL 20, 26, 184 und 4/86, BVerfGE 82, 60 (86); BVerfG, Beschluss vom 07.10.1980 – 1 BvL 50, 89/79, 1 BvR 240/79, BVerfGE 55, 72 (88); BVerfG, Beschluss vom 08.10.1996 – 1 BvL 15/91, BVerfGE 95, 39 (45); BVerfG, Beschluss vom 13.02.2008 – 2 BvL 1/06, BVerfGE 120, 125 (144); BVerfG, Beschluss vom 07.07.2009 – 1 BvR 1164/07, BVerfGE 124, 199 (219f.); BVerfG, Beschluss vom 21.06.2011 – 1 BvR 2035/07, BVerfGE 129, 49 (69); BVerfG, Beschluss vom 17.01.2012 – 2 BvL 4/09, BVerfGE 130, 52 (66).

207 Ständige Rechtsprechung: BVerfG, Beschluss vom 29.05.1990 – 1 BvL 20, 26, 184 und 4/86, BVerfGE 82, 60 (86); BVerfG, Beschluss vom 07.10.1980 – 1 BvL 50, 89/79, 1 BvR 240/79, BVerfGE 55, 72 (88); BVerfG, Beschluss vom 16.10.1979 – 1 BvL 51/79, BVerfGE 52, 277 (280); BVerfG, Beschluss vom 12.12.1967 – 2 BvL 14/62, 3/64, 11/65, 15/66 und 2 BvR 15/67, BVerfGE 22, 387 (415).

1. Leistungsfähigkeitsprinzip

Im Steuerrecht ist der Gleichbehandlungsgrundsatz aus Art. 3 Abs. 1 GG im Leistungsfähigkeitsprinzip konkretisiert:[208] Die Steuer bemisst sich nach der Höhe des Einkommens und den erwerbs-[209] und existenzsichernden Ausgaben.[210] Die Besteuerung nach der Leistungsfähigkeit ergibt sich nicht unmittelbar aus der Verfassung.[211] Art. 3 Abs. 1 GG fordert den Gesetzgeber auf, seine Normadressaten gleich zu behandeln. Wie er diesem Erfordernis nachkommt, ist ihm überlassen. Eine Besteuerung nach dem Äquivalenzprinzip – entsprechend ausgestaltet – könnte ebenfalls dem Gleichheitssatz entsprechen. Nach dem Äquivalenzprinzip ist die Steuer die Gegenleistung der Bürger für die Leistungen, die sie vom Staat erhalten.[212] Je mehr Leistungen der Bürger vom Staat beansprucht, desto höher

---

208 Ständige Rechtsprechung: BVerfG, Beschluss vom 29.05.1990 – 1 BvL 20, 26, 184 und 4/86, BVerfGE 82, 60 (86); BVerfG, Urteil vom 03.11.1982 – 1 BvR 620/78, 1335/78, 1104/79 und 363/80, BVerfGE 61, 319 (343f.); BVerfG, Beschluss vom 11.10.1977 – 1 BvR 343/73, 83/74, 183 und 428/75, BVerfGE 47, 1 (29); BVerfG, Beschluss vom 02.10.1973 – 1 BvR 345/73, BVerfGE 36, 66 (72).

209 Das BVerfG hat bisher offengelassen, ob die Geltung des objektiven Nettoprinzips verfassungsrechtlich geboten ist: BVerfG, Beschluss vom 04.12.2002 – 2 BvR 400/98, 1735/00, BVerfGE 107, 27 (48); BVerfG, Urteil vom 09.12.2008 – 2 BvL 1, 2/07, 1, 2/08, BVerfGE 122, 210 (233f.); BVerfG, Beschluss vom 06.07.2010 – 2 BvL 13/09, BVerfGE 126, 268, S. 279f.; so auch schon *Jüptner*, Leistungsfähigkeit und Veranlassung, S. 99f.: der eine verfassungsrechtliche Verankerung ausschließt, in einer absoluten Nichtberücksichtigung der erwerbssichernden Ausgaben in Grenzfällen einen Verstoß gegen Art. 2 i.V.m. Art. 106 Abs. 1 GG; Art. 12 GG; Art. 14 GG annimmt.

210 *Tipke/Lang*, Tipke/Lang, Steuerrecht § 9 Rn. 42; die Abziehbarkeit der existenzsichernden Ausgaben ist verfassungsrechtlich determiniert, Art. 1 Abs. 1 i.V.m. Art. 20 Abs. 1 GG: BVerfG, Urteil vom 06.05.2004 – 2 BvR 1375/03, DStRE 2004, 1345; BVerfG, Beschluss vom 29.03.2004 – 2 BvR 1670/01 u.a., DStRE 2005, 333; BVerfG, Beschluss vom 10.11.1998 – 2 BvL 42/93, BVerfGE 99, 246 (259); BVerfG, Beschluss vom 10.11.1998 – 2 BvR 1057, 1226, 980/91, BVerfGE 99, 216 (233); BVerfG, Beschluss vom 12.06.1990 – 1 BvL 72/86, BVerfGE 82, 198 (207); BVerfG, Beschluss vom 29.05.1990 – 1 BvL 20, 26, 184 und 4/86, BVerfGE 82, 60 (85); so auch schon *Jüptner*, Leistungsfähigkeit und Veranlassung, S. 78f.

211 *Droege*, Gemeinnützigkeit im offenen Steuerstaat, S. 354; *Hey*, in: StBJb. 2007/2008, S. 19 (35).

212 *Hey*, in: Tipke/Lang, Steuerrecht, § 3 Rn. 44; *Tipke*, Die Steuerrechtsordnung Bd. I, S. 476; *Kirchhof*, in: Kirchhof/Söhn/Mellinghoff, EStG Kommentar, § 2 Rn. A 269.

fällt die persönliche Steuerlast aus.[213] Die Ausgestaltung des Einkommensteuerrechts nach dem Äquivalenzprinzip wäre allerdings mit der Gesamtschau der Verfassung nicht zu vereinbaren.[214] Eine solche Ausgestaltung des Steuerrechts widerspricht beispielsweise dem verfassungsrechtlich verankerten Sozialstaatsprinzip,[215] da die Bürger, die – nach dem Bedürfnisprinzip zu Recht – hohe Sozialleistungen vom Staat erhalten, gleichzeitig hohe Steuern zahlen müssten.[216] Dies würde das Sozialstaatsprinzip ad absurdum führen. Die Besteuerung nach dem Leistungsfähigkeitsprinzip ist für das Einkommensteuerrecht im Vergleich zu einer Besteuerung nach dem Äquivalenzprinzip die bessere Besteuerungsform, um dem Gleichheitssatz zu entsprechen.[217] Sofern sich der Gesetzgeber entscheidet, die Besteuerung nach der Leistungsfähigkeit der Steuerpflichtigen auszurichten, muss er das Leistungsfähigkeitsprinzip gleichheitsgerecht im Sinne des Art. 3 Abs. 1 GG ausgestalten. Uneinigkeit besteht darüber, ob auch Spenden im Rahmen des objektiven und subjektiven Nettoprinzips die Leistungsfähigkeit des Steuerpflichtigen mindern können.

2. Objektives Nettoprinzip

Nach dem objektiven Nettoprinzip mindert sich die Leistungsfähigkeit der Steuerpflichtigen durch diejenigen Ausgaben, die der Einkommenserzielung dienen.[218] Obwohl das BVerfG die Frage nach der verfassungsrechtlichen Verankerung des objektiven Nettoprinzips bisher in seinen Entscheidungen offengelassen hat,[219] ist die Berücksichtigung des objektiven Nettoprinzips bei der Besteuerung verfassungsrechtlich zwingend.[220] Eine Besteuerung, die an den Umsatz und nicht an den Gewinn anknüpft, lässt

---

213 *Tipke*, Die Steuerrechtsordnung Bd. I, S. 476; *Schmehl*, Das Äquivalenzprinzip im Recht der Staatsfinanzierung, S. 49.

214 *Tipke*, Die Steuerrechtsordnung Bd. I, S. 476f.

215 *Tipke*, Die Steuerrechtsordnung Bd. I, S. 476f.

216 *Tipke*, Die Steuerrechtsordnung Bd. I, S 484.

217 Tipke gelangt zu dem Ergebnis, dass das Leistungsfähigkeitsprinzip das sachgerechteste Prinzip ist: *Tipke*, Die Steuerrechtsordnung Bd. I, S. 484.

218 *Hey*, in: Tipke/Lang, Steuerrecht, § 8 Rn. 54.

219 BVerfG, Beschluss vom 04.12.2002 – 2 BvR 400/98, 1735/00, BVerfGE 107, 27 (48); BVerfG, Beschluss vom 23.01.1990 – 1 BvL 4, 5, 6, 7/87, BVerfGE 81, 228 (237).

220 Einigkeit besteht bisher nur darüber, dass das objektive Nettoprinzip zu den identitätskonstituierenden Merkmalen der Einkommensteuer gehört: *Hey*, in: Tipke/Lang, Steuerrecht, § 8 Rn. 55; Beschlüsse, Ständige Deputation des Deut-

sich mit Art. 3 Abs. 1 GG nicht vereinbaren.[221] Sie würde zu einer Bevorteilung derjenigen Unternehmer führen, deren Umsatz nahezu dem Gewinn entspricht und diejenigen Unternehmer benachteiligen, denen hohe Kosten bei der Produktion entstehen. Diese Ungleichbehandlung wäre nicht zu rechtfertigen.[222]

3. Subjektives Nettoprinzip

Nach dem subjektiven Nettoprinzip mindert sich die Leistungsfähigkeit durch die Ausgaben, die zum notwendigen Lebensbedarf verwendet werden.[223] Die steuerliche Berücksichtigung für private Einkommensverwendung hat das BVerfG regelmäßig für bestimmte Ausgaben anerkannt. So beispielsweise für das Existenzminimum,[224] das Familienexistenzminimum,[225] die Kinderbetreuungskosten[226] und für den Kindesunterhalt.[227] Die Pflicht zur steuerlichen Berücksichtigung dieser privaten Vermögensverwendung ergibt sich nach der Rechtsprechung des BVerfG für das Indi-

---

schen Bundestages, Verhandlungen des siebenundfünfzigsten Deutschen Juristentages Mainz 1988, S. N 214.

221 *Moes*, Die Steuerfreiheit des Existenzminimums vor dem Bundesverfassungsgericht, S. 146.

222 *Moes*, Die Steuerfreiheit des Existenzminimums vor dem Bundesverfassungsgericht, S. 146.

223 *Hey*, in: Tipke/Lang, Steuerrecht, § 8 Rn. 71.

224 BVerfG, Beschluss vom 04.12.2002 – 2 BvR 400/98, 1735/00, BVerfGE 107, 27 (48); BVerfG, Beschluss vom 10.11.1998 – 2 BvL 42/93, BVerfGE 99, 246 (259); BVerfG, Beschluss vom 10.11.1998 – 2 BvR 1057, 1226, 980/91, BVerfGE 99, 216 (232f.); BVerfG, Beschluss vom 12.06.1990 – 1 BvL 72/86, BVerfGE 82, 198 (206f.); BVerfG, Beschluss vom 29.05.1990 – 1 BvL 20, 26, 184 und 4/86, BVerfGE 82, 60 (85).

225 BVerfG, Beschluss vom 04.12.2002 – 2 BvR 400/98, 1735/00, BVerfGE 107, 27 (48); BVerfG, Beschluss vom 10.11.1998 – 2 BvR 1057, 1226, 980/91, BVerfGE 99, 216 (232f.); BVerfG, Beschluss vom 10.11.1998 – 2 BvL 42/93, BVerfGE 99, 246 (259f.); BVerfG, Beschluss vom 25.09.1992 – 2 BvL 5, 8, 14/91, BVerfGE 87, 153 (169); BVerfG, Beschluss vom 29.05.1990 – 1 BvL 20, 26, 184 und 4/86, BVerfGE 82, 60 (85f.); BVerfG, Beschluss vom 12.06.1990 – 1 BvL 72/86, BVerfGE 82, 198 (206f.).

226 BVerfG, Beschluss vom 10.11.1998 – 2 BvR 1057, 1226, 980/91, BVerfGE 99, 216 (232f.).

227 BVerfG, Beschluss vom 04.12.2002 – 2 BvR 400/98, 1735/00, BVerfGE 107, 27 (49); BVerfG, Beschluss vom 10.11.1998 – 2 BvR 1057, 1226, 980/91, BVerfGE 99, 216 (232f.); BVerfG, Beschluss vom 29.05.1990 – 1 BvL 20, 26, 184 und 4/86, BVerfGE 82, 60 (85ff.).

vidualexistenzminimum aus Art. 1 Abs. 1 GG i. V. m. Art. 20 Abs. 1 GG,[228] für die übrigen Ausgaben aus Art. 3 Abs. 1 i. V. m. Art. 6 Abs. 1 GG.[229]

4. Spende

Spenden dienen weder der Existenz- noch der Erwerbssicherung, sie sind keine zwingenden Ausgaben. Vielmehr müssen sie freiwillig getätigt werden, um die Tatbestandsvoraussetzungen zu erfüllen und zum Steuerabzug zugelassen zu werden. Denn Spenden sind freiwillige Leistungen, die ohne Gegenleistung, aber mit einer gewissen Zweckbestimmung gegeben werden.[230] Deshalb werden sehr unterschiedliche Ansichten dazu vertreten, ob Spenden die steuerliche Leistungsfähigkeit mindern können. Einerseits wird argumentiert, dass der Gesetzgeber frei darin sei, das Leistungsfähigkeitsprinzip auszugestalten.[231] Der Gesetzgeber könne daher das Leistungsfähigkeitsprinzip so ausgestalten, dass Spenden leistungsfähigkeitsmindernd berücksichtigt werden.[232] Andere vertreten die Ansicht, dass das Leistungsfähigkeitsprinzip den Abzug privater Aufwendungen grundsätzlich nicht versage.[233] Die Spende mindere die Leistungsfähigkeit in sozial erwünschter Weise.[234] Da sie den Staatshaushalt entlaste und den spenden bedingten Steuerausfall mehr als ausgleiche,[235] stelle die Spende eine Art

228 BVerfG, Beschluss vom 10.11.1998 – 2 BvR 1057, 1226, 980/91, BVerfGE 99, 216 (233); BVerfG, Beschluss vom 10.11.1998 – 2 BvL 42/93, BVerfGE 99, 246 (259); BVerfG, Beschluss vom 29.05.1990 – 1 BvL 20, 26, 184 und 4/86, BVerfGE 82, 60 (85).

229 BVerfG, Beschluss vom 10.11.1998 – 2 BvR 1057, 1226, 980/91, BVerfGE 99, 216 (233); BVerfG, Beschluss vom 10.11.1998 – 2 BvL 42/93, BVerfGE 99, 246 (259); BVerfG, Beschluss vom 25.09.1992 – 2 BvL 5, 8, 14/91, BVerfGE 87, 153 (169); BVerfG, Beschluss vom 29.05.1990 – 1 BvL 20, 26, 184 und 4/86, BVerfGE 82, 60 (85); BVerfG, Beschluss vom 12.06.1990 – 1 BvL 72/86, BVerfGE 82, 198 (206f.).

230 *Geserich*, in: Kirchhof/Söhn/Mellinghoff, EStG Kommentar, § 10b Rn. B 2.

231 Ders., in: Kirchhof/Söhn/Mellinghoff, EStG Kommentar, § 10b Rn. A 33.

232 Ders., in: Kirchhof/Söhn/Mellinghoff, EStG Kommentar, § 10b Rn. A 33.

233 *Tipke*, Die Steuerrechtsordnung Bd. II, S. 832.

234 *Hufeld*, Recht und Moral der Gemeinwohlfinanzierung, S. 28; Kirchhof in: *Kirchhof*, Das Bundessteuergesetzbuch in der Diskussion, S. 48; Mehrheitsvotum, in: BMF, Unabhängige Sachverständigenkommission zur Prüfung des Gemeinnützigkeits- und Spendenrechts, S. 23 (228f., 258); *Tipke*, Die Steuerrechtsordnung Bd. II, S. 833.

235 *Geserich*, in: DStJG 26 (2003), S. 245 (247f.).

Steuersurrogat dar.[236] Das Geld, das für die Spende ausgegeben wurde, stehe dem Steuerpflichtigen nicht mehr für private Zwecke zur Verfügung.[237] Der Abzug der Spende von der Bemessungsgrundlage deute darauf hin, dass auch der Gesetzgeber die Spende als leistungsfähigkeitsmindernd einordne.[238] Andererseits wird in der Spende eine freiwillige, private, nicht existenzsichernde und vermeidbare Aufwendung gesehen, die die Leistungsfähigkeit des Steuerpflichtigen nicht mindern kann.[239] Die Abzugsmöglichkeit nach § 10b EStG wird vielmehr als Lenkungsnorm eingeordnet, mit der der Gesetzgeber sozial erwünschtes Verhalten belohnt,[240] hierzu jedoch nicht nach Art. 3 Abs. 1 GG verpflichtet ist.[241] Im Ergebnis unterscheiden sich die verschiedenen Ansichten jedoch wenig.[242] Denn diejenigen Teile, die § 10b EStG als Lenkungsnorm einordnen, erkennen seine Vereinbarkeit mit dem Gleichheitssatz aus Art. 3 Abs. 1 GG an.[243] Eine Ausnahme von der Besteuerung nach der Leistungsfähigkeit kann aus Gemeinwohlgründen gerechtfertigt sein.[244] Da die Spenden, die nach § 10b EStG gefördert werden, dem Gemeinwohl dienen, führt diese Sozialzwecknorm nicht zu einer ungerechtfertigten Ungleichbehandlung nach Art. 3

236 *Tipke*, Die Steuerrechtsordnung Bd. II, S. 832.

237 *Geserich*, in: DStJG 26 (2003), S. 245 (248).

238 *Tipke*, Die Steuerrechtsordnung Bd. II, S. 833.

239 *Hüttemann*, Gemeinnützigkeits- und Spendenrecht, S. 37; *Hey*, in: Tipke/Lang, Steuerrecht, § 20 Rn. 15 i.V.m. dies., in: Tipke/Lang, Steuerrecht, § 3 Rn. 21, 131ff.; *Seer*, in: DStJG 26 (2003), S. 11 (41).

240 *Kühnen*, in: Bordewin/Brandt, EStG Kommentar, § 10b Rn. 8; *Kulosa*, in: Herrmann/Heuer/Raupach, EStG/KStG Kommentar, § 10b Rn. 7; *Hey*, in: Tipke/Lang, Steuerrecht, § 20 Rn. 15; *Hüttemann*, Gemeinnützigkeits- und Spendenrecht, S. 35ff.

241 *Kulosa*, in: Herrmann/Heuer/Raupach, EStG/KStG Kommentar, § 10b Rn. 7.

242 *Hüttemann*, Gemeinnützigkeits- und Spendenrecht, S. 36.

243 *Hüttemann*, Gemeinnützigkeits- und Spendenrecht, S. 36; *Seer*, in: DStJG 26 (2003), S. 11 (42); *Kulosa*, in: Herrmann/Heuer/Raupach, EStG/KStG Kommentar, § 10b Rn. 7; die Autoren sprechen teilweise von Lenkungsnormen teilweise von Sozialzwecknormen. Hierbei sind Sozialzwecknormen Vorschriften, die sozialpolitisch, wirtschaftspolitisch, kulturpolitisch, gesundheitspolitisch oder aus ähnlichen Gründen motiviert sind. Zu den Sozialzwecknormen zählen die Umverteilungsnormen und die Lenkungsnormen. Bei Lenkungsnormen soll durch eine Steuerentlastung oder -belastung der Steuerpflichtige zu einem bestimmten Verhalten veranlasst werden. Zu dieser Definition von Sozialzwecknormen, Lenkungsnormen und Umverteilungsnormen vgl. *Hey*, in: Tipke/Lang, Steuerrecht, § 3 Rn. 21.

244 *Hey*, in: Tipke/Lang, Steuerrecht, § 3 Rn. 131ff.; *Droege*, Gemeinnützigkeit im offenen Steuerstaat, S. 360; BVerfG, Beschluss vom 22.06.1995 – 2 BvL 37/91, BVerfGE 93, 121 (147).

Abs. 1 GG.[245] Gleichzeitig erklären nicht einmal diejenigen Stimmen, die den Spenden eine leistungsfähigkeitsmindernde Wirkung zusprechen, dass sich die steuerliche Begünstigung von Spenden zwingend aus Art. 3 Abs. 1 GG ergibt.[246]

Auch aus der Rechtsprechung des BVerfG lässt sich nichts Weitergehendes entnehmen. Das BVerfG hatte entschieden, dass private Ausgaben an sich nicht zur völligen Disposition des Gesetzgebers stehen. Vielmehr hat dieser „die unterschiedlichen Gründe, die den Aufwand veranlassen, auch dann im Lichte betroffener Grundrechte differenzierend zu würdigen, wenn solche Gründe ganz oder teilweise der Sphäre der allgemeinen (privaten) Lebensführung zuzuordnen sind".[247] Aus dem Kontext dieses Beschlusses ergibt sich jedoch, dass die Grundrechte freiwilligen privaten Aufwendungen nicht zum steuerlichen Abzug verhelfen sollen. Mithilfe der Grundrechte dürfen ausnahmsweise zwangsläufige Aufwendungen steuerlich berücksichtigt werden, deren Entstehung privat (mit-)veranlasst werden. So stellt das BVerfG selbst fest, dass „wenig geklärt ist, ob und wieweit zwangsläufiger privater Aufwand von Verfassung wegen einkommensmindernd zu berücksichtigen ist".[248] Zugleich stellt das BVerfG allgemein fest, dass es „für die verfassungsrechtlich gebotene Besteuerung nach der finanziellen Leistungsfähigkeit […] nicht nur auf die Unterscheidung zwischen beruflichem oder privatem Veranlassungsgrund für Aufwendungen an[kommt], sondern jedenfalls auch auf die Unterscheidung zwischen freier oder beliebiger Einkommensverwendung einerseits und zwangsläufigem, pflichtbestimmtem Aufwand andererseits."[249] Daraus lässt sich schließen, dass das Bundesverfassungsgericht nicht auf die Voraussetzung der Zwangsläufigkeit oder Unausweichlichkeit verzichten möchte.[250] In diesem Beschluss des Bundesverfassungsgerichts zur doppelten Haushaltsführung handelt es sich bei den Kosten um zwangsläufige Ausgaben, die je-

245 *Geserich*, in: Kirchhof/Söhn/Mellinghoff, EStG Kommentar, § 10b Rn. A 34; ders., in: Kirchhof/Söhn/Mellinghoff, EStG Kommentar, § 10b A 251; *Tipke*, Die Steuerrechtsordnung Bd. II, S. 833.

246 *Geserich*, in: Kirchhof/Söhn/Mellinghoff, EStG Kommentar, § 10b Rn. A 34; ders., in: Kirchhof/Söhn/Mellinghoff, EStG Kommentar, § 10b Rn. A 251.

247 BVerfG, Beschluss vom 04.12.2002 – 2 BvR 400/98, 1735/00, BVerfGE 107, 27 (49).

248 BVerfG, Beschluss vom 04.12.2002 – 2 BvR 400/98, 1735/00, BVerfGE 107, 27 (49).

249 BVerfG, Beschluss vom 04.12.2002 – 2 BvR 400/98, 1735/00, BVerfGE 107, 27 (49).

250 So auch: *Droege*, Gemeinnützigkeit im offenen Steuerstaat, S. 359; *Moes*, Die Steuerfreiheit des Existenzminimums vor dem Bundesverfassungsgericht, S. 157.

doch auf einer freiwilligen privaten Entscheidung des Steuerpflichtigen beruhen. Die doppelten Haushaltskosten entstehen, weil beide Steuerpflichtigen einerseits in der Nähe ihrer Arbeitsstelle wohnen müssen, um der Arbeit nachgehen zu können. Deshalb entstehen sie teilweise zwangsläufig.[251] Andererseits haben sich die Steuerpflichtigen freiwillig und aus privaten Gründen für einen gemeinsamen Familienwohnsitz entschieden.[252] Die Kosten der doppelten Haushaltführung beruhen also auch auf einer freiwilligen Komponente. Diese freiwillige und private Entscheidung kann ihnen aber nicht vorgeworfen werden.[253] Denn nach der Rechtsprechung des Bundesverfassungsgerichts folgt aus Art. 6 Abs. 1 GG das Verbot, „die Vereinbarkeit von Ehe und Berufsausübung beider Ehegatten zu erschweren“[254], deshalb dürfe der „Gesetzgeber bei beiderseits berufstätigen Ehegatten Aufwendungen für doppelte Haushaltsführung nicht deshalb als beliebig disponibel betrachten [...], weil solche Aufwendungen privat (mit-)veranlasst sind.“[255] Aus diesem Urteil kann nicht geschlossen werden, dass auch Spenden leistungsfähigkeitsmindernd berücksichtigt werden müssen. So können zwar auch Spenden Ausdruck einer Grundrechtswahrnehmung sein, dies allein reicht jedoch nicht dafür aus, die Abzugsfähigkeit der Spende verfassungsrechtlich zu garantieren,[256] denn bei den Spenden fehlt es – im Vergleich zu den Kosten der ehebedingten doppelten Haushaltsführung – zumindest an einer teilweisen Zwangsläufigkeit der entstandenen Kosten. Die Grundrechtswahrnehmung hilft bei Spenden nicht über das Fehlen einer teilweisen Zwangsläufigkeit oder Unausweichlichkeit hinweg.[257] Denn bei der Spende fehlt es schon an Aufwendungen, die zwangsläufig zur Einkommenserzielung entstehen. Der Spende ist immanent, dass sie freiwillig geleistet wird und auf einer freiwilligen Entscheidung der Bürger beruht. Sie mindert somit nicht die Leistungsfä-

---

251 BVerfG, Beschluss vom 04.12.2002 – 2 BvR 400/98, 1735/00, BVerfGE 107, 27 (54f.).
252 BVerfG, Beschluss vom 04.12.2002 – 2 BvR 400/98, 1735/00, BVerfGE 107, 27 (55).
253 BVerfG, Beschluss vom 04.12.2002 – 2 BvR 400/98, 1735/00, BVerfGE 107, 27 (55).
254 BVerfG, Beschluss vom 04.12.2002 – 2 BvR 400/98, 1735/00, BVerfGE 107, 27 (55).
255 BVerfG, Beschluss vom 04.12.2002 – 2 BvR 400/98, 1735/00, BVerfGE 107, 27 (55).
256 *Droege*, Gemeinnützigkeit im offenen Steuerstaat, S. 359.
257 *Droege*, Gemeinnützigkeit im offenen Steuerstaat, S. 359.

higkeit.[258] Deshalb ist der Gesetzgeber nicht nach Art. 3 Abs. 1 GG verpflichtet, Spenden steuerlich zu berücksichtigen.[259]

5. Lehre vom indisponiblen Einkommen

Die Auffassung, nur zwangsläufige Ausgaben könnten die Leistungsfähigkeit mindern,[260] muss kritisch hinterfragt werden. Schon die Argumentation des BVerfG im Beschluss vom 4.12.2002 zeigt die Schwierigkeiten, die sich mit der Voraussetzung der Zwangsläufigkeit verbinden. Das BVerfG stellt fest, dass die Entscheidung zur „Doppelverdienerehe" die freie Entscheidung der Eheleute war.[261] Ohne diese Entscheidung hätten die Eheleute an dem Ort leben können, wo einer von ihnen arbeitet, und die Kosten einer doppelten Haushaltsführung wären nicht entstanden.[262] Gleichzeitig stellt das BVerfG fest, dass den Eheleuten genau dieser Vorwurf aufgrund des Art. 6 Abs. 1 GG nicht gemacht werden darf.[263] Ein ähnliches Bild ergibt sich, wenn die leistungsfähigkeitsmindernde Wirkung des Existenzminimums der Kinder untersucht wird: Das BVerfG erkennt an, dass das Existenzminimum der Kinder die Leistungsfähigkeit aufgrund der Art. 3 Abs. 1 GG, Art. 1 Abs. 1 GG, Art. 20 Abs. 1 GG und Art. 6 Abs. 1 GG mindert.[264] Dem Steuerpflichtigen muss nach der Besteuerung nicht nur sein Existenzminimum verbleiben, sondern auch das seiner Familie, weil er anderenfalls einen Anspruch gegenüber dem Staat auf Sozialleistungen

---

258 *Droege*, Gemeinnützigkeit im offenen Steuerstaat, S. 359; ebenfalls zustimmend, dass die Spende die Leistungsfähigkeit nicht mindert: *Plappert*, Gemeinnützigkeits- und Spendenrecht: Ein steuersystematischer Rechtsvergleich zwischen den USA und Deutschland, S. 346.

259 So auch: *Droege*, Gemeinnützigkeit im offenen Steuerstaat, S. 359; *Lindberg*, in: Frotscher/Geurts, EStG Kommentar, § 10b Rn. 14.

260 S.o. 3. Kapitel: B. II. 4. Spende S. 54.

261 BVerfG, Beschluss vom 04.12.2002 – 2 BvR 400/98, 1735/00, BVerfGE 107, 27 (53).

262 BVerfG, Beschluss vom 04.12.2002 – 2 BvR 400/98, 1735/00, BVerfGE 107, 27 (55).

263 BVerfG, Beschluss vom 04.12.2002 – 2 BvR 400/98, 1735/00, BVerfGE 107, 27 (55).

264 BVerfG, Beschluss vom 04.12.2002 – 2 BvR 400/98, 1735/00, BVerfGE 107, 27 (48f.); BVerfG, Beschluss vom 10.11.1998 – 2 BvR 1057, 1226, 980/91, BVerfGE 99, 216 (232f.); BVerfG, Beschluss vom 10.11.1998 – 2 BvL 42/93, BVerfGE 99, 246 (259f.); BVerfG, Beschluss vom 29.05.1990 – 1 BvL 20, 26, 184 und 4/86, BVerfGE 82, 60 (85ff.); BVerfG, Beschluss vom 12.06.1990 – 1 BvL 72/86, BVerfGE 82, 198 (206f.).

hätte.[265] Das Familienexistenzminimum stellt zwar zwangsläufige Kosten dar. Der Steuerpflichtige hat sich allerdings aus freien Stücken für die Ehe und für seine Kinder entschieden. Allerdings urteilt hier das BVerfG, dass dem Steuerpflichtigen aufgrund des Art. 6 Abs. 1 GG nicht vorgeworfen werden dürfe, er hätte freiwillig diese Kosten hervorgerufen.[266] Vielmehr ist für die Besteuerung nur dasjenige Einkommen entscheidend, das dem Steuerpflichtigen zur freien Disposition steht[267] (Lehre vom indisponiblen Einkommen). Nach dieser Lehre sind beispielsweise die erwerbssichernden Ausgaben, das Existenzminimum, Unterhaltszahlungen[268] und Sozialabgaben leistungsfähigkeitsmindernd bei der Besteuerung zu berücksichtigen.[269] Nur das Einkommen, das darüber hinaus dem Steuerpflichtigen zur freien Verfügung steht, soll einer Besteuerung unterliegen.[270] Der Staat dürfe nur auf den Teil des Einkommens zugreifen, der dem Steuerpflichtigen für seinen Konsum, insbesondere Freizeit- und Luxuskonsum, verbleibt.[271] Jenseits der Existenzsicherung und der unvermeidbaren Privatausgaben müsse der Gesetzgeber Ausgaben steuerliche Erheblichkeit beimessen, sofern es sich nicht um beliebige Konsumaufwendungen han-

---

265 BVerfG, Beschluss vom 10.11.1998 – 2 BvL 42/93, BVerfGE 99, 246 (259f.); BVerfG, Beschluss vom 29.05.1990 – 1 BvL 20, 26, 184 und 4/86, BVerfGE 82, 60 (85ff.).

266 BVerfG, Beschluss vom 29.05.1990 – 1 BvL 20, 26, 184 und 4/86, BVerfGE 82, 60 (87).

267 *Söhn*, StuW 1990, 356 (358f.); *Kirchhof*, in: Kirchhof/Söhn/Mellinghoff, EStG Kommentar, § 2 Rn. A 126; ders., in: Isensee/Kirchhof, HStR Bd. V, § 118 Rn. 187; *Hey*, in: Tipke/Lang, Steuerrecht, § 3 Rn. 72.

268 *Birk/Wernsmann*, JZ 2001, 218 (218ff.); *Kirchhof*, in: Merten/Papier, Grundsatzfragen der Grundrechtsdogmatik, S. 35 (54f.); *Lang*, StuW 1990, 331 (342f.); *Moderegger*, Der verfassungsrechtliche Familienschutz und das System des Einkommensteuerrechts, S. 116f.

269 *Kirchhof*, in: Kirchhof/Söhn/Mellinghoff, EStG Kommentar, § 2 Rn. A 127ff.; *Söhn*, StuW 1990, 356 (359ff.).

270 *Kirchhof*, in: Isensee/Kirchhof, HStR Bd. V, § 118 Rn. 187; Beschlüsse, in: Ständige Deputation des Deutschen Bundestages, Verhandlungen des siebenundfünfzigsten Deutschen Juristentages Mainz 1988, Beschlüsse N 211, N 214-N 216; *Böckenförde*, StuW 1986, 335 (336); *Kulmsee*, Die Berücksichtigung von Kindern im Einkommensteuergesetz, S. 10f., 69; *Lang*, Die Bemessungsgrundlage der Einkommensteuer, S. 191ff., S. 202ff.; *Lang*, StuW 1990, 331 (342f.); *Lehner*, Einkommensteuerrecht und Sozialhilferecht, S. 171ff., 410; *Lehner*, StuW 1986, 59 (60); *Moderegger*, Der verfassungsrechtliche Familienschutz und das System des Einkommensteuerrechts, S. 116f.; *Tipke*, Die Steuerrechtsordnung Bd. II, S. 797ff., 810f., 813ff., 820ff., 827f.; *Hey*, in: Tipke/Lang, Steuerrecht, § 8 Rn. 42, 83ff.

271 *Geserich*, in: DStJG 26 (2003), S. 245 (248).

delt.[272] Deshalb müsste auch die Spende von der Besteuerung ausgenommen werden; so entscheidet sich der Steuerpflichtige zwar frei zu einer Spende, allerdings steht das gespendete Geld nicht zu seiner Disposition.

Nach der Lehre vom indisponiblen Einkommen mindern Spenden somit die Leistungsfähigkeit.[273] Gleichwohl erklären selbst die Anhänger der Lehre vom indisponiblen Einkommen, dass die steuerliche Berücksichtigung der Spenden verfassungsrechtlich nicht zwingend ist.[274] Sie gestehen dem Gesetzgeber allein zu, das Leistungsfähigkeitsprinzip derart auszugestalten, dass Spenden leistungsfähigkeitsmindernd berücksichtigt werden und das eine derartige Ausgestaltung durch Art. 14 Abs. 1 und Art. 3 Abs. 1 GG gerechtfertigt ist.[275]

6. Kritik an der Lehre vom indisponiblen Einkommen

Die steuerliche Berücksichtigung von Ausgaben, die in keinem Zusammenhang mit der Einkommenserzielung stehen, wird grundsätzlich nicht kritisiert. Die Verortung dieses Problems in den Schutzbereich des Art. 3 Abs. 1 GG wird allerdings infrage gestellt. Mithilfe der Lehre vom indisponiblen Einkommen lassen sich Kriterien in den Vergleichsmaßstab aufnehmen, die zu nicht gewollten und auch nicht mehr gerechtfertigten Ergebnissen führen. Vielmehr droht, dass der Aussagegehalt der Verfassung überdehnt wird. So kann für eine Vielzahl von Ausgaben mit dem Hinweis auf einen grundrechtlichen Schutz eine steuerliche Berücksichtigung begründet werden. So kann sich beispielsweise der verfassungsrechtliche Zwang, die Kirchensteuer bei der Besteuerung zu berücksichtigen, aus

272 Ders., in: DStJG 26 (2003), S. 245 (247); *Geserich,* Privater, gemeinwohlwirksamer Aufwand im System der deutschen Einkommensteuer und des europäischen Rechts, S. 14.

273 *Geserich,* Privater, gemeinwohlwirksamer Aufwand im System der deutschen Einkommensteuer und des europäischen Rechts, S. 21ff., 46; *Hufeld,* in: FS Mußgnug, S. 255 (262); *Tipke,* Die Steuerrechtsordnung Bd. II, S. 832f. lässt es jedoch insgesamt offen, ob die steuerliche Berücksichtigung von Spenden auf einer verminderten Leistungsfähigkeit beruht oder als Sozialzwecknorm gerechtfertigt ist.

274 *Geserich,* in: Kirchhof/Söhn/Mellinghoff, EStG Kommentar, § 10b Rn. A 34, ders., in: Kirchhof/Söhn/Mellinghoff, EStG Kommentar, § 10b A 251; *Kirchhof,* in: DStJG 26 (2003), S. 1 (5); *Tipke,* Die Steuerrechtsordnung Bd. II, S. 833.

275 *Geserich,* in: Kirchhof/Söhn/Mellinghoff, EStG Kommentar, § 10b Rn. A 33; *Kirchhof,* in: DStJG 26 (2003), S. 1 (5).

Art. 4 Abs. 1 GG ergeben.[276] Es ließe sich auch ein verfassungsrechtlicher Schutz auf steuerliche Berücksichtigung von Schulgeld für die Ersatzschulen der Kinder von Steuerpflichtigen aus Art. 7 Abs. 4 GG herleiten.[277] Überspitzt formuliert, ist es kaum vorstellbar, dass die Verfassung auch die steuerliche Berücksichtigung der Kosten für Opernkarten in Hinblick auf Art. 5 Abs. 3 GG oder der Anfahrtskosten zu einer Antiglobalisierungsdemo wegen Art. 8 GG verlangt.[278] Diese Beispiele müssen einer genauen Untersuchung unterzogen werden, weil die Ausgaben in den gewählten Beispielen bei dem Steuerpflichtigen nicht zwangsläufig entstanden sind. Darüber sollen die bezeichneten Grundrechte hinweghelfen. Denn alle Ausgaben sind durch Tätigkeiten entstanden, die der Grundrechtswahrnehmung dienen. Daher stellen diese Tätigkeiten ein verfassungserwünschtes Verhalten dar. Gleichzeitig missfällt, dass der Steuerpflichtige teilweise eine Gegenleistung für seine Ausgaben erhält. Nach der Lehre vom indisponiblen Einkommen ist dies jedoch irrelevant, der Steuerpflichtige erhält für jede Ausgabe zur Sicherung des Existenzminimums (wie beispielsweise Wohnung, Lebensmittel und Kleidung) eine Gegenleistung. Bei der steuerlichen Berücksichtigung des Existenzminimums verhelfen die Grundrechte darüber hinweg, dass der Steuerpflichtige eine Gegenleistung für seine Ausgaben erhält. Unzweifelhaft entstehen die Ausgaben in Höhe des Existenzminimums zwangsläufig, niemand kann sich diesen Ausgaben entziehen. Bei den obigen Beispielen, der Opernbesuch einerseits, die Anfahrt zur Antiglobalisierungsdemo, die Zahlung von Kirchensteuer und Schulgeld anderseits, sollen die Grundrechte jedoch sowohl über die teilweise erhaltene Gegenleistung als auch über die fehlende Zwangsläufigkeit der Ausgaben hinweghelfen.

Anders stellt sich die Situation für die steuerliche Berücksichtigung von Spenden dar. Die Grundrechte helfen hier lediglich darüber hinweg, dass Spenden freiwillig geleistet werden, es sich also nicht um zwangsläufige Ausgaben handelt. Einen persönlichen Vorteil erhalten die Steuerpflichtigen von ihrer Spende gerade nicht. Deshalb wird vertreten, dass nicht allein die Gemeinwohlschaffung die Leistungsfähigkeit mindert (verwiesen

---

276 So auch *Hey*, in: Tipke/Lang, Steuerrecht, § 8 Rn. 712; *Geserich*, Privater, gemeinwohlwirksamer Aufwand im System der deutschen Einkommensteuer und des europäischen Rechts, S. 51; ablehnend *Moes*, Die Steuerfreiheit des Existenzminimums vor dem Bundesverfassungsgericht, S. 158.

277 Ebenfalls ablehnend *Moes*, Die Steuerfreiheit des Existenzminimums vor dem Bundesverfassungsgericht, S. 158.

278 *Moes*, Die Steuerfreiheit des Existenzminimums vor dem Bundesverfassungsgericht, S. 158.

sei hier wieder auf das Beispiel des „eigennützig und erwerbswirtschaftlich handelnden Bäckers“)[279], sondern nur die altruistische Gemeinwohlförderung,[280] wozu auch die Spende zählt. Gleichwohl bleibt zu entscheiden, ob Einkommensverwendungen in den Vergleichsmaßstab bei der Gleichheitsprüfung einbezogen werden sollten, oder ob nicht die Freiheitsrechte eine geeignetere verfassungsrechtliche Grenze im Rahmen der Besteuerung für den Gesetzgeber darstellen. Art. 3 Abs. 1 GG ist nicht zu entnehmen, ob auch Einkommensverwendungen bei der Besteuerung zu berücksichtigen sind. Im Rahmen der Gleichheitsprüfung ist es durchaus üblich, verfassungsrechtliche Wertungen für den Vergleichsmaßstab hinzuzuziehen. Über die Lehre des indisponiblen Einkommens werden jedoch Wertungen in die Gleichheitsprüfung aufgenommen, die eine politische Dimension aufweisen. Gleichzeitig kommt es bei der konsequenten Anwendung der Lehre vom indisponiblen Einkommen zu Wertungswidersprüchen mit anderen Rechtsgebieten und zu verfassungswidrigen Ungerechtigkeiten. Unstreitig sind bei der Gleichheitsprüfung von Steuerpflichtigen im Rahmen des Einkommensteuerrechts die Erwerbsaufwendungen zu berücksichtigen. Die darüber hinausgehende Berücksichtigung von Einkommensverwendungen im Rahmen des Art. 3 Abs. 1 GG wird im Folgenden kritisch untersucht.

a) Grundsätzliche Kritik

Die Lehre vom indisponiblen Einkommen geht weit über die Berücksichtigung des subjektiven Nettoprinzips hinaus und verändert den Belastungsgrund der Einkommensteuer, ohne dass dies steuersystematisch oder steuerarttypologisch begründbar wäre.[281] Die Berücksichtigung der Lehre vom indisponiblen Einkommen folgt keiner strengen Systematik, sondern bleibt konturenlos und ufert grenzenlos aus. Eine steuerarttypologische Besteuerung des Erwerbseinkommens durch die Einkommensteuer ist dann nicht mehr möglich. Denn durch die Lehre vom indisponiblen Einkommen bleiben große Teile des Erwerbseinkommens unbesteuert, was sich politisch begründen, aber nicht systemlogisch aus der Besteuerung des

---

279 S.o. 2. Kapitel: A. Gemeinwohl S. 17.

280 *Geserich*, in: Kirchhof/Söhn/Mellinghoff, EStG Kommentar, § 10b Rn. A 47f.

281 *Moes*, Die Steuerfreiheit des Existenzminimums vor dem Bundesverfassungsgericht, S. 155; *Siegel/Schneider*, DStR 1994, 597 (601ff.); *Biergans/Wasmer*, FR 1985, 57 (61ff.).

Erwerbseinkommens entnehmen lässt. Steuerarttypologisch knüpft die Belastung der Einkommensteuer an das Erwerbseinkommen an. Werden bei der Besteuerung Einkommensverwendungen steuermindernd berücksichtigt, bleibt Einkommen unbesteuert, das steuerarttypologisch besteuert werden müsste. Der Belastungsgrund, Erzielung von Einnahmen, lässt sich allein nicht mehr halten. Dies mit einer verminderten Leistungsfähigkeit zu erklären, ist nicht weiterführend. Vielmehr müsste die Leistungsfähigkeit steuersystematisch oder steuerarttypologisch bestimmt werden.[282] Zunächst ist festzuhalten, dass der Anknüpfungspunkt der Einkommensteuer das Erwerbseinkommen abzüglich der Erwerbsaufwendungen ist (objektives Nettoprinzip). Dieses objektive Nettoprinzip hat Verfassungsrang.[283] Der Gesetzgeber darf daher die Besteuerung nach dem objektiven Nettoprinzip nicht aufgeben, vielmehr darf er nur bei Vorliegen von sachlichen Gründen die Geltung des objektiven Nettoprinzips in bestimmten Bereichen einschränken.[284] Inwieweit Einkommensverwendungen bei der Einkommensbesteuerung berücksichtigt werden, entscheidet der Gesetzgeber.[285] Darüber hinaus kann der Gesetzgeber durch die Verfassung verpflichtet sein, bestimmte Ausgaben zum Abzug zuzulassen. Die zwangsläufige Entstehung von Ausgaben reicht nicht aus, um eine Pflicht des Gesetzgebers zu begründen, diese Ausgaben zum Steuerabzug zuzulassen.[286]

---

282 *Moes,* Die Steuerfreiheit des Existenzminimums vor dem Bundesverfassungsgericht, S. 155.

283 *Moes,* Die Steuerfreiheit des Existenzminimums vor dem Bundesverfassungsgericht, S. 146.

284 *Moes,* Die Steuerfreiheit des Existenzminimums vor dem Bundesverfassungsgericht, S. 146.

285 *Moes,* Die Steuerfreiheit des Existenzminimums vor dem Bundesverfassungsgericht, S. 149; a.A. h.M. in der Steuerrechtswissenschaft statt aller: *Hey*, in: Tipke/Lang, Steuerrecht, § 3 Rn. 72ff. An dieser Stelle muss klargestellt werden, dass entgegen der Darstellung der Rechtswissenschaftler auch die Ökonomen die subjektive Leistungsfähigkeit, sie nennen sie die subjektive Zahlfähigkeit bei der Besteuerung berücksichtigen wollen, aber eben nicht auf der Ebene der Bemessungsgrundlage, sondern auf der Ebene des Tarifs oder der Steuerschuld, damit sich beispielsweise die Kinderbetreuungskosten bei größeren Einkommen nicht verstärkt steuermindernd auswirken als bei geringeren Einkommen, so: *Siegel/Schneider*, DStR 1994, 597 (600ff.); *Biergans/Wasmer*, FR 1985, 57 (61ff.).

286 *Wernsmann*, StuW 1998, 317 (322ff.); a.A. Söhn, der darauf abstellt, dass die Sozialversicherungsbeiträge dem Steuerpflichtigen zwangsläufig entstehen und sie deshalb von der Besteuerung ausgenommen werden müssten: *Söhn*, StuW 1990, 356 (358ff.).

b) Berücksichtigung der Sozialversicherungsbeiträge

Veranschaulichen lässt sich dies am Beispiel der Sozialversicherungsbeiträge. Die Sozialversicherungsbeiträge müssen – nach der Lehre vom indisponiblen Einkommen – in voller Höhe abzugsfähig sein,[287] weil sich der Einzelne, der sozialversicherungspflichtig beschäftigt ist, den Sozialabgaben nicht entziehen kann. Die Krankenkassenbeiträge in voller Höhe zum Steuerabzug zuzulassen, konterkariert allerdings das Solidarprinzip, nachdem Menschen mit einem geringeren Einkommen geringere Krankenkassenbeiträge zahlen als Menschen, die mehr verdienen, bei gleichem Anspruch auf Leistung.[288] Diesem Solidarprinzip widerspricht es, das die Besserverdienenden, die einen höheren Anteil in das gesetzliche Krankenkassensystem einzahlen, diese höheren Kosten nutzen können, um ihre persönliche Steuerlast zu mindern. Denn so werden sie im Ergebnis nicht stärker in die Verantwortung genommen, so wie es das Solidarsystem einmal vorgesehen hat.[289]

Auch bei der Berücksichtigung der Rentenversicherungsbeiträge zur gesetzlichen Rentenversicherung als zwangsläufige Ausgaben, die nach der Lehre des indisponiblen Einkommens die Bemessungsgrundlage der Steuerpflichtigen vermindern müssten, ergeben sich Schwierigkeiten. So hat das Bundesverfassungsgericht entschieden, dass der Gesetzgeber frei darin ist zu entscheiden, ob er die Beiträge zur Rentenversicherung steuerfrei stellt und den Bezug der Rente besteuert oder die Beiträge zur Rentenversicherung aus dem versteuerten Einkommen gezahlt werden und der Bezug der Rente steuerfrei bleibt.[290] Nach der Lehre des indisponiblen Einkommens könnte es diese Wahlmöglichkeit zumindest für die Mitglieder der gesetzlichen Rentenversicherung nicht geben, weil sich diese der Zahlung der Rentenversicherungsbeiträge nicht entziehen können und daher diese Beiträge von der Bemessungsgrundlage ausgenommen werden müssten.[291]

---

287 *Söhn*, StuW 1990, 356 (358f).

288 *Moes*, Die Steuerfreiheit des Existenzminimums vor dem Bundesverfassungsgericht, S. 184f.

289 *Moes*, Die Steuerfreiheit des Existenzminimums vor dem Bundesverfassungsgericht, S. 184f.

290 BVerfG, Urteil vom 06.03.2002 – 2 BvL 17/99, BVerfGE 105, 73 (134f.); BVerfG, Beschluss vom 13.02.2008 – 2 BvR 1220/04, 410/05, BVerfGE 120, 169 (178f.).

291 *Moes*, Die Steuerfreiheit des Existenzminimums vor dem Bundesverfassungsgericht, S. 162f.

c) Berücksichtigung der Kosten zur Unterhaltszahlung

Eine vergleichbare Situation ergibt sich für den Fall der gesetzlichen Unterhaltszahlungen an Familienmitglieder. Über diese Ausgaben kann der Steuerpflichtige ebenfalls nicht frei verfügen – gleichzeitig unterstehen sie dem Schutz des Art. 6 Abs. 1 GG. Da der Steuerpflichtige rechtlich durch das Gesetz gezwungen ist, diese Zahlungen zu leisten, fordern die Anhänger der Lehre vom indisponiblen Einkommen die volle Abzugsfähigkeit dieser Ausgaben.[292] Es lässt sich allerdings nicht erklären, warum bei einer Familie, bei der die Eheleute getrennt leben oder geschieden sind, die gesamten Unterhaltskosten für die Kinder und für den geschiedenen Ehegatten von der Steuer zum Abzug zugelassen werden, bei intakter Ehe die Kosten der Kinder und des Ehegatten aber nur in Höhe des Existenzminimums berücksichtigt werden. Vielmehr dürfen in beiden Konstellationen nur die existenzsichernden Aufwendungen für die Kinder und Ehegatten abziehbar sein. Die über das Existenzminimum hinausgehenden Unterhaltsaufwendungen zählen zur disponiblen Einkommensverwendung. Obwohl bei getrennt lebenden oder geschiedenen Eheleuten dem Steuerpflichtigen das Einkommen in Höhe der Unterhaltsleistungen nicht mehr zur freien Verfügung steht, geben zumindest die Empfänger der Unterhaltszahlungen dieses für Sachen aus, die zur disponiblen Einkommensverwendung gehören. Aus Gründen der Gleichbehandlung und um eine gerechte Abgrenzung zum disponiblen Einkommen zu gewährleisten,[293] darf der Kindesunterhalt und der Ehegattenunterhalt nur in Höhe des Existenzminimums steuerliche Berücksichtigung finden.

d) Berücksichtigung der Kosten für eine Haftpflichtversicherung

Auch die Berücksichtigung der Kosten für eine Haftpflichtversicherung, die nach der Lehre vom indisponiblen Einkommen verfassungsrechtlich zwingend zum Abzug zugelassen werden müssen,[294] führt zu unerwünschten Ergebnissen.[295] Die Haftpflichtversicherung soll einen Haftpflicht-

292 Beschlüsse, in: Ständige Deputation des Deutschen Bundestages, Verhandlungen des siebenundfünfzigsten Deutschen Juristentages Mainz 1988, Beschlüsse N 211, N 214-N 216; a.A. *Birk/Wernsmann*, JZ 2001, 218 (220).

293 *Birk/Wernsmann*, JZ 2001, 218 (220).

294 *Söhn*, StuW 1990, 356 (359).

295 *Moes*, Die Steuerfreiheit des Existenzminimums vor dem Bundesverfassungsgericht, S. 168.

schuldner vor der Inanspruchnahme eines Haftpflichtgläubigers schützen.[296] Der Haftpflichtschuldner ist vor einer Inanspruchnahme über die Pfändungsgrenze hinaus ausreichend durch die §§ 850ff. ZPO, ggfs. i.V.m. § 36 InsO geschützt.[297] Die Haftpflichtversicherung schützt also nur vor einer Inanspruchnahme, die nicht dem Pfändungsverbot unterliegt. Dieser Teil zählt jedoch nicht zum Existenzminimum und ist deshalb nicht nach Art. 1 Abs. 1 i.V.m. Art. 20 Abs. 1 GG verfassungsrechtlich geschützt.[298] Vor einer grundsätzlichen Inanspruchnahme eines Haftpflichtschuldners will das Grundgesetz nicht schützen. Wer sich davor schützen möchte, macht dies mit einer Haftpflichtversicherung. Diese Ausgaben entstehen nicht zwangsläufig, sondern jeder ist frei darin, sich für oder gegen eine solche Versicherung zu entscheiden. Zur Sicherung des Existenzminimums ist sie jedenfalls nicht erforderlich.

e) Individualexistenzminimum

Bei der Untersuchung des Individualexistenzminimums wird besonders deutlich, dass Art. 3 Abs. 1 GG ungeeignet ist, die steuerliche Absetzbarkeit von Einkommensverwendungen verfassungsrechtlich zu garantieren. Nach der ständigen Rechtsprechung und nach der überwiegenden Ansicht in der Literatur muss das Individualexistenzminimum von der Besteuerung ausgenommen werden, weil diese Kosten die Leistungsfähigkeit mindern und eine Besteuerung nicht mit Art. 1 Abs. 1 GG i. V. m. dem Sozialstaatsprinzip des Art. 20 Abs. 1 GG; Art. 3 Abs. 1 GG zu vereinbaren ist.[299] Im Rahmen des Art. 3 Abs. 1 GG sind jedoch Vergleichspaare zu bilden. Die Vergleichspaare sind dahingehend zu untersuchen, ob sie entweder gleich

---

296 *Moes,* Die Steuerfreiheit des Existenzminimums vor dem Bundesverfassungsgericht, S. 168.

297 *Moes,* Die Steuerfreiheit des Existenzminimums vor dem Bundesverfassungsgericht, S. 168.

298 *Moes,* Die Steuerfreiheit des Existenzminimums vor dem Bundesverfassungsgericht, S. 168.

299 Grundlegend BVerfG, Beschluss vom 29.05.1990 – 1 BvL 20, 26, 184 und 4/86, BVerfGE 82, 60 (85f.); BVerfG, Beschluss vom 10.11.1998 – 2 BvR 1057, 1226, 980/91, BVerfGE 99, 216 (233); BVerfG, Beschluss vom 10.11.1998 – 2 BvL 42/93, BVerfGE 99, 246 (259); BVerfG, Beschluss vom 08.06.2004 – 2 BvL 5/00, BVerfGE 110, 412 (433f.); BVerfG, Beschluss vom 13.02.2008 – 2 BvL 1/06, BVerfGE 120, 125 (154f.); *Tipke,* Die Steuerrechtsordnung Bd. I, S. 420ff., 481; *Kirchhof,* in: Kirchhof/Söhn/Mellinghoff, EStG Kommentar, § 2 Rn. A 11, A 167; *Hey,* in: Tipke/Lang, Steuerrecht, § 3 Rn. 121ff., Rn. 160f.

behandelt werden, obwohl sie nicht miteinander vergleichbar sind oder ob sie ungleich behandelt werden, obwohl sie miteinander vergleichbar sind. Im Fall des Individualexistenzminimums existiert allerdings keine Vergleichsgruppe, bei der das Existenzminimum nicht berücksichtigt wird.[300] Alle Steuerpflichtigen werden gleich behandelt und es würden auch alle gleich behandelt werden, wenn das Existenzminimum nicht berücksichtigt werden würde.[301] Aus Art. 3 Abs. 1 GG kann sich die Berücksichtigung des Individualexistenzminimums nicht ergeben.[302] Daher wird im Schrifttum dem aus Art. 3 Abs. 1 GG hergeleiteten Leistungsfähigkeitsprinzip auch das absolute Verbot entnommen, nicht Leistungsfähige zu besteuern, unabhängig von einem Vergleich mit anderen.[303] Eine solche Auslegung des Art. 3 Abs. 1 GG überdehnt den Wortlaut. Daher sollte die verfassungsrechtlich zwingende Freistellung des Existenzminimums – so wie es auch der Rechtsprechung des Bundesverfassungsgerichts entspricht – aus Art. 1 Abs. 1 GG i. V. m. Art. 20 Abs. 1 GG und aus den Freiheitsrechten hergeleitet werden.[304] Da sich die Lehre vom indisponiblen Einkommen immer auf Art. 3 Abs. 1 GG beruft, kann sie die Freistellung des Individualexistenzminimums im Gegensatz zum Familienexistenzminimum nicht erklären.[305] Das Rekurrieren auf Art. 3 Abs. 1 GG führt zu einem widersprüchlichen Ergebnis: Obwohl der Steuerpflichtige weder über das Einkommen frei verfügen kann, das er für die Sicherung seines Existenzminimums benötigt, noch über das Einkommen zur Existenzsicherung seiner Familie, ist allein die steuerliche Berücksichtigung des Familienexistenzminimums nach Art. 3 GG verfassungsrechtlich zwingend.[306]

---

300 *Moes,* Die Steuerfreiheit des Existenzminimums vor dem Bundesverfassungsgericht, S. 213; so auch schon *Tipke,* Die Steuerrechtsordnung Bd. II, S. 800.

301 *Moes,* Die Steuerfreiheit des Existenzminimums vor dem Bundesverfassungsgericht, S. 213.

302 *Moes,* Die Steuerfreiheit des Existenzminimums vor dem Bundesverfassungsgericht, S. 213.

303 Statt aller: *Wernsmann,* StuW 1998, 317 (322).

304 BVerfG, Beschluss vom 10.11.1998 – 2 BvR 1057, 1226, 980/91, BVerfGE 99, 216 (233); BVerfG, Beschluss vom 10.11.1998 – 2 BvL 42/93, BVerfGE 99, 246 (259); BVerfG, Beschluss vom 29.05.1990 – 1 BvL 20, 26, 184 und 4/86, BVerfGE 82, 60 (85).

305 *Moes,* Die Steuerfreiheit des Existenzminimums vor dem Bundesverfassungsgericht, S. 213f.

306 *Moes,* Die Steuerfreiheit des Existenzminimums vor dem Bundesverfassungsgericht, S. 213f.

7. Alternatives Besteuerungsmodel

Darüber hinausgehend wäre eine Besteuerung durchaus auch verfassungsgemäß, bei der das gesamte Einkommen, vom ersten bis zum letzten Euro besteuert wird, sofern sichergestellt wird, dass nach dem Steuerzugriff dem Steuerpflichtigen ausreichend Mittel in Höhe des Existenzminimums verbleiben – bei einer Familie müsste natürlich das Familienexistenzminimum zugrunde gelegt werden.[307] Daneben müsste mit steigenden Einkommen auch die Steuerlast steigen (1. Monotoniepostulat[308]), gleichzeitig müsste mit steigenden Einkommen auch das Nettoeinkommen zunehmen (2. Monotoniepostulat[309]). Die Erfüllung dieser drei Voraussetzungen bei der Besteuerung hatte das BVerfG ebenfalls als verfassungsrechtlich ausreichend befunden.[310] Um allen Geboten gerecht zu werden, müsste zunächst ein Existenzminimum festgelegt werden, in dessen Höhe keine Besteuerung erfolgt. Bei höheren Einkommen müsste zunächst das Existenzminimum abgeschmolzen werden, bis ab einem gewissen Einkommen eine Besteuerung des gesamten Einkommens erfolgen würde.

Möglich wäre folgendes Modell: Das Existenzminimum in Höhe von EUR 8.000 wird nicht besteuert. Für jede zwei Euro, die die EUR 8.000 übersteigen, wird das Existenzminimum um einen Euro reduziert, nur der darüber hinausgehende Betrag wird zur Gänze besteuert. Die Besteuerung erfolgt linear mit einem Steuersatz von 25 %. Bei diesem Beispiel würde ein Einkommen in Höhe von EUR 8.000 gar nicht besteuert werden, bei einem Einkommen in Höhe von EUR 8.001 würde ein Euro besteuert werden, bei einem Einkommen in Höhe von EUR 8.002 würden drei Euro besteuert werden, bei einem Einkommen in Höhe von EUR 8.003 würden

---

307 So auch schon *Jüptner*, Leistungsfähigkeit und Veranlassung, S. 79; *Moes*, Die Steuerfreiheit des Existenzminimums vor dem Bundesverfassungsgericht, S. 174f.; BVerfG, Beschluss vom 25.09.1992 – 2 BvL 5, 8, 14/91, BVerfGE 87, 153 (169f.); a.A. BVerfG, Beschluss vom 29.05.1990 – 1 BvL 20, 26, 184 und 4/86, BVerfGE 82, 60 (86ff.); *Lang*, Die Bemessungsgrundlage der Einkommensteuer, S. 195f.

308 BVerfG, Beschluss vom 29.05.1990 – 1 BvL 20, 26, 184 und 4/86, BVerfGE 82, 60 (89); *Homburg*, Allgemeine Steuerlehre, S. 80; *Moes*, Die Steuerfreiheit des Existenzminimums vor dem Bundesverfassungsgericht, S. 107.

309 *Homburg*, Allgemeine Steuerlehre, S. 80; dieses Prinzip ist ebenfalls verfassungsrechtlich verankert: BVerfG, Beschluss vom 25.09.1992 – 2 BvL 5, 8, 14/91, BVerfGE 87, 153 (170); so auch *Moes*, Die Steuerfreiheit des Existenzminimums vor dem Bundesverfassungsgericht, S. 107.

310 BVerfG, Beschluss vom 25.09.1992 – 2 BvL 5, 8, 14/91, BVerfGE 87, 153 (170); so auch *Tipke*, Die Steuerrechtsordnung Bd. II, S. 800.

vier Euro besteuert werden, einem Einkommen in Höhe von EUR 8.004 würden sechs Euro besteuert werden, bei einem Einkommen in Höhe von EUR 15.999 würden EUR 15.998 besteuert werden und ab einem Einkommen von EUR 16.000 unterläge das gesamte Einkommen der Besteuerung.[311] Sozialpolitisch wäre dieses Besteuerungsmodell sicherlich nicht gewollt, weil hiernach gerade die Geringverdiener effektiv und prozentual deutlich mehr Steuern zahlen müssten, als es unser derzeitiges Besteuerungssystem vorsieht; verfassungsgemäß wäre es.

Mit der Lehre vom indisponiblen Einkommen ließe sich das gezeigte Modell allerdings nicht vereinbaren. Hiernach müssen die existenzsichernden und zwangsläufigen Ausgaben – unabhängig von der Höhe des Einkommens – von der Besteuerung ausgenommen werden.[312] Da jedoch die verfassungsrechtliche Verankerung des Existenzminimums nicht bestritten wird und auch nicht bestritten werden soll, bietet es sich an, die Verankerung des Existenzminimums in den Freiheitsgrundrechten (Art. 1 Abs. 1 GG, Art. 20 Abs. 1 GG, Art. 6 Abs. 1 GG, Art. 2 Abs. 1 GG) zu verorten.[313] Die Gleichheitsgrundrechte sollten darauf beschränkt werden, sicherzustellen, dass die Steuergesetze gleichheitsgerecht auf die Steuerpflichtigen angewandt werden. Hierbei soll weiterhin auch das Leistungsfähigkeitsprinzip seine Bedeutung haben, beispielsweise bei der Berücksichtigung erwerbssichernder Ausgaben. Im Ergebnis ist die Anwendung des Leistungsfähigkeitsprinzips auf die Einkünfteerzielung allein zu begrenzen. Im Rahmen der Einkünfteerzielung ist eine Begrenzung der Besteuerung nach dem Leistungsfähigkeitsprinzip sinnvoll. Eine Besteuerung ist nur gleichheitsgerecht, wenn der Gewinn, nicht aber die Einnahmen besteuert werden.[314] Anders sieht es hingegen bei der Einkommensverwendung aus. Eine gleichheitsgerechte Besteuerung liegt vor, wenn man bei allen Steuer-

---

311 Dieses Modell ist angelehnt an ein britisches Modell. In Großbritannien wird das Existenzminimum allerdings erst ab einem Einkommen von £ 100.000 abgeschmolzen: *HM Revenue & Customs*, Rates and allowances for Income Tax – Income Tax rates and allowances for current and past years, https://www.gov.uk/government/publications/rates-and-allowances-income-tax/income-tax-rates-and-allowances-current-and-past (zuletzt aufgerufen am 30.11.2020).

312 *Kirchhof*, in: Isensee/Kirchhof, HStR Bd. V, § 118 Rn. 187; *Tipke*, Die Steuerrechtsordnung Bd. II, S. 800f.; *Hey*, in: Tipke/Lang, Steuerrecht, § 3 Rn. 169.

313 So *Moes*, Die Steuerfreiheit des Existenzminimums vor dem Bundesverfassungsgericht, S. 226ff.: Art. 2 Abs. 1 GG steht hier einerseits für das Subsidiaritätsprinzip, das sicherstellen soll, dass der Steuerpflichtige nicht durch die Besteuerung zum Sozialhilfefall wird, andererseits soll es vor einer übermäßigen/unverhältnismäßigen Besteuerung schützen.

314 S.o. 3. Kapitel: B. II. 2. Objektives Nettoprinzip S. 52.

pflichtigen keine Einkommensverwendungen zum Abzug zulässt. Sobald man sich dafür entscheidet, einige Einkommensverwendungen zum Abzug zuzulassen, muss diese Abzugsmöglichkeit allen Steuerpflichtigen offenstehen. Der Gleichheitssatz kann bei den Einkommensverwendungen also nicht über das „ob" einer Abzugsmöglichkeit entscheiden, sondern nur über das „wie", in dem Sinne, dass die Abzugsmöglichkeit allen, die sich in einer vergleichbaren Gruppe befinden, davon profitieren müssen. Die bedeutet nicht, dass nicht auch die steuerliche Berücksichtigung von Einkommensverwendungen verfassungsrechtlich determiniert sein könnten. Es bedeutet lediglich, dass sich diese verfassungsrechtliche Vorgabe nicht aus Art. 3 GG ergeben kann. Daher ist innerhalb des Leistungsfähigkeitsprinzips kein Raum für die Lehre des indisponiblen Einkommens. Denn die Lehre des indisponiblen Einkommens erklärt einen Teil von Einkommensverwendungen als leistungsfähigkeitsmindernd. Aber auch zwangsläufige Einkommensverwendungen vermindern nicht die Leistungsfähigkeit. Dass diese Einkommensverwendungen darüber hinaus auch nicht die Leistungsfähigkeit vermindern sollten, haben die Beispiele zu den Sozialversicherungsabgaben[315], zum Ehegatten- und Kindesunterhalt[316] sowie zur Haftpflichtversicherung[317] gezeigt. Freiwillige Privatausgaben, auch wenn sie zur Gemeinwohlfinanzierung ausgegeben werden, haben daher keinen Einfluss auf die Leistungsfähigkeit des Spenders. Für eine verfassungsrechtliche Verankerung der steuerlichen Begünstigung der Spende verbleiben damit ebenfalls nur die Freiheitsgrundrechte.

8. Einordnung des Existenzminimums

Die Steuerfreiheit des Existenzminimums des Steuerpflichtigen und seiner Familie wird mit Art. 1 Abs. 1 GG, Art. 20 Abs. 1 GG, Art. 6 Abs. 1 GG und Art. 2 Abs. 1 GG begründet.[318] Der Steuerpflichtige hat für sich und für seine Familie einen Anspruch gegenüber dem Staat auf Sozialleistungen in Höhe des Existenzminimums, sofern er nicht selbst dafür sorgen kann,

---

315 S.o. 3. Kapitel: B. II. 6. b) Berücksichtigung der Sozialversicherungsbeiträge S. 64.

316 S.o. 3. Kapitel: B. II. 6. c) Berücksichtigung der Kosten zur Unterhaltszahlung S. 65.

317 S.o. 3. Kapitel: B. II. 6. d) Berücksichtigung der Kosten für eine Haftpflichtversicherung S. 65.

318 *Moes*, Die Steuerfreiheit des Existenzminimums vor dem Bundesverfassungsgericht, S. 226ff.

Art. 1 Abs. 1 i.V.m. Art. 20 Abs. 1 GG. Aus diesem Anspruch leitet sich ab, dass das Existenzminimum des Steuerpflichtigen und seiner Familie nicht besteuert werden darf. Ein Steuerpflichtiger, der Einnahmen in Höhe des Existenzminimums hat, würde ansonsten unmittelbar durch die Steuerzahlung unter die Einkommensgrenze rutschen, die ihm einen Anspruch auf Sozialleistungen zubilligt. Die Höhe der Sozialleistung entspreche dann exakt der Höhe der Steuer. Es ist mit der Pflicht des Staates zur Achtung der Menschenwürde nach Art. 1 Abs. 1 GG allerdings nicht vereinbar, dass der Steuerpflichtige, der sich selbst und seine Familie unterhalten kann, durch die Steuerzahlung in eine Situation gebracht wird, in der ihm die Steuer in Form von Sozialleistungen zurückgewährt werden müsste.[319] Denn auf diese Weise würde ein Mensch, der für sich selbst sorgen kann, durch den Staat zu einem Sozialfall degradiert werden, der auf staatliche Unterstützung angewiesen ist.

Eine Besteuerung im Bereich des Existenzminimums würde auch zu einem sinnlosen Hin- und Herzahlen zwischen Bürger und Staat führen und ist schon aus Praktikabilitätsgründen abzulehnen und dem Bürger nicht zuzumuten.[320] Darüber hinaus ist mit dem Beziehen von Sozialleistungen vom Staat auch immer die Offenlegung der Vermögensverhältnisse des Bürgers verbunden, die im Rahmen des Besteuerungsverfahrens nicht notwendig ist. Denn bei der Besteuerung muss der Bürger nur seine Einnahmen angeben, nicht jedoch sein Vermögen als Ganzes. Auch aus diesem Grund wäre es unverhältnismäßig, im Bereich des Existenzminimums eine Besteuerung vorzunehmen. Darüber hinaus ist für den Bürger ein selbst verdienter Euro auch mehr wert als ein Euro, den er vom Staat erhält. Wer selbstverantwortlich für seinen Unterhalt aufkommen kann, soll nicht durch die Besteuerung des Staates in die Situation gebracht werden, auf den Wohlfahrtsstaat angewiesen zu sein.[321] Denn der selbst verdiente Euro ist die Bezahlung für die vom Bürger erbrachte Leistung, Unterstützung vom Staat wird hingegen meist wie Almosen empfunden. Für eine verfassungsmäßige Besteuerung sind somit alle Voraussetzungen gewahrt, wenn dem Steuerpflichtigen nach der Besteuerung ausreichend Mittel verbleiben, um sein Existenzminimum zu bestreiten und gewährleistet ist, dass mit steigendem Einkommen die Steuerlast und das Nettoeinkommen

---

319 Son schon *Jüptner*, Leistungsfähigkeit und Veranlassung, S. 78ff.

320 *Moes*, Die Steuerfreiheit des Existenzminimums vor dem Bundesverfassungsgericht, S. 172.

321 *Tipke*, Die Steuerrechtsordnung Bd. I, S. 421.

zunehmen.[322] Auf den ersten Blick erstaunt dieses Ergebnis. Denn sobald das Existenzminimum in höheren Einkommenslagen abgeschmolzen ist, zahlen Kinderlose und Eltern bei gleichen Einkommen gleich viel Steuern. Fraglich scheint auch auf den ersten Blick, ob sich das Abschmelzen des Familienexistenzminimums mit Art. 3 Abs. 1 GG vereinbaren lässt. Denn die verminderte Leistungsfähigkeit durch die Kinder wird dann im Vergleich zu Kinderlosen nicht mehr berücksichtigt. Allerdings führt es zu einer Gleichbehandlung unter Eltern.[323] Nach unserem derzeitigen Steuersystem steigt der Freibetrag für die Kinder mit steigendem Einkommen.[324] Der Staat gibt einen größeren steuerlichen Zuschuss bei Eltern mit einem größeren Einkommen.[325] Orientiert sich der Gesetzgeber hingegen allein am Existenzminimum des Kindes und berücksichtigt sein Steuersystem lediglich, dass nach der Steuer ausreichend Einkommen zur Existenzsicherung der Eltern und der Kinder verbleibt oder berücksichtigt der Gesetzgeber das Existenzminimum auf der Ebene der Steuerschuld, sodass das Existenzminimum die Steuerschuld vermindert, so wäre dem Staat jedes Kind gleich viel Wert unabhängig vom Einkommen der Eltern.[326] An dieser Stelle soll allerdings lediglich die absolute verfassungsrechtliche Grenze zur Berücksichtigung des Existenzminimums der Kinder aufgezeigt werden. Politisch ist es sicherlich sinnvoll, das Existenzminimum nicht sofort, sondern erst auf einer höheren Einkünfteebene abzuschmelzen. In dieser Übergangsphase würde die Berücksichtigung des Existenzminimums allerdings wieder zu einer stärkeren steuerlichen Begünstigung von Besserverdienern führen. Daher erscheint es am sinnvollsten, das Existenzminimums auf Ebene der Steuerschuld zu berücksichtigen.

Darüber hinaus entspricht es auch dem verfassungsrechtlich verankerten Subsidiaritätsprinzip,[327] dass der Staat den Bürger nur soweit besteuern darf, dass ihm nach der Besteuerung noch mindestens ein Einkommen in

---

322 S.o. 3. Kapitel: B. II. 7. Alternatives Besteuerungsmodel S. 68; so auch BVerfG, Beschluss vom 25.09.1992 – 2 BvL 5, 8, 14/91, BVerfGE 87, 153 (169f.), wobei sich diese Aussage allein auf des Individualexistenzminimum bezieht und die Vergleichbarkeit von kinderlosen Steuerpflichtigen und Steuerpflichtigen mit Kindern auf horizontaler Ebene ausdrücklich abgelehnt wurde (170).

323 *Siegel/Schneider*, DStR 1994, 597 (601).

324 *Siegel/Schneider*, DStR 1994, 597 (600f.).

325 *Siegel/Schneider*, DStR 1994, 597 (600f.).

326 *Siegel/Schneider*, DStR 1994, 597 (600f.).

327 *Isensee*, Subsidiaritätsprinzip und Verfassungsrecht, S. 295.

Höhe des Existenzminimums verbleibt.[328] Denn die Besteuerung eines Einkommens, das gerade die Höhe des Existenzminimums erreicht, würde einen Verstoß gegen das Subsidiaritätsprinzip darstellen.[329] Wer über ein ausreichendes Einkommen verfügt, soll nicht durch die Besteuerung in Abhängigkeit vom Staat geraten. Vielmehr soll der Staat nur den Bürgern unterstützend helfen, die nicht für sich selbst sorgen können. Der Staat trägt somit durch seinen Verzicht auf die Besteuerung dafür Sorge, dass der Steuerpflichtige auf staatliche Hilfe nicht angewiesen und ein staatliches Eingreifen überflüssig ist.[330]

Eine Besteuerung, bei der das Existenzminimum nicht bei allen Steuerpflichtigen von der Besteuerung ausgenommen wird, sondern nur bei den unteren Einkommensgruppen,[331] verstößt auch nicht gegen Art. 3 Abs. 1 GG. Zum einen wird bei allen Steuerpflichtigen sichergestellt, dass ihnen nach der Besteuerung ausreichend Mittel zur Bestreitung des Existenzminimums verbleiben. Zum anderen befinden sich die Steuerpflichtigen auch nicht in vergleichbaren Gruppen, da bei den Steuerpflichtigen mit einem größeren Einkommen eine Besteuerung keine Gefahr darstellt, unter das Sozialhilfeniveau zu fallen. Eine Berücksichtigung des Existenzminimums ist bei ihnen deshalb nicht erforderlich, um dem Subsidiaritätsprinzip zu entsprechen.

Die verfassungsrechtlich garantierte Steuerfreiheit lässt sich somit auch aus Art. 2 Abs. 1 GG, Art. 1 Abs. 1 GG, Art. 20 Abs. 1 GG – und für das Familienexistenzminimum i. V. m. Art. 6 Abs. 1 GG – herleiten.[332]

9. Vereinbarkeit der steuerlichen Begünstigung der Spende mit Art. 3 Abs. 1 GG

Der Gesetzgeber ist also nach Art. 3 Abs. 1 GG nicht dazu verpflichtet, Spenden zum Abzug von der Bemessungsgrundlage der Einkommensteuer

---

328 *Moes,* Die Steuerfreiheit des Existenzminimums vor dem Bundesverfassungsgericht, S. 171f.

329 *Moes,* Die Steuerfreiheit des Existenzminimums vor dem Bundesverfassungsgericht, S. 171f.

330 *Moes,* Die Steuerfreiheit des Existenzminimums vor dem Bundesverfassungsgericht, S. 171f.

331 So wie im obigen Beispiel: 3. Kapitel: B. II. 7. Alternatives Besteuerungsmodel S. 68.

332 *Moes,* Die Steuerfreiheit des Existenzminimums vor dem Bundesverfassungsgericht, S. 226.

zuzulassen. Eine verfassungsrechtliche Verankerung des steuerlichen Spendenabzugs in Art. 3 Abs. 1 GG nehmen nicht einmal diejenigen Stimmen in der Literatur an, die der Spende eine leistungsfähigkeitsmindernde Wirkung zusprechen.[333] Gleichwohl verstößt der Gesetzgeber nicht gegen Art. 3 Abs. 1 GG, sofern er die Spenden zum steuerlichen Abzug zulässt.[334] Die steuerliche Berücksichtigung von freiwilligen privaten Ausgaben verstößt nicht gegen eine gleichheitsgerechte Besteuerung und nicht gegen das Folgerichtigkeitsgebot: Zwar muss der Gesetzgeber bei der Ausgestaltung der Steuergesetze Art. 3 Abs. 1 GG und die daraus resultierende Rechtssetzungsgleichheit achten.[335] Allerdings hat das BVerfG diese Pflicht dahingehend relativiert, dass der Gesetzgeber bei der Auswahl des Steuergegenstandes und der Bestimmung des Steuersatzes über einen weitreichenden Gestaltungsspielraum verfügt.[336] Eine Steuerentlastung kann vor dem Gleichheitssatz gerechtfertigt sein, wenn der Gesetzgeber dadurch das Verhalten der Steuerpflichtigen aus Gründen des Gemeinwohls fördern oder lenken möchte.[337] Die Abweichung von der zuvor getroffenen Belastungsentscheidung durch die Spendenabzugsmöglichkeit rechtfertigt sich mit dem Ziel der Gemeinwohlförderung. Die Spendenabzugsvorschriften sind daher als Sozialzwecknormen einzuordnen, deren Ausnahme von der Besteuerung nach der Leistungsfähigkeit aus Gründen des Gemeinwohls verfassungsrechtlich gerechtfertigt sind.[338] Durch die Spenden wird das Gemeinwohl gefördert und die Abzugsmöglichkeit der Spende bietet einen Anreiz zur Gemeinwohlförderung.

---

333 *Geserich*, in: Kirchhof/Söhn/Mellinghoff, EStG Kommentar, § 10b Rn. A 34 und ders., in: Kirchhof/Söhn/Mellinghoff, EStG Kommentar, § 10b A 251; *Tipke*, Die Steuerrechtsordnung Bd. II, S. 833.

334 *Geserich*, in: Kirchhof/Söhn/Mellinghoff, EStG Kommentar, § 10b Rn. A 32ff.; *Droege*, Gemeinnützigkeit im offenen Steuerstaat, S. 360.

335 Zur Rechtsetzungsgleichheit: BVerfG, Urteil vom 17.12.1953 – 1 BvR 147, BVerfGE 3, 58 (135); BVerfG, Beschluss vom 14.04.1959 – 1 BvL 23, 34/57, BVerfGE 9, 237 (244); BVerfG, Beschluss vom 08.06.2004 – 2 BvL 5/00, BVerfGE 110, 412 (431f.); BVerfG, Beschluss vom 12.10.2010 – 1 BvL 12/07, BVerfGE 127, 224 (244f.).

336 BVerfG, Beschluss vom 22.06.1995 – 2 BvL 37/91, BVerfGE 93, 121 (136); BVerfG, Urteil vom 27.06.1991 – 2 BvR 1493/89, BVerfGE 84, 239 (271); BVerfG, Beschluss vom 04.12.2002 – 2 BvR 400/98, 1735/00, BVerfGE 107, 27 (47); BVerfG, Beschluss vom 07.11.2006 – 1 BvL 10/02, BVerfGE 117, 1 (30).

337 BVerfG, Beschluss vom 22.06.1995 – 2 BvL 37/91, BVerfGE 93, 121 (147).

338 *Hey*, in: Tipke/Lang, Steuerrecht, § 20 Rn. 15; dies., in: Tipke/Lang, Steuerrecht, § 3 Rn. 132.

III. Ein subjektives Recht aus dem Schutz des Eigentums (Art. 14 GG)

Bisherige Versuche, subjektive Rechte aus Art. 14 GG im Rahmen der Besteuerung für den Steuerpflichtigen herzuleiten, sind oftmals gescheitert. So hat der Zweite Senat des BVerfG in einem Beschluss zur Steuerfreiheit des Existenzminimums die Pflicht, das Existenzminimum steuerfrei zu lassen, zwar aus Art. 2 Abs. 1 i.V.m. Art. 14 Abs. 1, Art. 12 Abs. 1 GG hergeleitet.[339] Weitaus häufiger begründet das BVerfG diese Pflicht mit dem Sozialstaatsprinzip aus Art. 1 GG i.V.m. dem Sozialstaatsgrundsatz des Art. 20 Abs. 1 GG.[340] Auch die Bemühungen aus Art. 14 Abs. 2 S. 2 GG eine absolute Grenze abzuleiten, die eine Besteuerung nur „in der Nähe einer hälftigen Teilung zwischen privater und öffentlicher Hand"[341] zulässt („Halbteilungsgrundsatz"),[342] blieb erfolglos.[343] Aus der Sicht des BVerfG hat Art. 14 GG lange Zeit lediglich vor einer „erdrosselenden Wirkung"[344] geschützt. Doch eine neuere Entscheidung des BVerfG[345] misst Art. 14 GG im Steuerrecht eine größere Bedeutung zu.

339 BVerfG, Beschluss vom 25.09.1992 – 2 BvL 5, 8, 14/91, BVerfGE 87, 153 (169).

340 BVerfG, Urteil vom 06.05.2004 – 2 BvR 1375/03, DStRE 2004, 1345; BVerfG, Beschluss vom 29.03.2004 – 2 BvR 1670/01 u.a., DStRE 2005, 333; BVerfG, Beschluss vom 10.11.1998 – 2 BvL 42/93, BVerfGE 99, 246 (259); BVerfG, Beschluss vom 10.11.1998 – 2 BvR 1057, 1226, 980/91, BVerfGE 99, 216 (233); BVerfG, Beschluss vom 12.06.1990 – 1 BvL 72/86, BVerfGE 82, 198 (207); BVerfG, Beschluss vom 29.05.1990 – 1 BvL 20, 26, 184 und 4/86, BVerfGE 82, 60 (85).

341 BVerfG, Beschluss vom 22.06.1995 – 2 BvL 37/91, BVerfGE 93, 121 (138).

342 BVerfG, Beschluss vom 22.06.1995 – 2 BvL 37/91, BVerfGE 93, 121 (137f.); *Kirchhof*, in: Isensee/Kirchhof, HStR Bd. V, § 118 Rn. 126.

343 Nachdem die Senate des Bundesfinanzhofes geschlossen gegen den sog. „Halbteilungsgrundsatz" judizierten BFH, Urteil vom 11.08.1999 – XI R 77/97, BFHE 189, 413 (417ff.); BFH, Beschluss vom 25.02.2003 – VIII B 253/02, BFH/NV 2003, 624 (625); BFH, Urteil vom 18.09.2003 – X R 2/00, BFHE 203, 263 (266), rückte auch der Zweite Senat des Bundesverfassungsgerichts vom Halbteilungsgrundsatz wieder ab BVerfG, Beschluss vom 18.01.2006 – 2 BvR 2194/99, BVerfGE 115, 97 (113ff.).

344 BVerfG, Beschluss vom 18.01.2006 – 2 BvR 2194/99, BVerfGE 115, 97 (115); BVerfG, Beschluss vom 17.07.1974 – 1 BvR 51, 160, 285/69, 1 BvL 16, 18, 26/72, BVerfGE 38, 61 (80f.); BVerfG, Urteil vom 22.05.1963 – 1 BvR 78/56, BVerfGE 16, 147 (161); *Hufeld*, Recht und Moral der Gemeinwohlfinanzierung, S. 55.

345 BVerfG, Beschluss vom 18.01.2006 – 2 BvR 2194/99, BVerfGE 115, 97.

1. Rechtsprechung des Bundesverfassungsgerichts

Bislang schützte Art. 14 Abs. 1 GG das Erworbene, die bestehenden Vermögensgüter.[346] Das Vermögen als Inbegriff aller geldwerten Güter einer Person stellte kein Eigentum i.S.d. Art. 14 Abs. 1 GG dar.[347] Nach der Rechtsprechung des BVerfG werden die Steuern aus dem Vermögen des Steuerpflichtigen gezahlt; der Steuerpflichtige entscheidet, mit welchem Teil seines Vermögens er die Steuerschuld begleicht. Deshalb schützt Art. 14 Abs. 1 GG nicht vor der Auferlegung staatlicher Geldleistungspflichten.[348] Die Annahme, jeder Steuerpflichtige könne selbst entscheiden, mit welchem Teil seines Vermögens er die Steuerschuld begleicht, geht an der Realität vieler Steuerpflichtiger vorbei. So erhalten die angestellten Arbeitnehmer und Beamte ihren Lohn erst nach Abzug der Lohnsteuer, §§ 38ff. EStG, auch der Kapitalertrag wird von der Bank versteuert, bevor dem Bankkunden der Kapitalertrag gutgeschrieben wird, §§ 43ff. EStG. Sofern keine Besteuerung an der Quelle erfolgt, steht es dem Steuerpflichtigen frei, aus welchem Teil seines Vermögens er die Steuerschuld zahlt. Gleichzeitig leuchtet nicht ein, den Schutz des Art. 14 GG zu versagen, weil der Steuerpflichtige selbst entscheiden kann, in welchen seiner Vermögensteile der Staat eingreift. Ein Eingriff ist nicht weniger gravierend, wenn dem Grundrechtsträger die Wahlfreiheit eingeräumt wird, mit welchem Teil seines Vermögens er die Schuld gegenüber dem Staat begleichen möchte.[349]

Die bisherige Rechtsprechung des BVerfG ist darüber hinaus inkonsequent. Nach dieser Rechtsprechung ist der Schutzbereich des Art. 14 Abs. 1 GG gegen den Steuerzugriff nicht eröffnet, dennoch soll Art. 14 Abs. 1 GG vor einer konfiskatorischen Besteuerung schützen.[350] Dies ist dogmatisch nicht haltbar: Sofern Art. 14 GG keinen Schutz vor der Besteuerung bietet, kann es durch eine übermäßige Besteuerung nicht zu einem ungerechtfertigten Eingriff kommen.[351] Vielmehr öffnet sich der Schutzbereich des Art. 14 Abs. 1 GG auch für das Vermögen der Steuerpflichtigen: Die Steuer

---

346 *Helbig*, Der steuerverfassungsrechtliche Halbteilungsgrundsatz, S. 57ff.

347 BVerfG, Urteil vom 08.04.1997 – 1 BvR 48/94, BVerfGE 95, 267 (300).

348 BVerfG, Beschluss vom 29.11.1989 – 1 BvR 1402, 1528/87, BVerfGE 81, 108 (122); BVerfG, Urteil vom 08.04.1997 – 1 BvR 48/94, BVerfGE 95, 267 (300); zustimmend *Wieland*, in: Dreier, GG Kommentar, Art. 14 Rn. 68.

349 *Seer*, FR 1999, 1280 (1283).

350 *Hey*, in: Tipke/Lang, Steuerrecht, § 3 Rn. 189.

351 *Seer*, FR 1999, 1280 (1283); *Tipke*, Die Steuerrechtsordnung Bd. I, S. 449; *Friauf*, in: DStJG 12 (1989), S. 3 (21ff.); *Heintzen*, in: von Münch/Kunig, GG Kommen-

wird von dem Steuerpflichtigen beglichen, indem er Vermögensgegenstände aufgibt, die unter dem Schutz der Eigentumsgarantie stehen.[352] Die Besteuerung greift somit in Art. 14 Abs. 1 GG ein und ist hieran zu rechtfertigen.[353]

Auch der Zweite Senat hat in einem obiter dictum[354] zumindest die Einkommen- und Gewerbesteuer an dem Grundrechtsschutz aus Art. 14 Abs. 1 GG gemessen:[355] Da die Einkommen- und Gewerbesteuer tatbestandlich an den Erwerb vermögenswerter Rechtspositionen geknüpft sind, kommt es nicht darauf an, mit welchem Teil des Vermögens der Steuerpflichtige seiner Steuerpflicht nachkommt.[356] Art. 14 Abs. 1 GG schützt schuldrechtliche Ansprüche ebenso wie dingliche und gegenüber jedermann wirkende Rechtspositionen[357] und somit auch vor steuerlichen Ansprüchen, die an den Hinzuerwerb von Eigentum anknüpfen.[358] „Art. 14 Abs. 1 GG schützt zwar nicht den Erwerb, wohl aber den Bestand des Hinzuerworbenen“[359] und „gewährleistet […] die geschützten vermögenswerten Rechte innezuhaben, zu nutzen, zu verwalten und über diese zu verfügen.“[360] So greift zumindest das Einkommen- und Gewerbesteuergesetz – und jedes Steuergesetz, das tatbestandlich an das Innehaben von

---

tar, Art. 105 Rn. 14; *Di Fabio*, in: Maunz/Dürig, GG Kommentar, Art. 2 Abs. 1 Rn. 98.

352 *Seer*, FR 1999, 1280 (1283).

353 Kritisch zu dieser Ansicht Wernsmann, für ihn ist die Rechtsprechung nicht widersprüchlich, er löst den scheinbaren Widerspruch folgendermaßen auf: *Wernsmann*, in: Schön/Beck, Zukunftsfragen des deutschen Steuerrechts, S. 161 (170): „Ist der Bezugspunkt nicht mehr der Geldentzug (Vermögensschutz), sondern der verhaltensbeeinflussende Druck, das Eigentum an dem Kampfhund abzugeben, so ist Art. 14 GG einschlägig. Zwingt das Steuergesetz nicht zur Aufgabe von Eigentum, sondern etwa zum Verzicht auf künstlerische Betätigung, so ist für die Erdrosselung dieses Verhaltens nicht Art. 14 Abs. 1 GG, sondern Art. 5 Abs. 3 GG als Prüfungsmaßstab heranzuziehen.“

354 BVerfG, Beschluss vom 18.01.2006 – 2 BvR 2194/99, BVerfGE 115, 97 (113).

355 BVerfG, Beschluss vom 18.01.2006 – 2 BvR 2194/99, BVerfGE 115, 97.

356 BVerfG, Beschluss vom 18.01.2006 – 2 BvR 2194/99, BVerfGE 115, 97 (112f.).

357 BVerfG, Beschluss vom 09.01.1991 – 1 BvR 929/89, BVerfGE 83, 201 (208f.) m.w.N.; Zustimmung auch beim Schrifttum: ders., in: Dreier, GG Kommentar, Art. 14 Rn. 57ff.; *Papier/Shirvani*, in: Maunz/Dürig, GG Kommentar, Art. 14, Rn. 160.

358 BVerfG, Beschluss vom 18.01.2006 – 2 BvR 2194/99, BVerfGE 115, 97 (111).

359 BVerfG, Beschluss vom 18.01.2006 – 2 BvR 2194/99, BVerfGE 115, 97 (112).

360 BVerfG, Beschluss vom 18.01.2006 – 2 BvR 2194/99, BVerfGE 115, 97 (111); so auch schon BVerfG, Beschluss vom 31.03.1998 – 2 BvR 1877/97 und 50/98, BVerfGE 97, 350 (370); BVerfG, Beschluss vom 05.02.2002 – 2 BvR 305, 348/93, BVerfGE 105, 17.

vermögenswerten Rechtspositionen anknüpft – als Inhalts- und Schrankenbestimmung in rechtfertigungsbedürftiger Weise in das Eigentum der Steuerpflichtigen ein.[361] Die private Nutzungsmöglichkeit wird zugunsten der Allgemeinheit, zu deren Vorteil die Steuer erhoben wird, eingeschränkt.[362] Das BVerfG qualifizierte das Einkommen- und Gewerbesteuergesetz als Inhalts- und Schrankenbestimmung und sprach sich in diesem Beschluss entschieden dagegen aus, die Steuergesetze könnten ein enteignendes Gesetz darstellen. Nach der Entwicklung des Enteignungsbegriffes ist die generell-abstrakte Festlegung von Rechten und Pflichten durch den Gesetzgeber stets – eine verfassungsgemäße oder verfassungswidrige – Inhalts- und Schrankenbestimmung des Eigentums (Art. 14 Abs. 1 Satz 2 GG), „während der Enteignungsbegriff (Art. 14 Abs. 3 Satz 1 GG) beschränkt ist auf die Entziehung konkreter Rechtspositionen zur Erfüllung bestimmter öffentlicher Aufgaben, also weitgehend zurückgeführt ist auf Vorgänge der Güterbeschaffung [...] und jedenfalls durch gesetzliche Steuerpflichten nicht berührt wird".[363] Unabhängig von der Frage, ob Art. 14 Abs. 1 GG das Vermögen als solches schützt,[364] kann der Steuerpflichtige durch die neue Rechtsprechung des BVerfG die Einkommensteuer an Art. 14 Abs. 1 GG messen.[365]

2. Steuerstaat

Der Eingriff durch den Steuerzugriff des Staates in das Eigentum seiner Bürger rechtfertigt sich grundsätzlich mit der verfassungsrechtlichen Ausgestaltung Deutschlands als Steuerstaat. Im Rahmen der Verhältnismäßigkeit muss ein verfassungsgemäßer Ausgleich zwischen dem Interesse des Staates an Erhebung von Steuern zur Finanzierung der Staatsausgaben und dem Interesse des Einzelnen, über seine Einkünfte verfügen zu können und diese auch für notwendige und private Ausgaben verwenden zu können, geschaffen werden. So ist beispielsweise eine Besteuerung unverhält-

361 BVerfG, Beschluss vom 18.01.2006 – 2 BvR 2194/99, BVerfGE 115, 97 (111).
362 BVerfG, Beschluss vom 18.01.2006 – 2 BvR 2194/99, BVerfGE 115, 97 (111).
363 BVerfG, Beschluss vom 18.01.2006 – 2 BvR 2194/99, BVerfGE 115, 97 (112).
364 So *Tipke*, Die Steuerrechtsordnung Bd. I, S. 449; ausführlich *Seer*, FR 1999, 1280 (1283).
365 So auch BVerfG, Beschluss vom 18.01.2006 – 2 BvR 2194/99, BVerfGE 115, 97 (112).

nismäßig, die eine erdrosselnde Wirkung entfaltet.[366] Die Konzeption der Bundesrepublik Deutschland als Steuerstaat ergibt sich aus dem Grundgesetz. Es regelt in den Art. 104aff. GG die Erhebung von Steuern und die Verteilung des Steueraufkommens, geht somit explizit davon aus, dass der Staat sich durch Steuern finanziert.[367] Zugleich listet das Grundgesetz Steuerarten und Steuern auf. Zumindest diese sind grundsätzlich verfassungsgemäß,[368] wobei sie letztendlich auch verfassungsgemäß ausgestaltet und erhoben werden müssen.[369]

Das Grundgesetz listet Staatsaufgaben auf, wie die Gewährleistung des inneren und äußeren Friedens und die kulturelle, soziale, ökonomische und juristische Infrastruktur,[370] die der Staat zu verwirklichen hat. Gleichzeitig versagt es dem Staat aufgrund seiner freiheitlichen Ausrichtung und dem Subsidiaritätsprinzip, Einnahmen weitestgehend am Markt zu generieren. Ein Staat kann sich auf zwei Weisen finanzieren: Entweder er partizipiert am Erfolg der Privatwirtschaft durch Steuern oder er wird selbst erwerbswirtschaftlich tätig. Das Grundgesetz ist freiheitlich ausgestaltet und garantiert den Marktteilnehmern ein freies Wirtschaften.[371] Zwar gibt das Grundgesetz kein bestimmtes Wirtschaftssystem vor.[372] „Dies ermöglicht dem Gesetzgeber, die ihm jeweils sachgemäß erscheinende Wirtschaftspo-

---

366 BVerfG, Beschluss vom 18.01.2006 – 2 BvR 2194/99, BVerfGE 115, 97 (115); BVerfG, Beschluss vom 17.07.1974 – 1 BvR 51, 160, 285/69, 1 BvL 16, 18, 26/72, BVerfGE 38, 61 (80f.); BVerfG, Urteil vom 22.05.1963 – 1 BvR 78/56, BVerfGE 16, 147 (161).

367 *Moes*, Die Steuerfreiheit des Existenzminimums vor dem Bundesverfassungsgericht, S. 217.

368 *Seer*, in: Tipke/Lang, Steuerrecht, § 2 Rn. 5.

369 *Moes*, Die Steuerfreiheit des Existenzminimums vor dem Bundesverfassungsgericht, S. 217; *Seer*, in: Tipke/Lang, Steuerrecht, § 2 Rn. 5.

370 *Hufeld*, Recht und Moral der Gemeinwohlfinanzierung, S. 52.

371 *Kirchhof*, Bundessteuergesetzbuch, S. 2.

372 BVerfG, Urteil vom 20.07.1954 – 1 BvR 459, 484, 548, 555, 623, 761, 748, 783, 801/52, 5, 9/53, 96, 114/54, BVerfGE 4, 7 (17f.). Auf dieser Linie BVerfG, Urteil vom 11.06.1958 – 1 BvR 596/56, BVerfGE 7, 377 (400); BVerfG, Urteil vom 21.02.1962 – 1 BvR 198/57, BVerfGE 14, 19 (23); BVerfG, Beschluss vom 16.03.1971 – 1 BvR 52, 665, 667, 754/66, BVerfGE 30, 292 (315); BVerfG, Urteil vom 01.03.1979 – 1 BvR 532, 533/77, 419/78 und 1 BvL 21/78, BVerfGE 50, 290 (336ff.). Darstellung des Streits um die Wirtschaftsverfassung: *Rittner/Dreher*, Europäisches und deutsches Wirtschaftsrecht, S. 49ff., 54; *Stern*, Das Staatsrecht der Bundesrepublik Deutschland, S. 879ff.; *Kirchhof*, in: Isensee/Kirchhof, HStR Bd. VIII, § 169 Rn. 47f; *Breuer*, in: Isensee/Kirchhof, HStR Bd. VIII, § 170 Rn. 38ff.; *Scholz*, in: Isensee/Kirchhof, HStR Bd. VIII, § 175 Rn. 22ff.

litik zu verfolgen, soweit er dabei das Grundgesetz beachtet.“[373] Allerdings erfordert die freiheitliche Demokratie ein Minimum an einer marktwirtschaftlich ausgerichteten Wirtschaftspolitik, denn bisher hat in keinem Land eine freiheitliche Demokratie dauerhaft Bestand gehabt, die sich nicht zugleich einigen marktwirtschaftlichen Prinzipien verpflichtet hat.[374] Die freiheitlichen Prinzipien der in Deutschland herrschenden Wirtschaftsordnung der sozialen Marktwirtschaft finden ihren Rückhalt in den Grundrechten.[375] Die Privatautonomie kann sich auf Art. 2 Abs. 1 GG, die freie Ausbildungs- und Berufswahl kann sich auf Art. 12 Abs. 1 Satz 1 GG stützen.[376] Durch die Eigentumsgarantie in Art. 14 GG werden auch die Produktionsmittel geschützt und somit die Investitionsautonomie der Unternehmen.[377] Die Tarifautonomie, die die Lohnregulierung den Tarifparteien überlässt, wird durch die Koalitionsfreiheit in Art. 9 Abs. 3 GG garantiert.[378] Der Markt ist das Aktionsfeld der Privatautonomie.[379] Hierbei sind jedoch nicht nur die wirtschaftlichen Grundrechte auf einen freiheitlichen Markt angewiesen, sondern auch die Pressefreiheit (Art. 5 Abs. 1 Satz 2 GG) und die allgemeine Freiheit der Kommunikation (Art. 5 Abs. 1 Satz 1 Alt. 1 GG).[380] Die Freiheitsrechte können sich nur in einer offenen Privatrechtsgesellschaft entfalten.[381] Diese wird gesichert durch das Subsidiaritätsprinzip, das auch in dem Vorrang der Selbstregulierung des Marktes vor der staatlichen Regulierung zum Ausdruck kommt.[382]

Gleichzeitig wird durch das Grundgesetz weder das Eigentum der öffentlichen Hand noch ihre Beteiligung am Wirtschaftsverkehr ausgeschlossen. Allerdings steht sie unter dem Rechtfertigungsdruck, dass hierdurch private Rechtsträger nicht diskriminiert werden dürfen.[383] Der Staat soll

373 BVerfG, Urteil vom 20.07.1954 – 1 BvR 459, 484, 548, 555, 623, 761, 748, 783, 801/52, 5, 9/53, 96, 114/54, BVerfGE 4, 7 (18).

374 *Isensee*, in: Isensee/Kirchhof, HStR Bd. IX, § 190 Rn. 179.

375 Ders., in: Isensee/Kirchhof, HStR Bd. IX, § 190 Rn. 181.

376 Ders., in: Isensee/Kirchhof, HStR Bd. IX, § 190 Rn. 181.

377 Ders., in: Isensee/Kirchhof, HStR Bd. IX, § 190 Rn. 181.

378 Ders., in: Isensee/Kirchhof, HStR Bd. IX, § 190 Rn. 181.

379 Ders., in: Isensee/Kirchhof, HStR Bd. IX, § 190 Rn. 182.

380 Ders., in: Isensee/Kirchhof, HStR Bd. IX, § 190 Rn. 182.

381 Ders., in: Isensee/Kirchhof, HStR Bd. IX, § 190 Rn. 182.

382 Ders., in: Isensee/Kirchhof, HStR Bd. IX, § 190 Rn. 182.

383 Wörtlich in Art. 1 Abs. 3 des Staatsvertrages zur Währungs-, Wirtschafts- und Sozialunion zwischen der DDR und der BRD: „Diese [die soziale Marktwirtschaft] wird insbesondere bestimmt durch Privatautonomie, Leistungswettbewerb, freie Preisbildung und grundsätzlich volle Freizügigkeit von Arbeit, Kapi-

nicht als Konkurrent zur Privatwirtschaft auftreten.[384] Dieser verzichtet grundsätzlich auf eine wirtschaftliche Betätigung und überantwortet die Produktionsmittel an die grundrechtliche Freiheit der Privaten.[385] Bemüht der Privatwirtschaft größtmögliche Freiheiten einzuräumen,[386] verbleibt dem Staat allein, seine Einnahmen größtenteils über Steuern zu finanzieren.[387]

Die Einkommensteuer rechtfertigt sich auch dadurch, dass der Staat die Voraussetzungen schafft, die dem Bürger erst ermöglicht, erwerbswirtschaftlich tätig zu werden oder zumindest die Bedingungen verbessert, um höhere Gewinne zu erzielen.[388] So stützt sich der Steuerpflichtige auf einen Markt bestehend aus Anbietern und Kunden, auf eine Rechtsordnung zur Begründung und Durchsetzung seiner vertraglichen Ansprüche, auf ein Banken- und Währungssystem zur Transferierung seiner Geldmittel, auf einen gewerblichen Rechtsschutz zum Schutz seiner Produkte, auf eine friedensstiftende Rechtsordnung und auf gut ausgebildete Arbeitskräfte, ausgebildet auch durch staatlich finanzierte Schulen und Hochschulen.[389]

3. Gemeinwohl

Darüber hinaus werden die steuerrechtlichen Eingriffe in das Eigentum der Bürger mit dem Gemeinwohl gerechtfertigt. Art. 14 Abs. 2 GG drückt die besondere verfassungsrechtliche Bedeutung der Privat- und Gemeinwohlnützlichkeit des Eigentums aus: Eigentum verpflichtet. Sein Gebrauch soll zugleich dem Wohle der Allgemeinheit dienen.[390] Die Rechtfertigung des Steuerzugriffs knüpft an die Sozialpflichtigkeit des Eigentumsgebrauchs an; diese Sozialpflichtigkeit ergibt sich aus Art. 14 Abs. 2

---

tal, Gütern und Dienstleistungen; hierdurch wird die gesetzliche Zulassung besonderer Eigentumsformen für die Beteiligung der öffentlichen Hand oder anderer Rechtsträger am Wirtschaftsverkehr nicht ausgeschlossen, soweit private Rechtsträger dadurch nicht diskriminiert werden".

384 *Vogel*, in: Isensee/Kirchhof, HStR Bd. II, § 30 Rn. 51ff.

385 *Isensee*, in: Isensee/Kirchhof, HStR Bd. IX, § 190 Rn. 183.

386 Ders., in: Isensee/Kirchhof, HStR Bd. IX, § 190 Rn. 183.

387 *Tipke*, Die Steuerrechtsordnung Bd. I, S. 230.

388 *Kirchhof*, Bundessteuergesetzbuch, S. 146.

389 *Kirchhof*, Bundessteuergesetzbuch, S. 146.

390 BVerfG, Beschluss vom 18.01.2006 – 2 BvR 2194/99, BVerfGE 115, 97 (113f.).

GG:[391] Die Besteuerung ist zulässig, weil sie der Allgemeinheit zugutekommt. Dies könnte dazu führen, dass die Besteuerung nicht mehr zulässig ist, wenn der Steuerpflichtige dem Steuerzugriff des Staates zuvorgekommen ist und sein Einkommen bereits der Allgemeinheit zur Verfügung gestellt hat – beispielsweise durch eine Spende an eine gemeinnützige Organisation. Dieser Ansatz ist jedoch nicht tragfähig. Zunächst ist festzuhalten, dass der steuerliche Eingriff in das Eigentum nicht allein durch die Gemeinwohlhervorbringung durch den Staat im Sinne des Art. 14 Abs. 2 GG gerechtfertigt ist. Das Besteuerungsrecht des Staates ergibt sich aus der Verfassung als Ganzes.[392] Art. 104aff. GG deuten darauf hin, dass sich der Staat auch durch Steuern finanzieren soll. Aus der freiheitlichen Ausgestaltung der Verfassung und dem Subsidiaritätsprinzip ergibt sich ebenfalls die Rechtfertigung der Besteuerung.[393] In Deutschland würden deshalb auch Steuern erhoben, wenn es den Art. 14 Abs. 2 GG nicht gäbe.[394] Aus der Verfassung als Ganzes ergibt sich – wie auch schon aus Art. 14 Abs. 2 GG –, dass sich die Besteuerung mit der Verwendung der Steuereinnahmen zum gemeinen Wohl rechtfertigt. Die Bedeutung der Gemeinwohlhervorbringung durch die Steuern darf daher nicht verkannt werden.

Art. 14 Abs. 2 GG postuliert einen Ausgleich zwischen der Privatnützigkeit des Eigentums für den Eigentümer und den Bedürfnissen der Allgemeinheit. Der Gesetzgeber kann Eigentum nur zum Wohle der Allgemeinheit einer Nutzungsbeschränkung unterwerfen, dabei muss er die Rechte des Eigentümers berücksichtigen und für einen gerechten Ausgleich zwischen den gegenläufigen Interessen des Einzelnen und dem Gemeinwohl sorgen. Der Eigentümer ist verpflichtet, eine Nutzungsbeschränkung seines Eigentums zugunsten der Allgemeinheit zu dulden. Der in Art. 14 Abs. 2 GG postulierte Ausgleich zwischen dem Gemeinwohlinteresse und dem Privatinteresse muss auch im Bereich des Steuerrechts Anwendung finden. Bisher wurde ein gerechter Ausgleich nicht mehr angenommen, wenn die Steuer eine erdrosselnde Wirkung beim Steuerpflichtigen erzielt.[395] Die Waagschale beugt sich zugunsten der Allgemeinheit und zuungunsten des Privatinteresses. Verfassungskonformes Verhalten der Bür-

---

391 *Kirchhof*, in: Isensee/Kirchhof, HStR Bd. V, § 118 Rn. 2; ders., in: VVDStRL Bd. 39, S. 213 (242f.).

392 S.o. 3. Kapitel: B. III. 2. Steuerstaat S. 78.

393 S.o. 3. Kapitel: B. III. 2. Steuerstaat S. 78.

394 *Tipke*, Die Steuerrechtsordnung Bd. I, S. 231.

395 BVerfG, Beschluss vom 03.07.1985 – 1 BvL 55/81, BVerfGE 70, 219 (230); BVerfG, Beschluss vom 31.05.1988 – 1 BvL 22/85, BVerfGE 78, 232 (243);

ger wiederum darf nicht zu einer verminderten Besteuerung führen. Hierbei käme das Allgemeininteresse zu kurz. Verfassungserwünscht verhält sich die Mehrheit der Bürger. Sie forschen und verwirklichen somit Art. 5 Abs. 3 GG, sie produzieren Güter und befriedigen Bedürfnisse der Menschen am Markt und schaffen Gemeinwohl, sie gründen Religionsgemeinschaften und kommen ihrer Glaubensfreiheit und Religionsausübungsfreiheit nach und verhelfen somit Art. 4 Abs. 1 und 2 GG zu seiner Wirkung. Das alles wirkt sich jedoch nicht auf ihre Besteuerung aus. Insbesondere diejenigen, die aus eigennützigen Motiven Gemeinwohl schaffen – verwiesen sei wieder auf das Beispiel des Bäckers –[396] können sich nicht darauf berufen, dass eine Besteuerung zu einem Ungleichgewicht zwischen der Allgemeinheit und ihrem Privatinteresse führt. Ein Ausgleich erfordert nicht, dass beide Interessen exakt gleich befriedigt werden. Vielmehr ist es ausreichend, dass die Interessen des Bäckers im Vergleich zur Allgemeinheit berücksichtigt werden.

Ein Ungleichgewicht scheint zu drohen, wenn die Bürger aus altruistischen Gründen das Gemeinwohl fördern, also die finanziellen Einbußen ihrem Privatinteresse zugeordnet werden und die Ausgaben bei der Besteuerung keine Berücksichtigung finden. Mit der altruistischen Spendenhandlung scheint sich der Ausgleich zwischen Allgemeinheit und Privatinteresse zugunsten der Allgemeinheit zu verschieben.[397] Da der Spender aus uneigennützigen Gründen spendet, profitiert von der Spende scheinbar nur die Allgemeinheit. So könnte der Staat bei der Besteuerung berücksichtigen müssen, dass das für die Spende verwendete Einkommen dem Steuerpflichtigen nicht für sein Privatinteresse zur Verfügung stand und dass eine Besteuerung dieses Einkommens zu einer Bevorteilung der Allgemeinheit führen könnte. Diese würde doppelt profitieren, erstmalig durch die altruistische Spende an sich und ein zweites Mal durch die Besteuerung des Einkommens, das für die Spende verausgabt wurde. Von der Spendenhandlung profitiert allerdings auch der Steuerpflichtige. Er entscheidet nicht nur, ob er sein Geld für eine gemeinnützige Organisation ausgeben möchte, sondern auch welches Projekt er konkret unterstützt. Seine persönlichen Überzeugungen spielen bei seiner Spendenentscheidung eine Rolle. Im Gegensatz zur Steuer handelt der Bürger freiwillig und er bestimmt über die Verwendung seiner Mittel. Grundrechtlich ge-

BVerfG, Beschluss vom 31.05.1990 – 2 BvL 12, 13/88, 2 BvR 1436/87, BVerfGE 82, 159 (190).

396 S.o. 2. Kapitel: A. Gemeinwohl S. 17.

397 *Hufeld*, Recht und Moral der Gemeinwohlfinanzierung, S. 29f.

schützt kann der Bürger seinen Wünschen und Vorstellungen entsprechen, die Gesellschaft prägen und in eine bestimmte Richtung lenken. So wird unabhängig von eigennützigen Zielen auch den privaten Interessen des Bürgers gedient. Ein Ungleichgewicht zwischen den Privatinteressen des Spenders und den Gemeinwohlinteressen ist bei der Besteuerung der Spende daher noch nicht zu erkennen. Darüber hinaus entscheidet sich der Bürger bewusst dafür, die Allgemeinheit zu fördern und auf einen Teil seines Vermögens zu verzichten. In einem freiheitlichen Staat werden die Bürger nicht davor geschützt, ihr Vermögen zu Gunsten der Allgemeinheit zu verwenden und als Folge dessen darauf zu verzichten, ihr Eigentum auch für eigene Interessen zu nutzen.[398] Teil des Eigentumsrechts ist es gerade, dass jeder über sein Eigentum frei verfügen darf und folglich auch sein Eigentum aufgeben oder auf andere übertragen darf. Zwar muss der Staat sich im Rahmen der Besteuerung an Art. 14 Abs. 2 GG messen lassen und einen Ausgleich zwischen Gemeinwohlinteresse und Privatinteresse garantieren.[399] Dies bedeutet nicht, dass der Staat im Besteuerungsverfahren dem Steuerpflichtigen einen Teil seiner Spende erstatten sollte, damit letztendlich doch ein gerechter Ausgleich zwischen dem Gemeinwohlinteresse und der Allgemeinheit besteht.

Wenn man eine verfassungsrechtliche Pflicht zur steuerlichen Berücksichtigung einer Spende annähme, so würde man die Gemeinwohlförderung durch die Spende einer Gemeinwohlförderung durch die Steuerzahlung gleichstellen. Das Gemeinwohl, das mit der Spende gefördert wird, ist jedoch nicht kongruent mit dem Gemeinwohl, das mit den Steuern finanziert wird. Denn mit der Steuer werden nicht nur Allgemeinwohlzwecke verfolgt, die auch die Bürger in Form von gemeinwohldienlichen Verhalten selbst hervorbringen könnten. Zunächst fließen die Steuereinnahmen in den Staatshaushalt, aus dem auch die ausschließlichen Staatsaufgaben[400] finanziert werden. Die Finanzierung dieser ausschließlichen Staatsaufgaben muss durch Steuern erfolgen. So besteht für den Staat auch die Möglichkeit, Aufgaben durch Gebühren, Beiträge oder Sonderausgaben zu finanzieren. Diese Abgaben darf der Staat nur ausnahmsweise erheben, vorrangig soll sein Finanzierungsbedarf durch die Steuern gedeckt werden.[401]

398 *Hufeld*, Recht und Moral der Gemeinwohlfinanzierung, S. 25.
399 *Hufeld*, Recht und Moral der Gemeinwohlfinanzierung, S. 29f.
400 S.o. 3. Kapitel: A. I. 1. Ausschließliche Staatsaufgaben S. 28.
401 BVerfG, Beschluss vom 07.11.1995 – 2 BvR 413/88 und 1300/93, BVerfGE 93, 319 (342).

Mit der steuerlichen Begünstigung von Spenden verliert auch das Parlament Einfluss, das im Rahmen seiner Budgethoheit grundsätzlich über alle Staatsausgaben entscheiden kann.[402] Denn bei der steuerlichen Begünstigung von Spenden überlässt das Parlament den Grundrechtsberechtigten die Entscheidung, wofür der Staat seine Finanzmittel ausgibt. Das Parlament kann über diese Ausgaben nicht mehr unmittelbar entscheiden. Es hat auch keinen Einfluss auf die Höhe der Kosten, die dem Staat durch die Steuermindereinnahmen entstehen.[403] Gleichzeitig werden mit einigen Spenden jedoch auch pluralistische Gemeinwohlzwecke[404] verfolgt, die der Staat aus seinem Haushalt nur mittelbar finanzieren kann. Beispielsweise durch eine Spende an eine Religionsgemeinschaft, an Schulen und Universitäten.

4. Non-Affektationsprinzip

Sofern die steuerliche Berücksichtigung von Spenden verfassungsrechtlich verankert wäre und der Steuerpflichtige spenden kann, anstatt Steuern zu zahlen, könnte ein mittelbarer Verstoß gegen das Non-Affektationsprinzip drohen. Dieses besagt: „Die Steuern decken insgesamt die Ausgaben des Staates, eine Steuer ist einer bestimmten Ausgabe grundsätzlich nicht zuzurechnen" (§ 7 S. 1 Haushaltsgrundsätzegesetz). Der Steuerpflichtige könnte mit der Spende effektiv entscheiden, wofür sein Steuersurrogat – die Spende – verwendet wird. Ein Pazifist könnte, stellte man die Spende als Surrogat der Steuerzahlung gleich, seine Steuerschuld – durch eine entsprechend hohe Spende – auf null reduzieren und so verhindern, dass durch seinen wirtschaftlichen Erfolg der Wehretat mitfinanziert wird. Stattdessen könnte er selbst bestimmen, für welche Zwecke er sein Steuersurrogat verausgabt. Wofür seine Steuern verwendet werden, soll er – aufgrund des Non-Affektationsprinzips – nicht unmittelbar beeinflussen, nur mittelbar durch sein Wahlrecht zum Bundestag, zum Landtag/zur Bürgerschaft und durch die Kommunalwahlen.[405] Könnten Steuerpflichtige ihre gesamte Steuerzahlung in Form von Spenden ersetzen, so droht, dass die

---

402 *Geserich*, in: Kirchhof/Söhn/Mellinghoff, EStG Kommentar, § 10b Rn. A 49.

403 Ders., in: Kirchhof/Söhn/Mellinghoff, EStG Kommentar, § 10b Rn. A 49; *Isensee*, in: DStJG 26 (2003), S. 93 (99).

404 S.o. 3. Kapitel: A. I. 2. Pluralistische Gemeinwohlaufgaben S. 28.

405 *Hufeld*, Recht und Moral der Gemeinwohlfinanzierung, S. 18.

Dispositionsfreiheit des Haushaltsgesetzgebers in verfassungswidriger Weise eingeengt wird.

Das Non-Affektationsprinzip ist jedoch nur einfach gesetzlich geregelt und nach der Rechtsprechung des BVerfG kommt der Gesamtdeckung des Staatshaushalts durch Steuern kein Verfassungsrang zu.[406] Ein verfassungsrechtlich verankertes Recht auf die steuerliche Begünstigung von Spenden würde somit nicht mit einem verfassungsrechtlich verankerten Non-Affektationsprinzip kollidieren.

5. Sozialpflichtigkeit Art. 14 Abs. 2 GG

Aus Art. 14 Abs. 2 GG lässt sich dafür die Pflicht der Bürger ableiten, ihr Eigentum auch der Allgemeinheit zur Verfügung zu stellen. Hieraus eine Pflicht des Gesetzgebers zur steuerlichen Begünstigung von Spenden abzuleiten, führt zu weit. Dieser Ansatz geht in die gleiche Stoßrichtung wie der Substitutionsgedanke. Der Gedanke, dass der Gesetzgeber gezwungen ist, Spenden steuerlich zu begünstigen, weil mit ihnen das Gemeinwohl gefördert wird und sie deshalb eine Steuerzahlung substituieren können, die ebenfalls der Gemeinwohlhervorbringung dient, ist aus den gleichen Gründen abzulehnen, aus denen auch die Substitutionstheorie[407] abgelehnt wurde. Zwar könnte eine Spende im pluralistischen Bereich dem Staat Ausgaben ersparen, wenn er für die Rahmenbedingungen die Finanzierungsverantwortung trägt.[408] Allerdings setzt die steuerliche Förderung gemeinnütziger Einrichtungen keine staatliche Finanzierungspflicht voraus.[409] Vielmehr darf der Staat gemeinnützige Einrichtungen steuerlich fördern, wenn er die entsprechende Tätigkeit auch durch Direktsubventionen unterstützen könnte, da Gemeinwohlbelange betroffen sind.[410]

Darüber hinaus kann eine Spende, die freiwillig an eine Einrichtung nach der Wahl des Steuerpflichtigen gezahlt wurde, nicht mit einer Steuerzahlung gleichgesetzt werden.[411] Die Einnahmen sind sowohl dem Spen-

---

406 BVerfG, Beschluss vom 07.11.1995 – 2 BvR 413/88 und 1300/93, BVerfGE 93, 319 (348); BVerfG, Urteil vom 20.04.2004 – 1 BvR 1748/99, 905/00, BVerfGE 110, 274 (294).

407 S.o. 2. Kapitel: Private Gemeinwohlfinanzierung S. 17.

408 *Hüttemann*, Gemeinnützigkeits- und Spendenrecht, S. 40f.; *Seer*, in: DStJG 26 (2003), S. 11 (25f.); *Jachmann*, ZSt 2003, 35 (36).

409 *Hüttemann*, Gemeinnützigkeits- und Spendenrecht, S. 41.

410 *Hüttemann*, Gemeinnützigkeits- und Spendenrecht, S. 41.

411 *Hey*, in: Tipke/Lang, Steuerrecht, § 20 Rn. 15.

der als auch der Allgemeinheit zugutegekommen. Der Allgemeinheit durch die Steuerzahlung und dem Spender, weil er es freiwillig und nach seinen Wünschen und Vorstellungen als Spende ausgegeben hat. Art. 14 Abs. 2 Satz 2 GG soll vor einem übermäßigen Zugriff des Staates auf das Eigentum des Einzelnen schützen und nicht den Einzelnen, sein Eigentum zu einem größeren Teil der Allgemeinheit zur Verfügung zu stellen, als es das geltende Steuerrecht zur Zeit von ihm einfordert. Der Schutz wäre ansonsten auch dynamisch und abhängig von den geltenden Steuersätzen. Eine Zurverfügungstellung der Einnahmen an die Allgemeinheit in Höhe der gerade geltenden Steuersätze gerechtfertigt, jede darüber hinausgehende Zahlung zugunsten der Allgemeinheit ungerechtfertigt, sodass der Staat einen Teil der bereits eingenommenen Steuern zu erstatten hätte. Einen solchen Mechanismus hatte der Parlamentarische Rat sicher nicht im Blick, als er sich entschied, einerseits die Sozialpflichtigkeit des Eigentums ins Grundgesetz aufzunehmen, andererseits den Eigentümer vor einem unverhältnismäßigen Eingriff des Staates in sein Eigentum zu schützen.

Vielmehr kann der Staat altruistische Gemeinwohlförderung steuerlich begünstigen, muss es aber nicht. Diese Entscheidungsfreiheit des Staates ermöglicht es ihm auch, genau zu unterscheiden, welches altruistische Verhalten er durch die Aufnahme als Gemeinwohlzweck in die §§ 52ff. AO fördern möchte.[412] So wird beispielsweise auch dann das Gemeinwohl altruistisch gefördert und der Staat entlastet, wenn an einen Obdachlosen auf der Straße ein kleiner Geldbetrag gespendet wird. Diese Ausgabe kann jedoch nicht im Rahmen des § 10b EStG steuerlich geltend gemacht werden. Ein großer Unterschied zwischen einer Spende an eine gemeinnützige Organisation oder an einen Obdachlosen auf der Straße ist, dass sich eine Zahlung an eine gemeinnützige Organisation und die Verwendung der Mittel für steuerbegünstigte Zwecke leichter verifizieren lässt.[413] Der demokratisch legitimierte Steuergesetzgeber, der bestimmt, an welches Verhalten der Steuerpflichtigen die Steuer tatbestandlich anknüpft und in welcher Höhe die Steuer entsteht, entscheidet daher gleichermaßen über die steuerbegünstigten Zwecke, die eine Steuerbegünstigung rechtferti-

412 Zustimmend, dass die Konkretisierung der Gemeinwohlzwecke dem Gesetzgeber obliegt *Hufeld*, Recht und Moral der Gemeinwohlfinanzierung, S. 26; ebenso *Geibel*, in: GS Brugger, S. 429 (434f.), Anhaltspunkte für eine Konkretisierung des Gemeinwohls erhält der Gesetzgeber verfassungsrechtlich durch die Staatszielbestimmungen, die Verfassungsprinzipien und die Grundrechte (435). Geibel sieht jedoch die Förderung des Gemeinwohls durch das Gemeinnützigkeitsrecht als alternativlos an (436f.).

413 *Hüttemann*, Gemeinnützigkeits- und Spendenrecht, S. 13f.

gen.[414] Das Grundgesetz gibt nur einen Rahmen vor, in dem sich der Gesetzgeber bewegen muss.[415] Gemeinwohlförderungswürdige Zwecke ergeben sich zum Teil aus den Verfassungsprinzipien. Darüber hinaus kann der parlamentarische Gesetzgeber weitere Gemeinwohlzwecke festlegen, die seiner politischen Fasson oder dem Zeitgeist entsprechen oder die auf einer geschichtlichen Verantwortung beruhen. Der Gesetzgeber ist daher nicht nur berechtigt, die steuerlich begünstigten Zwecke festzulegen, sondern auch die weiteren Voraussetzungen. So kann er beispielsweise entscheiden, an wen eine Zuwendung zu erfolgen hat und welche weiteren Voraussetzungen der Zuwendungsempfänger zu erfüllen hat, damit eine Zuwendung steuerlich begünstigt wird. Darüber hinaus steht es dem Gesetzgeber auch frei, ob er eine Spende steuerlich begünstigen möchte oder andere Anreize zum gemeinwohldienlichen Verhalten außerhalb des Steuerrechts schafft. So kann der Gesetzgeber die Spende als gute Tat seiner Bürger auch auf eine andere Weise belohnen, beispielsweise mit den Zuschussmodellen von Kirchhof oder von Auer/Kalusche. Insgesamt ist der Gesetzgeber nicht zu einer steuerlichen Begünstigung der Spende verfassungsrechtlich verpflichtet, vielmehr ist es ihm überlassen, dieses Verhalten zu belohnen und sich für ein System zu entscheiden, mit dem er Anreize schafft.

6. Zwischenergebnis

Zusammenfassend lässt sich festhalten: Art. 14 Abs. 2 GG fordert, dass bei der Besteuerung ein Ausgleich zwischen Gemeinwohlinteresse und Privatnützigkeit des Eigentums gewahrt bleibt und schützt vor einer „erdrosselnden Wirkung“ durch die Besteuerung. Unter dem Begriff des Gemeinwohlinteresses nach Art. 14 Abs. 2 GG lässt sich hierunter sowohl der Gemeinwohlbegriff subsumieren, der durch gemeinnützige Tätigkeiten gefördert wird, als auch der Gemeinwohlbegriff, der die Besteuerung erst legitimiert und zu dessen Förderung eine Besteuerung erfolgt. Eine Substitution der Steuerzahlung durch eine Spende ließe sich mit Art. 14 Abs. 2 GG vereinbaren, eine gesetzgeberische Pflicht lässt sich aus Art. 14 Abs. 2 GG jedoch nicht ableiten. Art. 14 Abs. 2 GG gibt allerdings einen Anhaltspunkt zur verfassungsrechtlich zulässigen Bemessung der Einkommensteuer: Einerseits muss sie die Privatnützigkeit des Eigentums berücksichtigen,

414 *Droege*, Gemeinnützigkeit im offenen Steuerstaat, S. 380f.
415 *Isensee*, in: Isensee/Kirchhof, HStR Bd. IV, § 71 Rn. 70ff.

andererseits muss sie den Staat mit ausreichenden Finanzmitteln ausstatten, sodass dieser seiner Gemeinwohlverantwortung nachkommen kann. Die Steuer muss hierbei eine exakt austarierte Balance halten: Sie darf nicht zu hoch ausfallen und die Marktteilnehmer in ihrem Wirtschaften übermäßig beeinträchtigen. Sie muss aber hoch genug sein, um dem Staat ausreichend Mittel zu beschaffen, damit dieser seine Aufgaben erfüllen und soziale Mindeststandards setzen kann. Grundsätzlich gibt die Verfassung dem Gesetzgeber einen großen Beurteilungsspielraum bei der Gestaltung seiner Gesetze. So liegt es im Entscheidungsbereich des Gesetzgebers, dafür zu sorgen, dass mit seinen Steuergesetzen ein gerechter Ausgleich zwischen den Interessen der Allgemeinheit und dem Schutz der Privatnützigkeit des Eigentums getroffen wird.[416] Die Verfassung gibt ihm keinerlei Vorgaben zu der Höhe, die ein Steuersatz maximal haben darf.[417] Lediglich eine erdrosselnde Wirkung dürfen Steuergesetze auf den Steuerpflichtigen nicht ausüben: Dem Steuerpflichtigen muss ein „Kernbestand des Erfolges“[418] aus seiner wirtschaftlichen Betätigung verbleiben. Die Einkommensteuer muss als verfassungsgemäße Inhalts- und Schrankenbestimmung einen Ausgleich zwischen den beteiligten individuellen Interessen und den Interessen der Allgemeinheit finden und den Verhältnismäßigkeitsgrundsatz wahren.[419] In das Individualinteresse darf zugunsten der Allgemeinheit eingegriffen werden. Damit verwirklicht sich im staatlichen Steuerzugriff die Sozialbindung des Eigentums.[420] Um die Handlungsfähigkeit des Staates hinreichend zu gewährleisten, kann der Gesetzgeber den Spendenabzug innerhalb eines Veranlagungszeitraums begrenzen.[421] Ob der Gesetzgeber den Steuerpflichtigen die Möglichkeit eröffnet, die Begrenzung der Spende dadurch abzumildern, dass nicht genutzte Spendenvolumina in folgenden Veranlagungszeiträumen genutzt werden können, obliegt dem Ermessen des Gesetzgebers.[422] Durch diese Höchstgrenzen kann der Steuergesetzgeber auch sichergehen, dass er über ein regelmäßiges Steuereinkommen verfügt, mit dem er seine Staatsaufgaben finanzie-

---

416 *Seer*, FR 1999, 1280 (1284f.).

417 *Hey*, in: StBJb. 2007/2008, S. 19 (27f.).

418 BVerfG, Beschluss vom 25.09.1992 – 2 BvL 5, 8, 14/91, BVerfGE 87, 153 (169).

419 BVerfG, Beschluss vom 18.01.2006 – 2 BvR 2194/99, BVerfGE 115, 97 (113).

420 *Kirchhof*, in: Kirchhof/Söhn/Mellinghoff, EStG Kommentar, § 2 Rn. A 6.

421 So auch die Vorschläge von: *Seer*, in: DStJG 26 (2003), S. 11 (44) und *Plappert*, Gemeinnützigkeits- und Spendenrecht: Ein steuersystematischer Rechtsvergleich zwischen den USA und Deutschland, S. 348.

422 *Geserich*, Privater, gemeinwohlwirksamer Aufwand im System der deutschen Einkommensteuer und des europäischen Rechts, S. 35ff.

ren kann. Ansonsten könnte die Deckung des Finanzbedarfs des Staates nicht mehr gesichert und die Planungssicherheit des Staates bedroht sein.[423] Der Staatsapparat funktioniert nur, wenn er regelmäßig mit Steuermitteln ausgestattet wird. Der Staat muss über ein ausreichend ausgestattetes Budget verfügen, damit er seine Verfassungsaufgaben erfüllen kann.

Mit dem Leistungsfähigkeitsprinzip lässt sich ebenfalls kein subjektives Recht des Steuerpflichtigen auf steuerliche Berücksichtigung der Spende begründen. Denn einerseits fehlt der Spende der zwangsläufige Charakter. Andererseits würde das Leistungsfähigkeitsprinzip konturenlos ausufern, wenn jedes Verhalten im Lichte der Grundrechte ausgelegt zu einer steuerlichen Berücksichtigung führte. Die zwingende Abzugsmöglichkeit der Spende ließe sich zwar mit der Lehre vom indisponiblen Einkommen begründen. Allerdings führt die konsequente Anwendung der Lehre vom indisponiblen Einkommen zu Wertungswidersprüchen mit anderen Verfassungsprinzipien und ist daher abzulehnen. Unabhängig davon, ob der Gesetzgeber die Einkommensteuer so ausgestaltet, dass die Spende die finanzielle Leistungsfähigkeit mindert, lässt sich kein Anspruch aus Art. 3 Abs. 1 GG auf Steuerfreistellung herleiten.[424]

Die Verfassung gibt kein subjektives Recht auf steuerliche Berücksichtigung der Spende. Auch das Prinzip der Freiheit und das Subsidiaritätsprinzip erfordern keine steuerliche Berücksichtigung der Spende, da diesen Prinzipien auch mit möglichen Zuschussmodellen genüge getan werden kann.[425] Denn der Staat setzt auch im Rahmen eines Zuschussmodells Anreize, die die Bürger zur gemeinnützigen Betätigung ermutigen. Andererseits unterstützt und fördert der Staat auch mit Zuschussmodellen die Betätigung im Bereich der pluralistischen Gemeinwohlaufgaben. Seine Subvention folgt auch im Rahmen der Zuschussmodelle der Entscheidung der Grundrechtsberechtigten blind, ein Verstoß gegen Art. 3 Abs. 1 GG droht dem Staat durch seine Bezuschussung nicht. Die Steuernorm, die die steuerliche Berücksichtigung der Spende zulässt, ist somit nicht verfassungsrechtlich determiniert, sondern stellt eine Sozialzwecknorm dar.

---

423 *Seer*, in: DStJG 26 (2003), S. 11 (44f.); *Plappert*, Gemeinnützigkeits- und Spendenrecht: Ein steuersystematischer Rechtsvergleich zwischen den USA und Deutschland, S. 348.

424 So auch schon *Hüttemann*, Gemeinnützigkeits- und Spendenrecht, S. 36ff.

425 S.o. 3. Kapitel: A. III. Auswirkungen auf das Spendenrecht S. 44.

IV. Einordnung der Spendenbegünstigung als Sozialzwecknorm

Die Zuordnung der steuerlichen Begünstigung der Spende als Sozialzwecknorm[426] – und nicht als Ausgabe, die die Leistungsfähigkeit mindert – wirkt sich auf die Frage aus, ob die Spende von der Bemessungsgrundlage oder von der Steuerschuld abzuziehen ist. Sofern sich durch die Spende die Bemessungsgrundlage reduziert, steigt aufgrund des progressiven Einkommensteuertarifs die Steuerersparnis mit wachsendem Einkommen.[427] Die Spende eines Steuerpflichtigen mit hohem Einkommen ist dem Staat dann mehr wert als die Spende eines Steuerpflichtigen mit einem niedrigen Einkommen, obwohl es dem Steuerpflichtigen mit einem niedrigen Einkommen in der Regel schwerer fällt, einen Teil seines Einkommens zu spenden. Wenn die Spenden die Leistungsfähigkeit mindern, rechtfertigt der progressive Tarif die steigende Steuerersparnis.[428] Dieser Regressionseffekt ist bei der Minderung der Leistungsfähigkeit gerechtfertigt, weil sie das Gegenstück dazu bildet, dass Menschen mit einem geringen Einkommen einer überproportional geringeren Besteuerung unterliegen sollen. Die erwerbssichernden Ausgaben führen ebenfalls mit wachsendem Einkommen zu einer größeren Steuerersparnis. Dies sei bloß der Reflex des progressiven Steuertarifs,[429] bei dem der Steuersatz mit steigendem Einkommen überproportional steigt. Bei einem proportional ausgestalteten Steuertarif wäre es unerheblich, ob Ausgaben die Bemessungsgrundlage verringern oder die Steuerlast vermindern; die Steuerersparnis wäre in beiden Fällen gleich.

Aus der Einordnung der Spende als Sozialzwecknorm ergibt sich, dass die Spende von der Steuerschuld abgezogen werden muss.[430] Sofern der Gesetzgeber sich entscheidet, gemeinwohldienliches Verhalten zu subventionieren, muss er alle Spenden gleichbehandeln und kann die Spenden

---

426 S.o. Fn. 243 S. 55.

427 *Tipke,* Die Steuerrechtsordnung Bd. II, S. 833.

428 *Tipke,* Die Steuerrechtsordnung Bd. II, S. 833; *Kirchhof,* in: DStJG 26 (2003), S. 1 (5); *Droege,* Gemeinnützigkeit im offenen Steuerstaat, S. 352.

429 *Tipke,* Die Steuerrechtsordnung Bd. II, S. 833f.; Mehrheitsvotum, in: BMF, Unabhängige Sachverständigenkommission zur Prüfung des Gemeinnützigkeits- und Spendenrechts, S. 23 (228f., 258).

430 Im Ergebnis zustimmend: *Seer,* in: DStJG 26 (2003), S. 11 (43); *Hüttemann,* Gemeinnützigkeits- und Spendenrecht, S. 37; *Droege,* Gemeinnützigkeit im offenen Steuerstaat, S. 408f.; *Plappert,* Gemeinnützigkeits- und Spendenrecht: Ein steuersystematischer Rechtsvergleich zwischen den USA und Deutschland, S. 346ff.

nicht unterschiedlich hoch subventionieren.[431] Gleichzeitig wirkt sich die Reduzierung der Steuerschuld positiv auf die Anreizwirkung zum Spenden aus. Eine höhere Steuerersparnis mit wachsenden Einkommen lässt sich bei einer Subvention im Gegensatz zu Ausgaben, die die Einkünfte verringern, nicht mit der progressiven Ausgestaltung des Einkommensteuertarifs rechtfertigen. Diese Wechselwirkung besteht nur bei Ausgaben, die die Einkünftehöhe reduzieren. Denn so wie höhere Einnahmen nicht proportional die Steuerlast ansteigen lassen, sondern nur degressiv, so wirken sich Ausgaben, die die Einkünfte vermindern, ebenfalls nicht proportional, sondern regressiv aus.

Allerdings ist zu beachten, dass die Berücksichtigung der Spende in voller Höhe auf der Ebene der Steuerschuld zu einer faktischen Substitution der Steuer durch die Spende führen würde. Die Steuerersparnis entspräche der Höhe der Spende, die Spende stünde der Steuerzahlung gleich. Grundsätzlich bestünde die Gefahr, dass der Steuerpflichtige seine Steuerschuld in voller Höhe durch Spenden substituiert. Dieses Szenario ist weniger wahrscheinlich, wenn die Spende (nur) die Bemessungsgrundlage mindert. Der Steuerpflichtige müsste in diesem Fall sein gesamtes steuerpflichtiges Einkommen spenden, um einer Steuerzahlung zuvorzukommen. Da jeder Steuerpflichtige sein Einkommen auch für private Bedürfnisse benötigt, ist es nahezu ausgeschlossen, dass jemand einen solch großen Teil seines Einkommens für gemeinnützige Zwecke spendet. Umso wahrscheinlicher erscheint es, dass ein Steuerpflichtiger in Höhe seiner Steuerschuld sein Einkommen spendet. Auf dieses Geld könnte er in keinem Fall zugreifen, mit einer Spende kann er jedoch zumindest darüber bestimmen, wofür sein Geld verwendet wird. Um dennoch das Haushaltsaufkommen zu sichern, sollte der Gesetzgeber Spendenhöchstgrenzen, so wie sie bereits heute bestehen, beibehalten oder nur einen Teil der Spende, beispielsweise in Höhe von 30 v.H., zur Anrechnung auf die Steuerschuld zulassen.

Alternativ bietet sich auch das Zuschussmodell von Kirchhof[432] an, um einerseits die Sicherung des Haushaltsaufkommens zu gewährleisten und andererseits eine Gleichstellung aller Spenden zu garantieren. Nach diesem Vorschlag können die Steuerpflichtigen ihre persönliche Steuerlast nicht durch Spenden reduzieren. Ihre persönliche Steuerlast bleibt trotz der Spendenhandlung genauso hoch, wie sie ohne Spendenhandlung wäre. Die Spender können den Staat nur mittelbar zwingen, einen Teil ihrer

---

431 *Seer*, in: DStJG 26 (2003), S. 11 (42).

432 S.o. .3. Kapitel: A. I. 6. Auswirkung der Spendenmotive auf ein subjektives Recht beruhend auf dem Subsidiaritätsprinzip S. 38.

gezahlten Steuern zur Unterstützung der gemeinnützigen Organisation zu verwenden, an die der Spender bereits gespendet hat. Denn jede gezahlte Spende zwingt den Staat zu einem weiteren Zuschuss an diese gemeinnützige Organisation. Das Reformmodell verzichtet auf Spendenhöchstgrenzen. Gleichzeitig schafft das Reformmodell eine Gleichstellung aller Spenden über die Steuerzahler hinaus. Alle Spenden werden gleich hoch vom Staat bezuschusst, auch die Spenden von Menschen, die keine Steuern zahlen, und gar von den Bürgern, die von sozialer Unterstützung durch den Staat leben.[433]

Insgesamt führt somit die Beurteilung, dass die steuerliche Begünstigung der Spende von Verfassung wegen nicht erforderlich ist, zu dem Ergebnis, dass die Spende nicht von der Bemessungsgrundlage, sondern von der Steuerschuld abgezogen werden muss. Dies ist auch in Hinblick auf eine bessere Anreizwirkung zu empfehlen.

V. Grundrechtlicher Schutz von Spenden ins Ausland

Insgesamt besteht keine verfassungsrechtliche Pflicht zur steuerlichen Begünstigung von Spenden an gemeinnützige Organisationen.[434] Der Gesetzgeber begünstigt allerdings seit vielen Jahren Spenden steuerlich, die an inländische gemeinnützige Organisationen gezahlt wurden oder an Organisationen, die ihren Sitz in der EU oder in einem Staat haben, auf den das EWR-Abkommen Anwendung findet, und die als gemeinnützig anerkannt werden würden, wenn sie inländische Einkünfte hätten. Sofern sich der Gesetzgeber entscheidet, Spenden an inländische gemeinnützige Organisationen steuerlich zu begünstigen, könnte sich auch eine verfassungsrechtliche Pflicht zur steuerlichen Begünstigung von Spenden an ausländische gemeinnützige Organisationen ergeben. Anderenfalls könnte eine Ungleichbehandlung zwischen Spenden an inländische steuerbegünstigte Organisationen und ausländischen steuerbegünstigten Organisationen bestehen, die verfassungsrechtlich nicht gerechtfertigt ist.

Bei Auslandsspenden droht eine Ungleichbehandlung in zweierlei Richtungen: Wird die Auslandsspende nicht zum Abzug zugelassen, obwohl die Organisation mit Sitz im Ausland die Voraussetzungen der §§ 51 bis 68 AO erfüllt, so käme es zu einer Schlechterstellung der Auslandsspende, die

---

433 *Kirchhof*, Bundessteuergesetzbuch, S. 288ff.; *von Auer/Kalusche*, in: Walz/von Auer/von Hippel, Spenden- und Gemeinnützigkeitsrecht in Europa, S. 13 (74f.).

434 Vgl. 3. Kapitel: B. III. 6. Zwischenergebnis S. 88.

sich verfassungsrechtlich rechtfertigen lassen müsste. Wird die Auslandsspende hingegen zum Abzug zugelassen, muss sichergestellt werden können, dass ausländische Organisation die Voraussetzungen der §§ 51 bis 68 AO erfüllt sind, da andererseits die Auslandsspende bessergestellt werden würde als die Inlandsspende.

Der Gesetzgeber hat bereits eine Unterscheidung bei Auslandsspenden getroffen. Steuerlich berücksichtigt werden nur Spenden an Spendenempfänger mit Sitz in der Europäischen Union oder in einem Staat, auf den das Abkommen über den Europäischen Wirtschaftsraum (EWR-Abkommen) Anwendung findet. Gleichzeitig muss der ausländische Zuwendungsempfänger in einem Staat belegen sein, der Amtshilfe und Unterstützung bei der Beitreibung leistet (§ 10b Abs. 1 Satz 3 EStG).

1. Spenden an Organisationen mit Sitz in der EU/ im EWR

Die Spende an eine Organisation mit Sitz in der EU oder in einem Staat, auf den das EWR-Abkommen Anwendung findet, wird nach dem Gesetzestext steuerlich genauso berücksichtigt, wie eine Spende an eine inländische Organisation. Ist eine solche steuerliche Gleichstellung der Spende verfassungsrechtlich zwingend oder verstößt diese steuerliche Gleichstellung gegen die Verfassung, weil sich weder die tatsächliche Zahlung der Spende noch die Anerkennung der ausländischen Organisation als gemeinnützig im Sinne der AO und die tatsächliche Verwendung zu einem steuerbegünstigten Zweck feststellen und verifizieren lässt?

a) Verifikation der Spende

Die Möglichkeit, Spenden an ausländische gemeinnützige Körperschaften steuerlich abzusetzen, verstößt nicht gegen Art. 3 Abs. 1 GG. Zwar lässt sich bei Auslandsspenden im Vergleich zu Inlandsspenden von der Finanzverwaltung schwieriger überprüfen, ob die Voraussetzungen zur steuerlichen Berücksichtigung der Spende erfüllt sind. Dieser Umstand führt jedoch nicht automatisch dazu, dass Auslandsspenden häufiger steuerlich berücksichtigt werden, obwohl die steuerlichen Voraussetzungen zum Spendenabzug nicht vorliegen, als dies bei Spenden an inländische Organisationen der Fall ist. Bei der Überprüfung von Auslandsspenden durch die Finanzverwaltung muss allerdings ausgeschlossen sein, dass diese einer weniger strengen Prüfung unterliegen als Inlandsspenden. Denn das Bundesverfassungsgericht hat im „Zinsurteil“[435] festgestellt, dass Gesetze verfassungswidrig sind, die eine gleichmäßige Besteuerung regeln, aber im Gesetzesvollzug prinzipiell eine gleichmäßige Belastung der Steuerpflichtigen nicht sicherstellen können.[436]

b) Anforderungen an die Verifikation im „Zinsurteil“

Im „Zinsurteil“ entschied das Bundesverfassungsgericht über folgenden Sachverhalt: Die Beschwerdeführer erzielten Zinseinkünfte, die nach § 20 Abs. 1 Nr. 8 EStG 1979 zu versteuern waren.[437] Die Beschwerdeführer machten geltend, das Erhebungsverfahren zu § 20 Abs. 1 Nr. 8 EStG führe zu offenbaren Ungleichheiten, weil die Höhe der Zinseinkünfte der einzelnen Steuerpflichtigen fast ausschließlich nach der Erklärung der Steuerpflichtigen in ihrer Einkommensteuer ermittelt wurde, ohne die Angaben der Steuerschuldner zu überprüfen.[438]

Im „Zinsurteil“ führte das Bundesverfassungsgericht aus: Das Steuerrecht erfordere das Prinzip einer gleichmäßigen Belastung der Steuerschuldner von Verfassung wegen.[439] Aus Art. 3 Abs. 1 GG leite sich ein Grundrecht auf Besteuerungsgleichheit ab.[440] Grundsätzlich verstößt ein Steuergesetz gegen den allgemeinen Gleichheitssatz nach Art. 3 Abs. 1 GG, sofern es ohne verfassungsrechtliche Rechtfertigung gleiche Sachverhalte ungleich und unterschiedliche Sachverhalte gleich behandelt.[441] Darüber hinaus aber auch dann, wenn ein Gesetz die Normadressaten gleich behandelt, die Steuern im Erhebungsverfahren jedoch nicht gleichheitsgerecht erhebt.[442] Werden die Steuern nicht gleichheitsgerecht erhoben, so werden

---

435 BVerfG, Urteil vom 27.06.1991 – 2 BvR 1493/89, BVerfGE 84, 239.
436 BVerfG, Urteil vom 27.06.1991 – 2 BvR 1493/89, BVerfGE 84, 239 (272).
437 BVerfG, Urteil vom 27.06.1991 – 2 BvR 1493/89, BVerfGE 84, 239 (254ff.).
438 BVerfG, Urteil vom 27.06.1991 – 2 BvR 1493/89, BVerfGE 84, 239 (256f.).
439 BVerfG, Urteil vom 27.06.1991 – 2 BvR 1493/89, BVerfGE 84, 239 (269).
440 BVerfG, Urteil vom 27.06.1991 – 2 BvR 1493/89, BVerfGE 84, 239 (268).
441 Ständige Rechtsprechung: BVerfG, Beschluss vom 29.05.1990 – 1 BvL 20, 26, 184 und 4/86, BVerfGE 82, 60 (86); BVerfG, Beschluss vom 07.10.1980 – 1 BvL 50, 89/79, 1 BvR 240/79, BVerfGE 55, 72 (88); BVerfG, Beschluss vom 08.10.1996 – 1 BvL 15/91, BVerfGE 95, 39 (45); BVerfG, Beschluss vom 13.02.2008 – 2 BvL 1/06, BVerfGE 120, 125 (144); BVerfG, Beschluss vom 07.07.2009 – 1 BvR 1164/07, BVerfGE 124, 199 (219f.); BVerfG, Beschluss vom 21.06.2011 – 1 BvR 2035/07, BVerfGE 129, 49 (69); BVerfG, Beschluss vom 17.01.2012 – 2 BvL 4/09, BVerfGE 130, 52 (66).
442 BVerfG, Urteil vom 27.06.1991 – 2 BvR 1493/89, BVerfGE 84, 239 (271f.).

die Steuerpflichtigen im Ergebnis unterschiedlich stark belastet und die Gleichheit im Belastungserfolg prinzipiell verfehlt.[443] Gewährt eine materielle Steuernorm die gleichheitsgerechte Umsetzung nicht mehr, so ist sie der Anknüpfungspunkt für eine gleichheitswidrige Lastenverteilung.[444] Die Ungleichheit im Belastungserfolg führt dann zu einer Verfassungswidrigkeit des Steuergesetzes, auf dem die ungleiche Belastung beruht.[445] Nicht ausreichend ist somit ein Steuergesetz, das die Steuerpflichtigen gleichmäßig zur Besteuerung heranzieht, im Erhebungsverfahren jedoch nicht sicherstellen kann, dass die Bemessungsgrundlage vollständig erfasst und prinzipiell von allen die Steuer gleichermaßen erhoben wird.[446] Obwohl der Gesetzgeber einen großen Ermessensspielraum besitzt, in dem er den Steuergegenstand und den Steuersatz frei festlegen kann, müsse er seine einmal getroffene Belastungsentscheidung auch in Bezug auf die Belastungsgleichheit folgerichtig umsetzen.[447] Die Belastungsgleichheit sei auch ein konstituierendes Merkmal der Steuer nach § 3 Abs. 1 S. 1 AO:[448] „Geldleistungen, die […] allen auferlegt werden". Durch diese verfassungsrechtliche und einfachgesetzliche Vorgabe obliege dem Gesetzgeber die Pflicht, das Erhebungsverfahren auf einen gleichheitsgerechten Belastungserfolg zu überprüfen.[449] Primär sollte das materielle Steuerrecht selbst seine regelmäßige Durchsetzbarkeit gewährleisten.[450] Nicht jeder Vollzugsmangel führt automatisch zur Belastungsungleichheit.[451] Vielmehr erfordert eine Belastungsungleichheit, dass „der Besteuerungstatbestand weitgehend nicht durchgesetzt werden kann, und [..] dieses Ergebnis dem Gesetzgeber zuzurechnen [ist]".[452] Die Belastungsungleichheit sei dem Gesetzgeber zuzurechnen, sofern er Kenntnis von den gesetzlichen Regelungen und Verwaltungsvorschriften hat und sich ihm förmlich aufdrängt, dass sich eine Gleichheit im Belastungserfolg mit diesen Regelungen nicht verwirklichen lässt.[453]

---

443 BVerfG, Urteil vom 27.06.1991 – 2 BvR 1493/89, BVerfGE 84, 239 (268).
444 BVerfG, Urteil vom 27.06.1991 – 2 BvR 1493/89, BVerfGE 84, 239 (271f.).
445 BVerfG, Urteil vom 27.06.1991 – 2 BvR 1493/89, BVerfGE 84, 239 (268).
446 BVerfG, Urteil vom 27.06.1991 – 2 BvR 1493/89, BVerfGE 84, 239 (271).
447 BVerfG, Urteil vom 27.06.1991 – 2 BvR 1493/89, BVerfGE 84, 239 (271).
448 BVerfG, Urteil vom 27.06.1991 – 2 BvR 1493/89, BVerfGE 84, 239 (270f.).
449 BVerfG, Urteil vom 27.06.1991 – 2 BvR 1493/89, BVerfGE 84, 239 (272).
450 BVerfG, Urteil vom 27.06.1991 – 2 BvR 1493/89, BVerfGE 84, 239 (271f.).
451 BVerfG, Urteil vom 27.06.1991 – 2 BvR 1493/89, BVerfGE 84, 239 (272).
452 BVerfG, Urteil vom 27.06.1991 – 2 BvR 1493/89, BVerfGE 84, 239 (272).
453 BVerfG, Urteil vom 27.06.1991 – 2 BvR 1493/89, BVerfGE 84, 239 (272).

Das Bundesverfassungsgericht entschied im „Zinsurteil", die damaligen steuerrechtlichen Regelungen zur Zinsbesteuerung führten zu einer Belastungsungleichheit: „Eine Steuerbelastung, die nahezu allein auf der Erklärungs*bereitschaft* des Steuerpflichtigen beruht, weil die Erhebungsregelungen Kontrollen der Steuererklärungen weitgehend ausschließen, trifft nicht mehr alle und verfehlt damit die steuerliche Lastengleichheit."[454] Ein derart angelegtes Steuergesetz gleiche einer „lex imperfecta", das sei von Verfassungs wegen nicht zulässig.[455] Grundsätzlich ließe der Gleichheitssatz gesetzliche Regelungen nicht zu, von deren Pflicht sich jemand allein durch die Erklärung, der Pflicht nicht Folge leisten zu wollen, befreien könnte.[456] Deshalb müsse der Gesetzgeber die Erklärungen der Steuerpflichtigen durch Kontrollen überprüfbar machen – „das Deklarationsprinzip [bedarf] der Ergänzung durch das Verifikationsprinzip".[457]

c) Anwendung der Anforderungen an die Verifikation im „Zinsurteil" auf die Spende

In Rechtsprechung und Literatur wird teilweise die Ansicht vertreten, ein solches Vollzugsdefizit drohe, sofern Spenden ins Ausland von der Steuer abgesetzt werden können.[458] Eine Kontrolle der ausländischen gemeinnützigen Körperschaften sei nicht möglich, da die deutsche Finanzverwaltung keine Kontrollen im Ausland durchführen könne.[459] Sie sei allein auf die Mithilfe der ausländischen Finanzverwaltungen angewiesen.[460] Die Erfahrungen in der Vergangenheit zeigten allerdings, dass trotz der Amtshilferichtlinie die Mithilfe der ausländischen Staaten unzureichend ist, um einen Sachverhalt ausreichend zu ermitteln.[461] So bliebe der deutschen Finanzverwaltung bei den Fragen, ob eine Spende geflossen ist, ob die Spen-

---

454 BVerfG, Urteil vom 27.06.1991 – 2 BvR 1493/89, BVerfGE 84, 239 (273).

455 BVerfG, Urteil vom 27.06.1991 – 2 BvR 1493/89, BVerfGE 84, 239 (274).

456 BVerfG, Urteil vom 27.06.1991 – 2 BvR 1493/89, BVerfGE 84, 239 (273).

457 BVerfG, Urteil vom 27.06.1991 – 2 BvR 1493/89, BVerfGE 84, 239 (273).

458 *Fischer*, FR 2009, 249; *Neumann*, FR 2008, 745 (748ff.); BFH, Beschluss vom 09.05.2007 – XI R 56/05, BFHE 218, 125 (131ff.).

459 *Stein/von Buttlar/Kotzur*, Völkerrecht, S. 198ff.; BFH, Beschluss vom 11.02.1959 – II 15/58 U, BStBl. III 1959, 181 (182); *Seer*, in: Tipke/Kruse, AO/FGO Kommentar, § 117 Rn. 2; *Schaumburg*, in: Schaumburg/Englisch, Europäisches Steuerrecht, S. 965 (967).

460 *Fischer*, FR 2007, 361 (367).

461 *Fischer*, FR 2007, 361 (367); *Fischer*, FR 2009, 249 (252).

de für gemeinnützige Zwecke verwendet wurde und ob die ausländische Körperschaft die deutschen Voraussetzungen zur Gemeinnützigkeit erfüllt, letztendlich nur, den Erklärungen des Steuerpflichtigen und gegebenenfalls der ausländischen gemeinnützigen Körperschaft zu vertrauen.[462]

Die Situation bei den Auslandsspenden weist große Unterschiede zu dem Sachverhalt auf, der dem Zinsurteil zugrunde lag. Die Steuerpflichtigen beim Zinsurteil hatten seinerzeit ein Interesse daran, keinerlei Zinseinkünfte zu haben. Hierüber gäbe es auch keine Unterlagen, die sie dem Finanzamt hätten vorlegen können, sie brauchten lediglich zu erklären, keine Zinseinkünfte zu haben. Der Steuerpflichtige, der ins Ausland gespendet hat, besitzt im Gegensatz dazu ein großes Interesse an der Existenz der Spende. Die Zinseinkünfte hätten die Steuerschuld der Steuerpflichtigen erhöht, die Spende mindert dagegen die Steuerschuld. Der Spender besitzt ein ureigenes Interesse daran, dem Finanzamt Unterlagen vorzulegen, um die Abziehbarkeit der Spende zu belegen. Auch die gemeinnützige Körperschaft im Ausland profitiert von der Anerkennung der Spende in Deutschland, da sich für sie ein deutscher „Spendenmarkt“ öffnet. Die deutsche Finanzverwaltung wiederum kann die Unterlagen auf ihre Stichhaltigkeit hin verifizieren und ist gerade nicht auf die bloße Erklärung der Steuerpflichtigen angewiesen. Sofern die Unterlagen für die Zinsbesteuerung nicht vorlagen, führte dies zu einer Nichtbesteuerung. Fehlende oder nicht ausreichende Unterlagen im Rahmen der steuerlichen Berücksichtigung von Spenden führen hingegen zu einer höheren Besteuerung des Spenders. Denn die Spende wirkt sich dann nicht einkommensteuermindernd aus, sondern es bleibt bei der ursprünglich höheren Besteuerung ohne Berücksichtigung der Spendenhandlung. Es wird jedoch vertreten, dass die bloße Überprüfung von Unterlagen für eine Verifikation der Angaben der Steuerpflichtigen nicht ausreicht.[463] Vielmehr müsse darüber hinaus die Möglichkeit einer Außenprüfung beim Spendenempfänger bestehen, um vor Ort die Angaben überprüfen zu können.[464] Diese Argumentation berücksichtigt jedoch nicht, dass die Finanzverwaltung sich bei einer Mittelverwendung im Ausland durch die gemeinnützige Organisation selbst (§ 57 Abs. 1 Satz 1 AO), durch ausländische Hilfspersonen (§ 57 Abs. 1 Satz 2 AO) oder bei einer Mittelweitergabe (§ 58 Nr. 1 AO) ebenfalls auf eine Buch- und Belegprüfung beschränkt und sich lediglich auf die erhöh-

462 *Fischer*, FR 2009, 249 (249ff.).
463 *Fischer*, FR 2009, 249 (250ff.).
464 *Fischer*, FR 2009, 249 (254f.).

te Mitwirkungspflicht des Steuerpflichtigen nach § 90 Abs. 2 AO beruft.[465] Eine unterschiedliche Behandlung der Spenden ins Ausland im Vergleich zur Mittelverwendung im Ausland lässt sich nicht rechtfertigen, weil sich die Schwierigkeiten bei der Kontrolle darüber, wie die Mittel im Ausland tatsächlich verwendet werden, nicht wesentlich unterscheiden.[466]

Die erhöhte Mitwirkungspflicht nach § 90 Abs. 2 AO der ins Ausland spendenden Steuerpflichtigen im Vergleich zu Steuerpflichtigen, die an gemeinnützige Organisationen im Inland spenden, ist hingegen nach Art. 3 Abs. 1 GG gerechtfertigt, weil die Finanzämter nicht durch eine Außenprüfung die Richtigkeit der Erklärungen überprüfen können. Darüber hinaus besteht bei der Verifikation einer Spende ins Ausland die Möglichkeit, von einem Amtshilfeersuchen an die zuständige Behörde im Ausland Gebrauch zu machen, um die Angaben des Spenders und des Spendenempfängers zu überprüfen. Aufgrund der Amtshilferichtlinie besteht innerhalb der EU die Möglichkeit, die anderen Verwaltungsbehörden zur Mithilfe aufzufordern. Gegenüber den Verwaltungsbehörden der EWR-Staaten besteht zwar nicht die Möglichkeit, sie aufgrund der Amtshilferichtlinie um Mithilfe zu bitten. Allerdings sind in den Doppelbesteuerungsabkommen (DBA) mit Norwegen, Island und Liechtenstein Regelungen zur gegenseitigen Amtshilfe aufgenommen worden (Art. 27 Abs. 1 DBA Norwegen, Art. 26 DBA Island und Art. 5 DBA Liechtenstein).

d) Zwischenergebnis

Die Gleichstellung von Spenden an inländische gemeinnützige Organisationen mit ausländischen Organisationen mit Sitz in der EU oder in einem Staat, auf den das EWR-Abkommen Anwendung findet, verstößt also nicht gegen Art. 3 Abs. 1 GG. Ein Vollzugsdefizit, also die Gefahr, dass Spenden an Organisationen im Ausland anerkannt werden, obwohl diese die Voraussetzungen zur Anerkennung der Gemeinnützigkeit in Deutschland nicht erfüllen, droht nicht. Gleichzeitig ist kein Grund ersichtlich, der eine Ungleichbehandlung einer Spende innerhalb der EU oder des EWR zu einer Spende ins Inland verfassungsrechtlich rechtfertigen könnte. Daher muss eine Spende an eine mit Sitz in der EU oder im EWR aus Gründen der Gleichbehandlung nach Art. 3 Abs. 1 GG steuerlich begüns-

465 *Hüttemann*, IStR 2010, 118 (124); *Helios*, in: Schauhoff, Handbuch der Gemeinnützigkeit, § 22 Rn. 51.

466 *Helios*, in: Schauhoff, Handbuch der Gemeinnützigkeit, § 22 Rn. 51.

tigt werden, wenn die ausländische Organisation die Voraussetzungen zur Anerkennung als gemeinnützig in Deutschland erfüllt.

2. Spenden an Organisationen in Drittstaaten

Im Unterschied zu Spenden an ausländische Organisationen mit Sitz in der EU oder im EWR kann sich die Finanzverwaltung im Besteuerungsverfahren nicht zur Verifizierung der Angaben von Spender und Spendenempfänger mit der europäischen Amtshilferichtlinie behelfen. Allerdings können auch hier die Doppelbesteuerungsabkommen Regelungen zur Amtshilfe vorsehen. Daher muss bei der Beurteilung, ob Spenden an eine Organisation mit Sitz in einem sogenannten Drittstaat bei der deutschen Besteuerung berücksichtigt werden muss, zwischen Drittstaaten unterschieden werden, mit denen Regelungen zur gegenseitigen Amtshilfe vereinbart wurden, und solchen Drittstaaten, bei denen keine Regelungen zur Amtshilfe bestehen.

a) Drittstaaten mit Amtshilfeabkommen

Sofern die ausländische Organisation ihren Sitz in einem Staat hat, mit dem Deutschland ein Amtshilfeabkommen geschlossen hat, müssen auch die Spenden in diese Drittstaaten steuerlich berücksichtigt werden, wenn die übrigen Voraussetzungen zum Spendenabzug erfüllt werden. Eine Verifikation der Unterlagen von Spender und Spendenempfänger ist unter diesen Voraussetzungen möglich. Eine Ungleichbehandlung mit inländischen Spenden oder Spenden innerhalb der EU und des EWR ist nicht gerechtfertigt.

b) Drittstaaten ohne Amtshilfeabkommen

Zunächst scheint es auf der Hand zu liegen, dass eine Ungleichbehandlung der Spende an ausländische Zuwendungsempfänger, die ihren Sitz in einem Drittland haben, mit dem kein Amtshilfeabkommen besteht, im Vergleich zu inländischen Zuwendungsempfängern gerechtfertigt ist. Denn ohne Amtshilfeabkommen ist nicht sichergestellt, dass die deutschen Behörden im Verwaltungsverfahren auf die notwendigen ausländischen Unterlagen zugreifen können, um zu prüfen, ob die Organisation die Voraussetzungen erfüllt, um nach dem deutschen Gemeinnützigkeitsrecht als gemeinnützig anerkannt zu werden. Allerdings könnte auch die Nichtberücksichtigung dieser Spende gleichheitswidrig sein, sofern die Situation des Spenders entweder vergleichbar ist mit der Situation einer gemeinnützigen inländischen Organisation, die sich zu ihrer Zweckerfüllung im Ausland ausländischer Hilfspersonen bedient (vgl. § 57 Abs. 1 Satz 2 AO), oder die Tätigkeit des Spenders vergleichbar ist mit der Tätigkeit einer inländischen gemeinnützigen Organisation, die Spendenmittel einsammelt und an eine ausländische Empfängerkörperschaft weiterleitet (vgl. § 58 Nr. 1 AO), und keine Gründe diese Ungleichbehandlung verfassungsrechtlich rechtfertigen können.

aa) Ungleichbehandlung im Vergleich zur Einschaltung von Hilfspersonen

Die Spende an jede ausländische gemeinnützige Organisation in einem Drittland könnte verfassungsrechtlich zwingend steuerlich abziehbar sein müssen, weil schon jetzt die Mittelverwendung einer gemeinnützigen Organisation durch Hilfspersonen im Ausland verwirklicht werden kann (§ 57 Abs. 1 Satz 2 AO). Dies setzt voraus, dass die Erfüllung gemeinnütziger Zwecke im Ausland durch Hilfspersonen einer inländischen gemeinnützigen Organisation vergleichbar ist mit der Erfüllung gemeinnütziger Zwecke im Ausland durch eine ausländische gemeinnützige Organisation, die zur Erfüllung dieser Zwecke Spenden von Spendern in Deutschland erhält.

§ 57 Abs. 1 Satz 2 AO ist eine Erweiterung des Unmittelbarkeitsgrundsatzes im Gemeinnützigkeitsrecht.[467] Grundsätzlich muss eine gemeinnützige Organisation ihre satzungsmäßigen Zwecke selbst erfüllen und kann sich hierfür nicht anderer Personen oder Organisationen bedienen.[468] § 57 Abs. 1 Satz 2 AO erweitert diesen Grundsatz dergestalt, dass die Organisation ihre satzungsmäßigen Zwecke von Hilfspersonen verwirklichen lassen kann, sofern zwischen der Organisation und der Hilfsperson eine rechtliche und tatsächliche Beziehung besteht, sodass das Wirken der Hilfsperson wie das Wirken der Organisation angesehen werden kann.[469] Denn die gemeinnützige Körperschaft bestimmt gegenüber der Hilfsperson, wie die

---

467 *Seer*, in: Tipke/Kruse, AO/FGO Kommentar, § 57 Rn. 3.
468 Ders., in: Tipke/Kruse, AO/FGO Kommentar, § 57 Rn. 2.
469 Ders., in: Tipke/Kruse, AO/FGO Kommentar, § 57 Rn. 3.

gemeinnützigen Zwecke verwirklicht und wie die Mittel verwendet werden.[470] Die Hilfsperson kann sowohl eine natürliche als auch eine juristische Person sein.[471] Nach dieser Vorschrift darf sich die Organisation zur Verwirklichung ihrer satzungsmäßigen Zwecke im Ausland auch ausländischer Hilfspersonen bedienen. Die Spendenhandlung des Spenders könnte mit der Einschaltung von Hilfspersonen vergleichbar sein. Der Spender möchte im Ausland Gutes tun. Er spendet einer Organisation im Ausland, weil er ihre Betätigung unterstützenswert findet. Anstelle der Zweckverwirklichung durch den Spender bedient er sich einer Organisation, die den Zweck für ihn verwirklicht.

Eine verfassungsrechtlich nicht gerechtfertigte Ungleichbehandlung liegt jedoch nicht vor. Denn die Ungleichbehandlung ist gerechtfertigt. Eine gemeinnützige Organisation kann nämlich anders auf ihre Hilfspersonen einwirken und diese kontrollieren, um sicherzustellen, dass die finanziellen Mittel den satzungsgemäßen Zwecken entsprechend verwendet werden, als dies Spender bei gemeinnützigen Organisationen können. Der Anwendungserlass[472] zur AO (Nr. 2 zu § 57) sieht hierzu insbesondere vor, dass die Körperschaft durch Vorlage entsprechender Vereinbarungen nachzuweisen hat, dass sie den Inhalt und den Umfang der Tätigkeit der Hilfsperson bestimmen kann. Eine solche Vereinbarung ermöglicht es der gemeinnützigen Organisation sicherzustellen, dass die finanziellen Mittel entsprechend ihrer Satzung zu steuerbegünstigten Zwecken verwendet werden. Selbst wenn der Ansicht im Schrifttum gefolgt wird, dass der Gesetzeswortlaut allein eine „rechtliche oder tatsächliche Beziehung" zwischen der gemeinnützigen Organisation und der Hilfsperson erfordert, nach der das Wirken der Hilfsperson wie eigenes Wirken der Körperschaft anzusehen ist,[473] kann die gemeinnützige Organisation auf die Mittelverwendung im Ausland aufgrund der rechtlichen Stellung konkret Einfluss nehmen und sicherstellen, dass die Gemeinwohlerbringung im Sinne des deutschen Gemeinnützigkeitsrechts umgesetzt wird. Eine wirksame Steueraufsicht gegenüber der inländischen gemeinnützigen Organisation ist gewährleistet und diese kann wiederum dafür Sorge tragen, dass im Ausland die Vorgaben der Finanzverwaltung entsprechend umgesetzt werden. Bei den Spendern fehlt es hingegen an einer solchen Beziehung zur Emp-

---

470 *Schauhoff*, in: Schauhoff, Handbuch der Gemeinnützigkeit, § 9 Rn. 48.

471 Ders., in: Schauhoff, Handbuch der Gemeinnützigkeit, § 9 Rn. 48.

472 Anwendungserlasse sind Verwaltungsvorschriften, mit denen die einheitliche Anwendung der Gesetze innerhalb der Finanzverwaltung sichergestellt wird.

473 *Hüttemann*, Gemeinnützigkeits- und Spendenrecht, S. 282ff.

fängerkörperschaft, die ein Einwirken auf die Mittelverwendung ermöglicht. Die Spender können auch grundsätzlich nicht die satzungsmäßige Verwendung ihrer Spenden kontrollieren. Sie müssen vielmehr darauf vertrauen, dass die Organisationen die Spenden entsprechend ihren Angaben verwenden.

bb) Ungleichbehandlung im Vergleich zu Mittelbeschaffungskörperschaften

Anders liegt jedoch der Fall nach § 58 Nr. 1 AO. Hiernach darf eine gemeinnützige Organisation allein den Zweck verfolgen, anderen gemeinnützigen Organisationen Mittel zur Verwirklichung von steuerbegünstigten Zwecken zu verschaffen. Nach § 58 Nr. 1 AO wird die Steuerbegünstigung einer gemeinnützigen Organisation „nicht dadurch ausgeschlossen, dass eine Körperschaft Mittel für die Verwirklichung steuerbegünstigten Zwecke einer anderen Körperschaft [...] beschafft; die Beschaffung von Mitteln für eine unbeschränkt steuerpflichtige Körperschaft des privaten Rechts setzt voraus, dass diese selbst steuerbegünstigt ist". Nach dem eindeutigen Wortlaut muss nur eine unbeschränkt steuerpflichtige Körperschaft selbst steuerbegünstigt sein.[474] Ausländische Körperschaften, die entweder nicht oder beschränkt steuerpflichtig, aber keinesfalls unbeschränkt steuerpflichtig sind, müssen daher nicht die Voraussetzungen nach dem deutschen Gemeinnützigkeitsrecht erfüllen, um taugliche Empfänger von Mitteln zur Verwirklichung steuerbegünstigter Zwecke nach § 58 Nr. 1 AO sein zu können.[475]

Im Rahmen des § 58 Nr. 1 AO verwirklicht eine gemeinnützige Körperschaft nicht selbst steuerbegünstigte Zwecke.[476] Ihr Zweck besteht allein darin, Spendenmittel einzusammeln, die sie dann an eine andere Körperschaft zur Verwirklichung von steuerbegünstigten Zwecken weiterleitet.[477] Die Mittelbeschaffungskörperschaft legt allerdings, bevor sie ihre Tätigkeit aufnimmt, in ihrer Satzung fest, für welche Zwecke die eingesammelten Mittel von der Empfängerkörperschaft verwendet werden müssen.[478] Die

474 *Seer*, in: Tipke/Kruse, AO/FGO Kommentar, § 58 Rn. 2; *Musil*, in: Hübschmann/Hepp/Spitaler, AO/FGO Kommentar, § 58 AO Rn. 32.
475 *Seer*, in: Tipke/Kruse, AO/FGO Kommentar, § 58 Rn. 3; *Musil*, in: Hübschmann/Hepp/Spitaler, AO/FGO Kommentar, § 58 AO Rn. 34.
476 *Seer*, in: Tipke/Kruse, AO/FGO Kommentar, § 58 Rn. 2.
477 Ders., in: Tipke/Kruse, AO/FGO Kommentar, § 58 Rn. 2.
478 Ders., in: Tipke/Kruse, AO/FGO Kommentar, § 58 Rn. 2.

Tätigkeit einer Mittelbeschaffungskörperschaft, die ihre Mittel an eine ausländische Körperschaft weiterleitet, ist mit einem Spender, der grenzüberschreitend spendet, vergleichbar. In beiden Fällen haben weder die Mittelbeschaffungskörperschaft noch der Spender die Möglichkeit, sicherzustellen, dass ihre Mittel in ihrem Sinne verwendet werden. Die Mittelverwendung durch die ausländische Organisation kann auch in beiden Fällen nicht von der Finanzverwaltung durch Mittel, wie beispielsweise der Außenprüfungen kontrolliert werden. Die Weitergabe der Mittel einer Mittelbeschaffungskörperschaft ist auch nicht beschränkt auf Körperschaften mit Sitz in der EU oder dem EWR.[479] Weiter ist keine Voraussetzung, dass die Empfängerkörperschaft ihren Sitz in einem Staat hat, mit dem ein Amtshilfeabkommen besteht. Im Rahmen der Weiterleitung durch eine Mittelbeschaffungskörperschaft nimmt es der Gesetzgeber hin, dass eine Verifikation der Mittelverwendung im Ausland teilweise nur auf Angaben der Mittelbeschaffungskörperschaft und der Empfängerkörperschaft beruhen kann.[480] Denn die Verifikation der Mittelverwendung durch die Empfängerkörperschaft wird anhand geeigneter Unterlagen vorgenommen,[481] wie beispielsweise Verträge, die im Zusammenhang mit der Mittelverwendung abgeschlossen wurden, Belege über den Abfluss der Mittel ins Ausland und Quittungen des Zahlungsempfängers über den Erhalt der Mittel, ausführliche Tätigkeitsbeschreibung der im Ausland entfalteten Aktivitäten, Material über die getätigten Projekte (Prospekte, Presseveröffentlichung), Gutachten von Wirtschaftsprüfern bei großen Projekten, Zuwendungsbescheide ausländischer Behörden, wenn Maßnahmen dort öffentlich z.B. durch Zuschüsse gefördert werden, Bestätigung einer deutschen Auslandsvertretung, dass die behaupteten Projekte durchgeführt werden.[482] In welchen Umfang Unterlagen vorgelegt werden müssen, unterliegt einer Einzelfallentscheidung je nach Lage und Größe des Falls unter Berücksichtigung des Grundsatzes der Verhältnismäßigkeit.[483]

Es existiert kein sachlicher Grund, der rechtfertigen könnte, weshalb eine gemeinnützige Organisation ihre Mittel ins Ausland weitergeben

479 *Hüttemann*, Gemeinnützigkeits- und Spendenrecht, S. 255.

480 *Hüttemann/Helios*, DB 2006, 2481 (2489); *Schunk*, Kooperationen zwischen gemeinnützigen Körperschaften und das Unmittelbarkeitsgebot nach § 57 AO, S. 176f.

481 *Hüttemann*, Gemeinnützigkeits- und Spendenrecht, S. 256; *Schunk*, Kooperationen zwischen gemeinnützigen Körperschaften und das Unmittelbarkeitsgebot nach § 57 AO, S. 170f.

482 OFD Frankfurt/M., Rdvfg. vom 5.9.2013, S 0170 A – 50 – St 53, IStR 2014, 80.

483 OFD Frankfurt/M., Rdvfg. vom 5.9.2013, S 0170 A – 50 – St 53, IStR 2014, 80.

darf, ohne dass eine Verifikation wie bei einem vergleichbaren Inlandssachverhalt möglich wäre, hingegen eine Spende durch eine Privatperson ins Ausland ausgeschlossen ist. Dies stellt vielmehr eine Ungleichbehandlung dar, die nicht gerechtfertigt ist.

3. Zwischenergebnis

Die Untersuchung im 3. Kapitel hat ergeben, dass sich für die Spender ein subjektives Recht auf die steuerliche Berücksichtigung einer Spende weder aus dem Subsidiaritätsprinzip, der freiheitlichen Ausgestaltung der Verfassung noch aus den Grundrechten (Art. 3 Abs. 1 GG und Art. 14 GG) ergibt. Da sich der Gesetzgeber jedoch dazu entschlossen hat, Spenden an Organisationen mit Sitz im Inland, in der EU und innerhalb des EWR sowie die Weiterleitung von Mitteln durch Mittelbeschaffungskörperschaften an Organisationen im Ausland steuerlich zu begünstigen, ist der Gesetzgeber aus Gründen der Gleichbehandlung verpflichtet, auch Spenden ins Ausland unabhängig von dem Sitz der ausländischen Empfängerkörperschaft steuerlich zu begünstigen.

4. Kapitel: Subjektive Rechte der Spendenempfänger

Im Gegensatz zu den Spendern, die kein subjektives Recht gegenüber dem Gesetzgeber auf steuerliche Berücksichtigung ihrer Spenden haben, könnten die Spendenempfänger ein subjektives Recht auf eine steuerliche Begünstigung ihrer Einkünfte sowie ihrer vereinnahmten Spenden haben.

Aus den Staatszielen, den Grundrechten und aus der Verfassung selbst könnte sich die Pflicht des Gesetzgebers zur steuerlichen Begünstigung gemeinnütziger Betätigung ergeben. So muss der Staat bei der Besteuerung die Grundrechte der Bürger und die Verfassung achten.[484] Denkbar wäre, dass der Staat gegen Verfassungsprinzipien verstößt, soweit er Einkommen besteuert, das durch eine Betätigung erworben wurde, mit der gleichzeitig Staatsziele verwirklicht wurden. Aus der Verfassung lässt sich beispielsweise der verbindliche Verfassungsauftrag ableiten, dass sich der deutsche Staat – der Verfassungsauftrag richtet sich an alle drei Staatsgewalten – für die tatsächliche Durchsetzung der Gleichberechtigung von Männern und Frauen in der gesellschaftlichen Wirklichkeit einsetzen und auf die Beseitigung bestehender Nachteile hinwirken soll (Art. 3 Abs. 2 Satz 2 GG).[485] Sofern sich eine gemeinnützige Organisation für die Gleichberechtigung von Männern und Frauen stark macht, Missstände aufzeigt und Lösungsmöglichkeiten gegen diesen Missstand anbietet, könnte der deutsche Staat verpflichtet sein, diese Betätigung steuerlich zu begünstigen. Denn mit dieser Arbeit werden Verfassungsziele umgesetzt.

Grundsätzlich wird bei der Besteuerung jedoch nicht unterschieden, ob mit der Betätigung Verfassungsziele verwirklicht werden. Sofern der Steuertatbestand erfüllt wird, entsteht die Steuer. Denn auch ein Unternehmen, das sich die Gleichbehandlung von Männern und Frauen zum Ziel gesetzt hat und dieses Ziel in seiner täglichen Arbeit erreicht, verwirklicht ein Staatsziel, darf jedoch aus diesem Grund nicht anders besteuert werden. Diese Schlussfolgerung lässt sich auch am Beispiel der Besteuerung eines wirtschaftlichen Geschäftsbetriebs nachzeichnen, der von einer gemeinnützigen Organisation unterhalten wird. Die gemeinnützige Organisation ist grundsätzlich von der Körperschaftsteuer und Gewerbesteuer befreit, weil sie einen Zweck verfolgt, den der Staat für förderungswürdig

484 *Seer*, in: Tipke/Lang, Steuerrecht, § 1 Rn. 3.

485 *Langenfeld*, in: Maunz/Dürig, GG Kommentar, Art. 3 Abs. 2 Rn. 56.

hält. Unterhält diese Organisation jedoch einen wirtschaftlichen Geschäftsbetrieb, der kein Zweckbetrieb i. S. d. §§ 64-68 AO ist, so ist die gemeinnützige Organisation mit diesen Einnahmen partiell steuerpflichtig gem. § 5 Abs. 1 Nr. 9 Satz 2 KStG. Diese Rechtsfolge trifft sie, obwohl sie die Einnahmen aus diesem wirtschaftlichen Geschäftsbetrieb zur Erreichung ihres satzungsmäßigen und damit auch steuerbegünstigten Zwecks verwendet.[486] Die Einordnung als wirtschaftlicher Geschäftsbetrieb setzt noch nicht einmal voraus, dass die gemeinnützige Organisation ihre wirtschaftliche Betätigung mit Gewinnerzielungsabsicht verfolgt. Selbst bei einer Einnahmeerzielung, die über die reine Vermögensverwaltung hinausgeht, aber noch ohne Gewinnerzielungsabsicht erfolgt, ist nach den Grundsätzen des wirtschaftlichen Geschäftsbetriebs regelmäßig eine steuerliche Begünstigung ausgeschlossen (§§ 64 Abs. 1 i.V.m. 14 AO). Denn § 14 Satz 2 AO setzt gerade keine Gewinnerzielungsabsicht voraus. Die Besteuerung des wirtschaftlichen Geschäftsbetriebes ist erforderlich, um Wettbewerbsverzerrungen zu vermeiden.[487] Ansonsten könnte die ungleiche Besteuerung von gemeinnützigen Organisationen und erwerbswirtschaftlichen Unternehmungen zu einem ungerechtfertigten Wettbewerbsvorteil bei den gemeinnützigen Organisationen führen.[488] Durch die steuerliche Begünstigung könnte ein wirtschaftlicher Geschäftsbetrieb im Vergleich zu seinen Wettbewerbern eine höhere Nettorendite erzielen, diese höhere Nettorendite könnte er über niedrigere Preise zur Verbesserung seiner Wettbewerbsfähigkeit einsetzen.[489] Ein solches Vorgehen könnte noch nicht einmal dadurch verhindert werden, dass der wirtschaftliche Geschäftsbetrieb gezwungen wird, seine Einnahmen nur für steuerbegünstigte Zwecke zeitnah auszugeben.[490] Einen solchen Eingriff in die Wettbewerbsfreiheit mit der Förderung des Gemeinwohls zu rechtfertigen, wäre unverhältnismäßig.[491]

---

486 *Hüttemann*, Gemeinnützigkeits- und Spendenrecht, S. 460.

487 BFH, Urteil vom 29.01.2009 – V R 46/06, BFHE 224, 176 (181ff.); BFH, Urteil vom 11.02.2009 – I R 73/08, BFHE 224, 212 (216f.); *Seer*, in: Tipke/Kruse, AO/FGO Kommentar, § 64, Rn. 2; *Fischer*, in: Hübschmann/Hepp/Spitaler, AO/FGO Kommentar, § 64, Rn. 11; *Musil*, in: Hübschmann/Hepp/Spitaler, AO/FGO Kommentar, Vor §§ 51-68 AO, Rn. 40f.; *Droege*, Gemeinnützigkeit im offenen Steuerstaat, S. 214ff; *Hüttemann*, Gemeinnützigkeits- und Spendenrecht, S. 493ff.

488 *Hüttemann*, Gemeinnützigkeits- und Spendenrecht, S. 495.

489 *Hüttemann*, Gemeinnützigkeits- und Spendenrecht, S. 495.

490 *Hüttemann*, Gemeinnützigkeits- und Spendenrecht, S. 495f.

491 *Hüttemann*, Gemeinnützigkeits- und Spendenrecht, S. 495f.

Die Verwirklichung von Verfassungszielen allein darf von Verfassungs wegen nicht der Anknüpfungspunkt für eine steuerliche Begünstigung sein. Denn mit jeder erwerbswirtschaftlichen Betätigung wird auch das Gemeinwohl gefördert.[492] Anders sieht es jedoch bei einigen gemeinnützigen Organisationen aus. Aus der Finanzierungsverantwortung des Staates, dem Subsidiaritätsprinzip und dem Primat der Freiheit ergibt sich, dass der Staat einige dieser Organisationen von der Besteuerung ausnehmen muss.

A. Finanzierungsverantwortung des Staates

Die verfassungsrechtliche Pflicht zur steuerlichen Begünstigung einiger gemeinnütziger Organisationen ergibt sich aus der Finanzierungsverantwortung des Staates gegenüber diesen Organisationen. Der Staat muss auf die Besteuerung verzichten, um zu verhindern, dass er die Gelder, die er im Rahmen der Besteuerung den gemeinnützigen Organisationen entzieht, später aufgrund seiner Finanzierungsverantwortung für das Gemeinwohl zurückgewähren müsste. So hat das Reichsgericht im Rahmen der vom Staat zu zahlenden Staatsleistungen entschieden, dass der Staat die Kirchen von Steuern und Abgaben befreien muss, solange er diese durch Staatsleistungen unterstützen muss.

> „Aus alledem ergibt sich unzweideutig, daß die Steuerfreiheit der Kirchen, Pfarr- und Pfarrwitwentümer in Braunschweig einen wesentlichen Teil derjenigen Unterstützung bildete, die der Staat der Kirche zur Bestreitung ihrer Bedürfnisse gewährte und daß er, wenn sie nicht bestanden hätte, statt ihrer entsprechende Leistungen an die Kirche hätte machen müssen. Es liegt daher durchaus im Sinne der Artikel 173, 138 Reichsverfassung, die Steuerfreiheit der Grundstücke der Kirche in Braunschweig, soweit es sich um die Staatssteuer handelt, ebenso wie wirkliche Staatsleistungen zu behandeln."[493]

Solange den Staat eine Finanzierungsverantwortung bezüglich der Kirchen trifft und die Steuerbefreiungen einen wesentlichen Teil der staatlichen

---

492 Vgl. 2. Kapitel: A. Gemeinwohl S. 17.

493 Reichsgericht, Beschluss vom 20.06.1925 – IV Tgb. 83/25, in: Lammers/Simons, Die Rechtsprechung des Staatsgerichtshofs für das Deutsche Reich und des Reichsgerichts auf Grund Artikel 13 Absatz 2 der Reichsverfassung, Bd. I 1920 bis 1928, S. 519 (527).

Unterstützung ausmachen, darf der Staat diese nicht abschaffen, sofern er anstelle der Steuerbefreiungen mehr Leistungen aufgrund der Finanzierungsverantwortung erbringen müsste.

Dieser Schluss lässt sich auch in anderen Bereichen ziehen, in denen dem Staat eine Finanzierungsverantwortung trifft. Der Staat hat eine Finanzierungsverantwortung in den Bereichen der Privatschulen, der Wissenschaftsfreiheit, der Kunstfreiheit und der Religionsfreiheit.

I. Privatschulen

Im Bereich der Privatschulfinanzierung haben die einzelnen privaten Ersatzschulen grundsätzlich gegenüber dem Staat einen Anspruch auf finanzielle Unterstützung.[494] Dieser Anspruch leitet sich aus Art. 7 Abs. 4 GG ab. Nach Art. 7 Abs. 4 Satz 1 GG gewährleistet das Grundgesetz zwar lediglich das Recht, eine Privatschule einzurichten. Durch die Rechtsprechung des Bundesverfassungsgerichts kommt Art. 7 Abs. 4 Satz 1 GG aber eine größere Bedeutung zu. So erklärt das Bundesverfassungsgericht in ständiger Rechtsprechung, dass der Staat dagegen Vorsorge treffen muss, dass das Grundrecht auf Errichtung einer Privatschule praktisch nicht mehr wahrgenommen werden kann, weil den Privatschulen durch Art. 7 Abs. 4 Satz 3 und 4 GG Pflichten auferlegt werden, die schwer zu erfüllen sind.[495] Insofern ergibt sich aus Art. 7 Abs. 4 GG über seinen Abwehrcharakter hinaus ein Anspruch auf staatliche Förderung.[496] Denn die Privatschulfreiheit weist die Besonderheit auf, dass das Grundgesetz an ihre Wahrnehmung Bedingungen knüpft, die es erheblich erschweren, ohne Schutz und Förderung durch den Staat von der verbürgten Freiheit Gebrauch zu machen.[497] Private Schulträger sind in der Regel nicht mehr in der Lage, aus eigener Kraft und dauerhaft sämtliche Anforderungen zu erfüllen, die das Grundgesetz in Art. 7 Abs. 4 Satz 3 und 4 GG an die Genehmigung einer Ersatzschule stellt.[498] Dies ist nach der Ansicht des Bundesverfassungsgerichts ein empirisch gesicherter Befund.[499] So dürfen die privaten Ersatz-

494 So auch schon *Geserich*, Privater, gemeinwohlwirksamer Aufwand im System der deutschen Einkommensteuer und des europäischen Rechts, S. 102ff.

495 BVerfG, Beschluss vom 09.03.1994 – 1 BvR 682, 712/88, BVerfGE 90, 107 (114f.).

496 BVerfG, Beschluss vom 09.03.1994 – 1 BvR 682, 712/88, BVerfGE 90, 107 (115).

497 BVerfG, Beschluss vom 09.03.1994 – 1 BvR 682, 712/88, BVerfGE 90, 107 (115).

498 BVerfG, Beschluss vom 09.03.1994 – 1 BvR 682, 712/88, BVerfGE 90, 107 (115).

499 BVerfG, Beschluss vom 09.03.1994 – 1 BvR 682, 712/88, BVerfGE 90, 107 (115).

schulen einerseits bei ihren Lehrzielen, Einrichtungen und der wissenschaftlichen Ausbildung der Lehrkräfte nicht hinter den öffentlichen Schulen zurückstehen (Art. 7 Abs. 4 Satz 3).[500] Gleichzeitig muss die rechtliche und wirtschaftliche Stellung der Lehrkräfte hinreichend gesichert sein (Art. 7 Abs. 4 Satz 4 GG).[501] Beide Voraussetzungen zu erfüllen, verursacht erhebliche Kosten.[502] Andererseits können die privaten Ersatzschulen diese erheblichen Kosten nicht über hohe Schulgelder an die Eltern der Privatschüler weiterreichen, weil sie zugleich durch Art. 7 Abs. 4 Satz 3 GG dazu verpflichtet sind, eine Sonderung der Schüler aufgrund der Besitzverhältnisse der Eltern nicht zu fördern.[503] Der Anspruch der Privatschulen gegenüber dem Staat auf finanzielle Hilfe aus Art. 7 Abs. 4 GG wurde durch die Rechtsprechung des Bundesverfassungsgerichts jedoch dahingehend beschränkt, dass der Gesetzgeber entscheidet, welchen Stellenwert er der Förderung der privaten Ersatzschulen im Vergleich zu anderen Gemeinwohlbelangen einräumt und in welcher Höhe er die privaten Ersatzschulen unterstützen möchte.[504] Sein politischer Handlungsspielraum wird wiederum von der Schutz- und Förderpflicht aus Art. 7 Abs. 4 GG begrenzt.[505]

II. Wissenschaft

Im Bereich der Wissenschaft ist der Staat verpflichtet, für funktionstüchtige Institutionen eines freien Wissenschaftsbetriebes zu sorgen.[506] Der Staat muss personelle, finanzielle und organisatorische Mittel zur Verfügung stellen, um die Pflege der freien Wissenschaft und ihre Vermittlung an die nachfolgende Generation zu ermöglichen und zu fördern.[507] Diese Pflicht folgt aus der faktischen Monopolstellung, die der Staat im Bereich der

500 BVerfG, Beschluss vom 09.03.1994 – 1 BvR 682, 712/88, BVerfGE 90, 107 (115).
501 BVerfG, Beschluss vom 09.03.1994 – 1 BvR 682, 712/88, BVerfGE 90, 107 (115).
502 BVerfG, Beschluss vom 09.03.1994 – 1 BvR 682, 712/88, BVerfGE 90, 107 (115).
503 BVerfG, Beschluss vom 09.03.1994 – 1 BvR 682, 712/88, BVerfGE 90, 107 (115).
504 BVerfG, Beschluss vom 09.03.1994 – 1 BvR 682, 712/88, BVerfGE 90, 107 (116f.).
505 BVerfG, Beschluss vom 09.03.1994 – 1 BvR 682, 712/88, BVerfGE 90, 107 (117).
506 BVerfG, Beschluss vom 31.05.1995 – 1 BvR 1379, 1413/94, BVerfGE 93, 85 (95); BVerfG, Urteil vom 29.05.1973 – 1 BvR 424/71 und 325/72, BVerfGE 35, 79 (115).
507 BVerfG, Urteil vom 29.05.1973 – 1 BvR 424/71 und 325/72, BVerfGE 35, 79 (114f.).

Wissenschaften, insbesondere der Naturwissenschaften einnimmt.[508] Eine unabhängige Forschung und wissenschaftliche Lehre ist ohne die finanziellen Mittel des Staates nicht mehr möglich.[509] Eine Ausübung der Wissenschaftsfreiheit ist hier notwendig mit einer Teilhabe an staatlichen Leistungen verbunden.[510] Die Grundrechtsträger können aus Art. 5 Abs. 3 Satz 1 Alt. 2 GG einen Anspruch auf staatliche Maßnahmen ableiten, weil er die freie wissenschaftliche Betätigung erst ermöglicht.[511] Ansonsten würde die Grundsatznorm der Wissenschaftsfreiheit ihrer Schutzwirkung weitgehend beraubt.[512]

III. Kunst

Für den Bereich der Kunstfreiheit hat das Bundesverfassungsgericht ebenfalls entschieden, dass Art. 5 Abs. 3 Satz 1 Alt. 1 GG nicht nur allen Kunstschaffenden und allen an Darbietungen und Verbreitung von Kunstwerken Beteiligten ein Freiheitsrecht bietet, das sie vor Eingriffen der öffentlichen Gewalt in den künstlerischen Bereich schützt.[513] Über diese negative Bedeutung hinaus stellt die Kunstfreiheit als objektive Wertentscheidung dem modernen Staat, der sich im Sinne einer Staatszielbestimmung auch als Kulturstaat versteht, vor die Aufgabe, ein freiheitliches Kunstleben zu erhalten und zu fördern.[514] Hierbei ist es dem Staat verwehrt, wertend über Kunstwerke zu urteilen, auf Entwicklungen in der Kunst Einfluss zu nehmen oder einige künstlerische Tendenzen zu bevorzugen.[515] Daher muss sich der Staat mit seinen Fördermaßnahmen neutral verhalten und darf hierbei nicht auf den Inhalt Einfluss nehmen.[516]

---

508 BVerfG, Urteil vom 29.05.1973 – 1 BvR 424/71 und 325/72, BVerfGE 35, 79 (115).

509 BVerfG, Urteil vom 29.05.1973 – 1 BvR 424/71 und 325/72, BVerfGE 35, 79 (115).

510 BVerfG, Urteil vom 29.05.1973 – 1 BvR 424/71 und 325/72, BVerfGE 35, 79 (115).

511 BVerfG, Urteil vom 29.05.1973 – 1 BvR 424/71 und 325/72, BVerfGE 35, 79 (115).

512 BVerfG, Urteil vom 29.05.1973 – 1 BvR 424/71 und 325/72, BVerfGE 35, 79 (116).

513 BVerfG, Urteil vom 05.03.1974 – 1 BvR 712/68, BVerfGE 36, 321 (331).

514 BVerfG, Urteil vom 05.03.1974 – 1 BvR 712/68, BVerfGE 36, 321 (331).

515 *Bethge*, in: Sachs, GG Kommentar, Art. 5 Rn. 190.

516 Ders., in: Sachs, GG Kommentar, Art. 5 Rn. 192.

IV. Religion und Weltanschauung

Im Bereich der Religions- und Weltanschauungsfreiheit wird ebenfalls überwiegend vertreten, dass den Staat eine Finanzierungsverantwortung für die Religions- und Weltanschauungsgemeinschaften trifft.[517] Konkret ist der Staat verpflichtet, Rahmenbedingungen zu schaffen, unter denen die Grundrechtsberechtigten ihre Religionsfreiheit, ihre Religionsausübungsfreiheit sowie die Freiheit, sich zu Religionsgemeinschaften zusammenzuschließen, wahrnehmen können.[518] Die besondere Bedeutung der Religionsgemeinschaften für den Verfassungsgeber lässt sich zunächst darin erkennen, dass er einem privatrechtlichen Zusammenschluss die Möglichkeit eröffnet hat, den Status einer Körperschaft des öffentlichen Rechts zu erhalten (Art. 140 GG i.V.m. Art. 137 Abs. 5 WRV). Darüber hinaus hat er auf die Religionsgemeinschaften, denen der Status als Körperschaft des öffentlichen Rechts verliehen wurde, ein Steuererhebungsrecht übertragen (Art. 140 i.V.m. Art. 137 Abs. 6 WRV) und dieses verfassungsrechtlich gegenüber dem Gesetzgeber abgesichert. So hat das Bundesverfassungsgericht entschieden, dass es dem Gesetzgeber verwehrt ist, das Besteuerungsrecht abzuschaffen oder auszuhöhlen.[519] Hierin ist eine verfassungsrechtliche Pflicht zur Unterstützung der Religionsgemeinschaften zu erkennen.

Das kirchliche Besteuerungsrecht ist eine Folge der Säkularisierung von Kirchengut, hauptsächlich während der Reformationszeit, durch den Westfälischen Frieden oder durch den Reichsdeputationshauptschluss von 1803[520].[521] Der Staat eignete sich kirchliches Vermögen und geistliches Territorium an und übernahm im Gegenzug die Gewähr für die finanziellen Ausstattung der Kirchen.[522] Um Subventionierungspflichten nicht allein aus eigenen Mitteln finanzieren zu müssen, übertrugen die Länder das Steuererhebungsrecht für die Kirchensteuer auf die Kirchen.[523] Auf Drän-

---

517 *Hüttemann*, Gemeinnützigkeits- und Spendenrecht, S. 40f.; *Geserich*, in: Kirchhof/Söhn/Mellinghoff, EStG Kommentar, § 10b Rn. A 40; *Seer*, in: DStJG 26 (2003), S. 11 (25f.).

518 *Geserich*, Privater, gemeinwohlwirksamer Aufwand im System der deutschen Einkommensteuer und des europäischen Rechts, S. 23f.

519 BVerfG, Urteil vom 14.12.1965 – 1 BvR 413, 416/60, BVerfGE 19, 206 (218).

520 Der Reichsdeputationshauptschluß abgedruckt in: *Hufeld*, Der Reichsdeputationshauptschluss von 1803, S. 69ff.

521 *Korioth*, in: Maunz/Dürig, GG Kommentar, Art. 140 GG Art. 138 WRV Rn. 4.

522 Ders., in: Maunz/Dürig, GG Kommentar, Art. 140 GG Art. 138 WRV Rn. 4.

523 Ders., in: Maunz/Dürig, GG Kommentar, Art. 140 GG Art. 137 WRV Rn. 95.

gen der Kirchen garantiert Art. 137 WRV den Kirchen das kirchliche Besteuerungsrecht.[524] Darüber hinaus erhalten die Kirchen positive Staatsleistungen, wie Geld- und Naturalleistungen und negative Staatsleistungen, wie die Befreiung von Steuern und Abgaben[525]. Deutlich von den gewährten Staatsleistungen zu unterscheiden sind darüber hinausgehende Subventionen, die sie für ihre Betätigung im Bereich der gemeinsamen Angelegenheiten erhalten, wie beispielsweise für die Bereitstellung von kirchlichen Krankenhäusern und kirchlichen Beratungsstellen.[526]

V. Steuerbefreiungen aufgrund der Finanzierungsverantwortung

Die Situation, dass Steuerbefreiungen beibehalten werden müssen, sofern der Staat zur Zahlung von anderen Leistungen verpflichtet ist, ist auch vergleichbar mit der verfassungsrechtlich gewährleisteten Steuerfreistellung des Existenzminimums. Das Subsidiaritätsprinzip erfordert bei der Einkommensbesteuerung der Bürger, Einkünfte, die die Höhe des Existenzminimums nicht überschreiten, von der Besteuerung auszunehmen. Da der Staat durch das Sozialstaatsprinzip zur Gewährleistung des Existenzminimums verpflichtet ist, muss er das Existenzminimum bei der Besteuerung verschonen. Bürger, die mit ihren Einkommen gerade für sich selbst sorgen können, sollen durch eine Besteuerung nicht in die Abhängigkeit von Sozialleistungen kommen. Die finanzielle Selbsthilfe der Bürger durch Eigenerwerb muss der staatlichen Existenzsicherung durch Sozialleistungen vorgehen.[527] Die Situation bei gemeinnützigen Organisationen ist vergleichbar. Sofern die gemeinnützige Organisation grundsätzlich einen Anspruch auf staatliche Unterstützung aufgrund einer Finanzierungsverantwortung hat, soll eine Besteuerung nicht einen erhöhten Unterstützungsbedarf auslösen. Zwar können sich gemeinnützige Organisationen nicht auf die Menschenwürde nach Art. 1 Abs. 1 GG berufen. Soweit die gemeinnützige Organisation finanziell für sich selbst sorgen kann, soll sie nach dem Subsidiaritätsprinzip jedoch nicht durch eine Besteuerung durch den Staat in eine finanzielle Abhängigkeit vom Staat kommen. Das betrifft aber nur diejenigen gemeinnützigen Organisationen, die sich in

---

524 Ders., in: Maunz/Dürig, GG Kommentar, Art. 140 GG Art. 137 WRV Rn. 95.
525 Ders., in: Maunz/Dürig, GG Kommentar, Art. 140 GG Art. 138 WRV Rn. 5.
526 Ders., in: Maunz/Dürig, GG Kommentar, Art. 140 GG Art. 138 WRV Rn. 6.
527 *Kirchhof*, in: Kirchhof/Söhn/Mellinghoff, EStG Kommentar, § 2 Rn. A 129; *Tipke*, Die Steuerrechtsordnung Bd. I, S. 421ff.

Bereichen betätigen, in denen den Staat eine Finanzierungsverantwortung trifft, so wie beispielsweise für die Privatschulen, Museen und Theater. So wie der Staat bei der Besteuerung von natürlichen Personen das Existenzminimum beachten muss,[528] muss er die gemeinnützigen Organisationen verfassungsrechtlich nur in dem Umfang von der Besteuerung ausnehmen, sodass die Existenz der gemeinnützigen Organisation gesichert ist und der Staat keine Zuschüsse aufgrund der Finanzierungsverantwortung zu zahlen hat. Eine weitergehende Befreiung von der Steuerpflicht kann der Gesetzgeber selbstverständlich vorsehen. Eine Ungleichbehandlung zu allen anderen Steuerzahlern ist gerechtfertigt, weil die gemeinnützigen Organisationen selbstlos Gemeinwohl schaffen und die Schaffung von Gemeinwohl eine Ausnahme von der gleichheitsgemäßen Besteuerung zulässt.[529]

Unter der Prämisse, dass die Gemeinwohlhervorbringung nur gelingt, wenn der Staat die Aufgabenerfüllung finanziell unterstützt, darf der Staat die Gewinne aus dem Zweckbetrieb und aus der Vermögensverwaltung nicht besteuern.[530] Dies führt auch dazu, dass die Spendeneinnahmen bei der gemeinnützigen Organisation im entsprechenden Umfang von der Erbschaft- und Schenkungsteuer auszunehmen sind. Denn die gemeinnützigen Organisationen finanzieren sich zu einem großen Teil über Spendeneinnahmen.[531] Eine weitergehende steuerliche Begünstigung der Spendenhandlung selbst ist erforderlich, sofern die gemeinwohldienlichen Organisationen finanziell auf Spenden angewiesen sind und die Spendenzahlungen zurückgehen würden, sofern eine steuerliche Begünstigung von Spenden entfiele. Eine Unterscheidung zwischen der Besteuerung nach dem Erbschaft- und Schenkungsteuergesetz und der steuerlichen Begünstigung von Spenden im Rahmen der Einkommensbesteuerung beim Spender ist an dieser Stelle notwendig. Denn durch das Erbschaft- und Schenkungsteuergesetz wird einerseits eine Besteuerung des Staates legitimiert. Beim Wegfall einer steuerlichen Begünstigung im Rahmen der Einkommensbesteuerung beim Spender entfiele allein ein Zuschuss des Staates zu einer bereits erfolgten Spende und gleichzeitig fiele eine Anreizwirkung zum Spenden beim Spender weg. Andererseits ist die gemeinwohldienliche Organisation selbst als Erwerberin im Rahmen des Erbschaft- und Schen-

528 Vgl. 3. Kapitel: B. II. 8. Einordnung des Existenzminimums S. 70.

529 *Droege*, Gemeinnützigkeit im offenen Steuerstaat, S. 405f.

530 Anderes gilt bezüglich der Einnahmen aus dem wirtschaftlichen Geschäftsbetrieb. Diese Einnahmen müssen besteuert werden, um Wettbewerbsverzerrungen zwischen gemeinnützigen Organisationen und wirtschaftlichen Unternehmungen, die im wirtschaftlichen Wettbewerb stehen, zu verhindern.

531 *Deutsches Zentralinstitut für soziale Fragen*, DZI, Spendenalmanach 2017, S. 297.

kungsteuergesetz Schuldnerin der Erbschaft- und Schenkungsteuer gem. § 20 Abs. 1 Satz 1 1. Alt. ErbStG; dies gilt sowohl als Erwerberin eines Erwerbs von Todes wegen als auch als Erwerberin einer Schenkung.[532] Daher würde sich die Festsetzung von Erbschaftsteuer unmittelbar bei der gemeinnützigen Organisation steuererhöhend auswirken. Der Wegfall der steuerlichen Begünstigung im Rahmen des Einkommensteuergesetzes wirkt sich hingegen nur bei der Besteuerung des Spenders aus. Darüber hinaus könnte sich die Abschaffung von steuerlichen Begünstigungen beim Spender im Rahmen der Einkommensbesteuerung mittelbar beim Spendenempfänger, gegebenenfalls durch einen Rückgang der Spendeneinnahmen auswirken, jedoch keinesfalls durch eine höhere Besteuerung des Spendenempfängers. Da unklar ist, wie sich die Abschaffung der steuerlichen Begünstigung der Spendenhandlung beim Spender auf die Spendeneinnahmen beim Spendenempfänger auswirkt, und da es dem parlamentarischen Gesetzgeber überlassen ist, wie er Anreize zum Spenden gibt, lässt sich auch der Finanzierungsverantwortung des Staates für die gemeinnützigen Organisationen keine Pflicht zur steuerlichen Begünstigung der Spende beim Spender im Rahmen der Einkommensbesteuerung entnehmen.

VI. Weitere Gründe für eine Steuerbegünstigung

Eine weitere Pflicht – unabhängig von einer Finanzierungsverantwortung des Staates – zur steuerlichen Begünstigung von gemeinnützigen Organisationen besteht, um Wettbewerbsvorteile von staatlichen Einrichtungen im Vergleich zu privaten Einrichtungen zu vermeiden.[533] Dort wo staatliche Einrichtungen zu privaten Einrichtungen in Konkurrenz stehen, z.B. bei karitativen Einrichtungen, muss der Grundrechtsträger „in grundrechtlich gesicherter Freiheit" zwischen einer staatlichen, konfessionellen und einer freien Einrichtung wählen dürfen.[534] Es bestünde ein Wettbewerbsvorteil, wenn die staatlichen Einrichtungen ihre Leistungen günstiger anbieten könnten, als die privaten, weil sie keine Steuern zahlen müssen.[535] Die privaten Einrichtungen müssen, sofern sie in Konkurrenz zu staatlichen Ein-

532 *Loose*, in: von Oertzen/Loose, ErbStG Kommentar, § 20 Rn. 7 und 11.
533 *Geserich*, in: Kirchhof/Söhn/Mellinghoff, EStG Kommentar, § 10b Rn. A 45.
534 Ders., in: Kirchhof/Söhn/Mellinghoff, EStG Kommentar, § 10b Rn. A 45.
535 Ders., in: Kirchhof/Söhn/Mellinghoff, EStG Kommentar, § 10b Rn. A 45.

richtungen stehen, die gleichen Steuerbefreiungen erhalten, die für öffentliche Einrichtungen bestehen.[536]

Sofern die öffentliche Einrichtung eine juristische Person des öffentlichen Rechts ist, wird sie weitestgehend von der Körperschaftsteuerpflicht nicht erfasst. In § 1 Abs. 1 KStG werden diejenigen Körperschaften, Personenvereinigungen und Vermögensmassen abschließend genannt, die der unbeschränkten Steuerpflicht unterliegen.[537] Juristische Personen des öffentlichen Rechts zählen nicht dazu.[538] Unterhält eine juristische Person des öffentlichen Rechts allerdings einen Betrieb gewerblicher Art, so ist sie mit seinen Einnahmen gemäß § 1 Abs. 1 Nr. 6 KStG unbeschränkt steuerpflichtig.[539] Dies gilt unabhängig von einer Absicht, Gewinn zu erzielen, und von einer Beteiligung am allgemeinen wirtschaftlichen Verkehr.[540] Diese Steuerpflicht dient dem Grundsatz der Wettbewerbsneutralität im Steuerrecht, denn gewerbliche Betriebe von juristischen Personen des öffentlichen Rechts können mit privaten gewerblichen Unternehmen konkurrieren.[541] Der Besteuerung von Betrieben gewerblicher Art liegt daher der gleiche Zweck zugrunde wie der Besteuerung von wirtschaftlichen Geschäftsbetrieben von gemeinnützigen Organisationen. Wettbewerbsverzerrungen sollen durch die steuerliche Begünstigung vermieden werden.

Darüber hinaus unterliegen juristische Personen des öffentlichen Rechts nur mit denjenigen Einkünften der Körperschaftsteuer, von denen ein Steuerabzug vorzunehmen ist (§ 2 Nr. 2 KStG).[542] Hierzu zählt beispielsweise die Kapitalertragsteuer, die nach § 43 EStG durch einen Abzug vom Kapitalertrag erhoben wird.[543]

Der Vergleich der Steuerpflicht von Spendenempfängern mit der Steuerpflicht einer juristischen Körperschaft des öffentlichen Rechts zeigt, dass die Spendenempfänger in einem vergleichbaren Umfang von der Steuerpflicht befreit bzw. erfasst sind, wie die juristischen Personen des öffentlichen Rechts. Eine darüber hinausgehende steuerliche Begünstigung von Organisationen, die sich gemeinwohldienlich betätigen, für die der Staat jedoch keine Finanzierungsverantwortung trägt und die auch nicht im Wettbewerb zu juristischen Personen des öffentlichen Rechts stehen, so

---

536 Ders., in: Kirchhof/Söhn/Mellinghoff, EStG Kommentar, § 10b Rn. A 45.
537 *Hammer*, in: Listl/Pirson, HStKirchR Bd. I, § 36 S. 1068.
538 Ders., in: Listl/Pirson, HStKirchR Bd. I, § 36 S. 1068.
539 Ders., in: Listl/Pirson, HStKirchR Bd. I, § 36 S. 1068.
540 Ders., in: Listl/Pirson, HStKirchR Bd. I, § 36 S. 1068.
541 Ders., in: Listl/Pirson, HStKirchR Bd. I, § 36 S. 1068.
542 Ders., in: Listl/Pirson, HStKirchR Bd. I, § 36 S. 1068f.
543 Ders., in: Listl/Pirson, HStKirchR Bd. I, § 36 S. 1069.

wie sie derzeit besteht, ist als Förderung des Gemeinwohls verfassungsrechtlich nicht zwingend, aber zumindest gerechtfertigt.[544]

VII. Grenze der steuerlichen Begünstigung

Unabhängig davon, ob die steuerliche Begünstigung einer Organisation auf einer Finanzierungsverantwortung des Staates beruht oder Wettbewerbsvorteilen von staatlichen Einrichtungen entgegengewirkt werden soll, findet die steuerliche Begünstigung auch verfassungsrechtlich dort ihre Grenze, wo die Einrichtung im Wettbewerb mit erwerbswirtschaftlichen Unternehmen steht. Um Wettbewerbsverzerrungen zu vermeiden, dürfen wirtschaftliche Geschäftsbetriebe einer Besteuerung unterworfen werden, so wie es auch § 5 Abs. 1 Nr. 9 Satz 2 KStG vorsieht. Auch hier werden die steuerlich begünstigten Organisationen mit den öffentlichen Einrichtungen gleich behandelt, die ebenfalls mit ihren wirtschaftlichen Geschäftsbetrieben, die nicht der Ausübung der öffentlichen Gewalt dienen, körperschaftsteuerpflichtig sind (§ 4 KStG).

VIII. Kein weitergehendes subjektives Recht aus Art. 3 GG oder Art. 14 GG

Grundsätzlich könnte daran gedacht werden, die steuerliche Begünstigung von Organisationen, die Gemeinwohlzwecke verfolgen, aus einer verminderten Leistungsfähigkeit abzuleiten. Wer annimmt, dass die Spendentätigkeit beim Spender die steuerliche Leistungsfähigkeit vermindert, müsste konsequenterweise annehmen, dass gemeinnützige Organisationen gar nicht leistungsfähig sind, weil sie ihre gesamten Einnahmen für steuerbegünstigte Zwecke ausgeben. Somit müssten sämtliche Einkünfte einer steuerbegünstigten Organisation – auch die aus dem wirtschaftlichen Geschäftsbetrieb – von einer Besteuerung ausgenommen werden. Die Verwendung der Einnahmen zur steuerbegünstigten Zweckverwirklichung sagt jedoch nichts zur Leistungsfähigkeit der gemeinnützigen Organisation aus. Vielmehr ist sie mit ihren Einkünften aus ihrer Vermögensverwaltung, aus ihrem Zweckbetrieb sowie aus ihrem wirtschaftlichen Geschäfts-

544 *Droege*, Gemeinnützigkeit im offenen Steuerstaat, S. 405ff.; a.A. *Möllmann*, Die steuerliche Privilegierung gemeinnütziger Körperschaften im Spannungsfeld von Verfassungsrecht und europäischen Grundfreiheiten, S. 89ff.

betrieb gleich leistungsfähig wie erwerbswirtschaftlich tätige Unternehmen. Der Staat honoriert mit seiner steuerlichen Begünstigung allein die gemeinwohlfördernde Tätigkeit der gemeinnützigen Organisation. Daher ist es auch hier angezeigt, bei der Ermittlung der Leistungsfähigkeit allein auf die Einkünfteermittlung und nicht auf die Einkünfteverwendung zu schauen. Eine Besteuerung verstieße nicht gegen das aus Art. 3 Abs. 1 GG abgeleitete Leistungsfähigkeitsprinzip. Der Gesetzgeber kann sich jedoch dafür entscheiden, Teile der Einkünfte einer Organisation, die ausschließlich Gemeinwohlzwecke verfolgt, steuerlich zu begünstigen. Die hieraus resultierende Ungleichbehandlung mit erwerbswirtschaftlich tätigen Unternehmen ist nach Art. 3 Abs. GG gerechtfertigt, da sie der Gemeinwohlförderung dient.

In Bezug auf Art. 14 Abs. 2 GG gilt für den Spendenempfänger das gleiche wie für die Spender.[545] Die Spendenempfängerin kann ihre Steuerzahlung nicht mit ihrer Betätigung zu Gemeinwohlzwecken ersetzen. Daher ergibt sich für den Staat auch beim Spendenempfänger keine Pflicht zur steuerlichen Begünstigung aus Art. 14 Abs. 2 GG. Dieses Ergebnis erscheint insgesamt als systemgerecht. Ansonsten ließe sich nicht erklären, wieso eine Organisation, die Gemeinwohlzwecke erfüllt, mit ihrer Betätigung grundsätzlich ihre Steuerzahlungen substituieren kann, nur nicht diejenigen Einnahmen aus ihrem wirtschaftlichen Geschäftsbetrieb. Oder anders ausgedrückt, ansonsten wäre die notwendige Konsequenz, dass die Organisation auch mit ihren Einnahmen aus dem wirtschaftlichen Geschäftsbetrieb steuerbefreit sein müsste und sich Wettbewerbsverzerrungen nicht verhindern ließen.

B. Spendenempfänger im Ausland

Die inländischen gemeinnützigen Organisationen haben teilweise ein subjektives Recht gegenüber dem Gesetzgeber auf steuerliche Begünstigung ihrer Tätigkeit. Dieses subjektive Recht ergab sich einerseits aus der Finanzierungsverantwortung des Staates gegenüber einigen gemeinnützigen Organisationen, andererseits, um Wettbewerbsvorteile der staatlichen Einrichtungen gegenüber privaten gemeinnützigen Einrichtungen zu vermeiden. Darüber hinaus erhalten sie Unterstützung vom Staat, weil er steuerliche Anreize bietet, an gemeinnützige Organisationen zu spenden. Können sich daher auch ausländische Organisationen, die in Deutschland be-

545 Vgl. 3. Kapitel: B. III. 5. Sozialpflichtigkeit Art. 14 Abs. 2 GG S. 86.

schränkt steuerpflichtig sind, auf eine Gleichbehandlung dahin gehend berufen, dass sie die gleichen steuerlichen Begünstigungen erhalten wie inländische Organisationen, sofern sie die Voraussetzungen des Gemeinnützigkeitsrechts erfüllen? Müssen zudem die Spenden an die Spendenempfänger im Ausland ebenfalls eine steuerliche Begünstigung beim Spender erfahren, soweit Spenden an inländische Spendenempfänger steuerlich begünstigt werden? Ergibt sich hierzu ein verfassungsrechtliches subjektives Recht für die ausländischen Spendenempfänger?

Bislang herrschte in der Literatur keine Einigkeit zu der Frage, ob sich ausländische juristische Personen, die ihren Sitz in der Europäischen Union haben, auf materielle Grundrechte des Grundgesetzes berufen können.[546] Auch das BVerfG hatte bisher lediglich entschieden, dass sich die ausländischen juristischen Personen auf prozessuale Grundrechte berufen können.[547] In einer neueren Entscheidung hat das BVerfG entschieden, dass die „Anwendungserweiterung des Grundrechtsschutzes auf juristische Personen aus der Europäischen Union“ – gleiches gilt für juristische Personen mit Sitz im EWR – zwingend ist, um den vertraglichen Verpflichtungen zu entsprechen, die sich insbesondere aus den Grundfreiheiten und dem allgemeinen Diskriminierungsverbot aus Art. 18 AEUV ergeben.[548] Der EuGH hatte bereits in der Rs. Überseering[549] entschieden, dass es gegen die Niederlassungsfreiheit verstoße, einer Gesellschaft, die in einem anderen Mitgliedstaat gegründet wurde, die Rechts- und Parteifähigkeit an deutschen Zivilgerichten vorzuenthalten.[550] Darüber hinaus müsse den juristischen Personen aus der Europäischen Union auch die Geltendmachung von deutschen Grundrechten vor dem BVerfG ermöglicht werden,

---

546 Bejahend *Drathen*, Deutschengrundrechte im Lichte des Gemeinschaftsrechts, S. 170, 200f; 218f.; *Dreier*, in: Dreier, GG Kommentar, Art. 19 III Rn. 21, 83; *Huber*, in: von Mangoldt/Klein/Starck, Kommentar zum GG, Art. 19 Rn. 304ff.; *Kotzur*, DÖV 2001, 192 (197f.); *Remmert*, in: Maunz/Dürig, GG Kommentar, Art. 19 Abs. 3 Rn. 92ff.; ablehnend *Bethge*, Die Grundrechtsberechtigung juristischer Personen nach Art. 19 Abs. 3 Grundgesetz, S. 55ff.; *Frotscher*, in: GS Walz, S. 199 (200).

547 BVerfG, Beschluss vom 08.11.1960 – 2 BvR 177/60, BVerfGE 12, 6 (8); BVerfG, Beschluss vom 07.04.1965 – 2 BvR 227/64, BVerfGE 18, 441 (447); BVerfG, Beschluss vom 02.05.1967 – 1 BvR 578/63, BVerfGE 21, 362 (373); BVerfG, Beschluss vom 12.04.1983 – 2 BvR 678, 679, 680, 681, 683/81, BVerfGE 64, 1 (11).

548 BVerfG, Beschluss vom 19.07.2011 – 1 BvR 1916/09, BVerfGE 129, 78 (94ff.); so auch: *Hufeld/Rathke*, EuR Beiheft 3 2013, 7 (10f.).

549 Europäischer Gerichtshof, Urteil vom 05.11.2002 – C-208/00, Überseering.

550 Europäischer Gerichtshof, Urteil vom 05.11.2002 – C-208/00, Überseering Rn. 82.

um eine vollständige Gleichstellung zu gewähren und dem unionsrechtlichen Diskriminierungsverbot zu genügen.[551] Gleichzeitig hob das BVerfG hervor, die Grundrechtsträgerschaft der juristischen Personen aus der Europäischen Union im Wege einer unionsrechtskonformen Auslegung des Art. 19 Abs. 3 GG herzuleiten, übersteige die Wortlautgrenze.[552] Ebenso erteilte das BVerfG einigen Stimmen in der Literatur[553] eine Absage, die eine Anwendungserweiterung dann als überflüssig erachten, wenn sich für die betroffene juristische Person ein vergleichbarer Schutz aus den europäischen Grundrechten oder Grundfreiheiten ergibt.[554]

Der Grund für die Anwendungserweiterung – der Verpflichtung aus den europäischen Verträgen nachkommen zu wollen – trägt zugleich die Grenze einer Anwendungserweiterung in sich: Juristische Personen aus der Europäischen Union können sich nur dann auf die deutschen Grundrechte berufen, wenn sie im Anwendungsbereich des Unionsrechts tätig werden.[555] In dem vom BVerfG entschiedenen Fall berief sich die Beschwerdeführerin, eine Gesellschaft mit beschränkter Haftung mit Sitz in Italien, die sich wirtschaftlich auch in Deutschland betätigt, auf deutsche Gesetze, die unionsrechtlich teilharmonisiert waren. Sie wurde somit im Anwendungsbereich des Unionsrechts tätig.[556]

Darüber hinaus muss die Anwendungserweiterung des Grundrechtsschutzes sachlich begrenzt werden. Nur für diejenigen juristischen Personen, die einen Berührungspunkt zu Deutschland aufweisen, ist eine Anwendungserweiterung geboten. Einen hinreichenden Inlandsbezug nimmt das BVerfG an, „wenn die ausländische juristische Person in Deutschland tätig wird und hier vor den Fachgerichten klagen und verklagt werden kann“.[557]

Für die gemeinnützigen Körperschaften aus der Europäischen Union und aus dem EWR bedeutet dies nun Folgendes: Auch sie können sich auf die deutschen Grundrechte berufen. Zwar sind die direkten Steuern und somit auch die Regelungen zum steuerlichen Spendenabzug nicht harmonisiert,[558] die gemeinnützigen Körperschaften können sich bei ihrer Tätigkeit zumindest auf die Kapitalverkehrsfreiheit berufen und sind deshalb

---

551 BVerfG, Beschluss vom 19.07.2011 – 1 BvR 1916/09, BVerfGE 129, 78 (98).
552 BVerfG, Beschluss vom 19.07.2011 – 1 BvR 1916/09, BVerfGE 129, 78 (96).
553 *Störmer*, AöR 1998, 541 (564ff., 570ff.).
554 BVerfG, Beschluss vom 19.07.2011 – 1 BvR 1916/09, BVerfGE 129, 78 (98).
555 BVerfG, Beschluss vom 19.07.2011 – 1 BvR 1916/09, BVerfGE 129, 78 (98).
556 BVerfG, Beschluss vom 19.07.2011 – 1 BvR 1916/09, BVerfGE 129, 78 (98).
557 BVerfG, Beschluss vom 19.07.2011 – 1 BvR 1916/09, BVerfGE 129, 78 (98f.).
558 Vgl. 5. Kapitel: A. Grundfreiheiten S. 123.

im Anwendungsbereich des Unionsrechts tätig.[559] Das Einwerben von Spendenmitteln in Deutschland reicht aus, um einen hinreichenden Inlandsbezug zu begründen.

Im Ergebnis kann sich der ausländische Spendenempfänger auf die deutschen Grundrechte berufen. Wenn die inländischen gemeinnützigen Organisationen steuerliche Begünstigungen erhalten, hat die ausländische Organisation ein subjektives Recht aus Art. 3 Abs. 1 GG auf dieselbe steuerliche Begünstigung ihrer Einkünfte, die einer beschränkten Steuerpflicht in Deutschland unterliegen, sofern die ausländische Organisation alle Voraussetzungen des Gemeinnützigkeitsrechts erfüllt. Wenn die Spende an inländische Organisationen beim Spender darüber hinaus steuerlich berücksichtigt wird, hat die ausländische Organisation unter denselben Voraussetzungen gleichzeitig ein subjektives Recht dahingehend, dass die Spende an sie ebenfalls beim Spender steuerlich berücksichtigt wird. Eine Ungleichbehandlung der ausländischen Organisation lässt sich nicht damit rechtfertigen, dass der Staat bei inländischen Organisationen besser kontrollieren könnte, ob sie seine zur Steuerbegünstigung berechtigenden Vorgaben erfüllen. Denn der Gesetzgeber hat im Rahmen der steuerlichen Begünstigung von Spendensammelkörperschaften deutlich gemacht, dass er eine gemeinnützige Betätigung unterstützt, wenn nur anhand von Buchungsunterlagen und Belegen die Tätigkeit im Ausland nachvollzogen werden kann.[560] Aus dem Gleichbehandlungsgrundsatz muss der Gesetzgeber den Spendenempfänger im Ausland mit dem Empfänger von einer Mittelbeschaffungskörperschaft gleichbehandeln. Es ist kein Grund ersichtlich, der eine Besserstellung der Empfängerkörperschaft von Mittelbeschaffungskörperschaften rechtfertigen könnte. Weder haftet die Mittelbeschaffungskörperschaft für eine Mittelfehlverwendung noch ist es ihr tatsächlich möglich, die Empfängerkörperschaft besser zu kontrollieren als ein Spender. Sofern die ausländische gemeinnützige Organisation alle Voraussetzungen für eine steuerliche Begünstigung erfüllt und insbesondere Zwecke verfolgt, die vom deutschen Gesetzgeber als gemeinnützig anerkannt sind, müssen ihre inländischen Einkünfte ebenfalls steuerlich begünstigt werden. Gleichzeitig darf beim Spender die Spende steuerlich keine andere Berücksichtigung erfahren.[561]

---

559 Vgl. 5. Kapitel: A. E. G. I Kapitalverkehrsfreiheit S. 147.

560 3. Kapitel: B. V. 2. bb) Ungleichbehandlung im Vergleich zu Mittelbeschaffungskörperschaften S. 103.

561 Im Ergebnis so auch BFH, Urteil vom 22.03.2018 – X R 5/16, BFHE 261, 132 (143).

Diesem Gleichbehandlungsauftrag kommt der Gesetzgeber weitestgehend nach. Denn nach § 5 Abs. 2 Nr. 2 KStG erhalten ausländische Organisationen die gleichen steuerlichen Begünstigungen wie inländische gemeinnützige Organisationen, soweit die ausländischen Organisationen die Voraussetzungen des Gemeinnützigkeitsrechts erfüllen. Auch die Spende an ausländische Organisationen wird durch § 10b EStG genauso steuerlich begünstigt wie eine Spende an eine inländische Organisation.

5. Kapitel: Unionsrecht

Der Einfluss des Unionsrechts auf das Gemeinnützigkeitsrecht ist sehr groß. Zwar befindet sich das Gemeinnützigkeitsrecht weit überwiegend im Bereich der direkten Steuern, die nicht durch Sekundärrecht harmonisiert wurden, weil es insoweit an einer Rechtsetzungskompetenz der Europäischen Union fehlt.[562] Umso größer war und ist der Einfluss der Grundfreiheiten auf die direkten Steuern und das deutsche Gemeinnützigkeitsrecht.

A. Grundfreiheiten

Der EuGH urteilt in ständiger Rechtsprechung, dass „zwar der Bereich der direkten Steuern als solcher beim gegenwärtigen Stand des Gemeinschaftsrechts nicht in die Zuständigkeit der Gemeinschaft fällt, die Mitgliedstaaten die ihnen verbliebenen Befugnisse jedoch unter Wahrung des Gemeinschaftsrechts ausüben müssen".[563] Aus diesem Satz lässt sich noch nicht die Schlagkraft der Grundfreiheiten entnehmen, die ihnen in den letzten Jahren – fast schon Jahrzehnten – zugekommen ist. Der EuGH hat den Grundfreiheiten zu ihrer größtmöglichen Wirkung verholfen, indem er sie konsequent ausgelegt und für ihre konsequente Anwendung gesorgt hat. Mithilfe der Grundfreiheiten wurden dem Gemeinnützigkeitsrecht der Mitgliedstaaten feste Grenzen gesetzt, sodass man heute von einem europäischen Gemeinnützigkeitsrecht sprechen kann, obwohl auch weiter-

---

562 *Schaumburg*, in: Schaumburg/Englisch, Europäisches Steuerrecht, S. 1 (8); im Gegensatz hierzu besteht eine Gesetzgebungskompetenz für die Europäische Union durch Art. 113 AEUV im Bereich der indirekten Steuern. Art. 113 AEUV ermächtigt den Rat, Bestimmungen zur Harmonisierung der Rechtsvorschriften über die Umsatzsteuern, die Verbrauchsabgaben und sonstigen indirekten Steuern zu erlassen, soweit diese Harmonisierung für die Errichtung und das Funktionieren des Binnenmarkts und die Vermeidung von Wettbewerbsverzerrungen notwendig ist.

563 Europäischer Gerichtshof, Urteil vom 14.02.1995 – C-279/93, Schumacker Rn. 21; Europäischer Gerichtshof vom 10.03.2005 – C-39/04, Laboratoires Fournier Rn. 14; Europäischer Gerichtshof, Urteil vom 14.09.2006 – C-386/04, Stauffer Rn. 15.

hin sekundärrechtlich keine Regelungen existieren. Das europäische Gemeinnützigkeitsrecht ist im Rahmen der negativen Integration entstanden, durch die Wahrnehmung der Grundfreiheiten durch die Bürger und nicht durch die Abgabe von Hoheitsrechten im Bereich des Gemeinnützigkeitsrechts an die EU.[564]

Ein kurzer Rückblick soll die geschichtliche Entwicklung der Rechtsprechung des EuGH zur Wirkung der Grundfreiheiten aufzeigen.[565] Das erste richtungweisende Urteil des EuGH zur Wirkung der Grundfreiheiten war das Urteil in der Rs. van Gend/Loos.[566] Hier entschied der EuGH erstmalig, dass sich die Bürger der Europäischen Union gegenüber den Mitgliedstaaten auf die Grundfreiheiten berufen und ihre Beachtung einklagen können.[567] Ein weiteres richtungweisendes Urteil war die Klarstellung des EuGH in der Rs. Costa/ENEL, dass das Unionsrecht grundsätzlich einen Anwendungsvorrang vor dem nationalen Recht der Mitgliedstaaten genießt.[568] In den nächsten Jahren kam den Grundfreiheiten nur im wirtschaftlichen Bereich Bedeutung zu, schließlich sollte mit den Grundfreiheiten der europäische Binnenmarkt verwirklicht werden und hierfür erwiesen sich die Grundfreiheiten im Gegensatz zum Sekundärrecht als der entscheidende Motor.[569] Mit dem Vertrag von Maastricht ging die Europäische Union einen wichtigen Schritt in Richtung politische Union. Erstmalig wurden die Unionsbürgerrechte, die jedem Bürger eines Mitgliedstaates der Europäischen Union unabhängig von einer wirtschaftlichen Betätigung zustehen, förmlich in den Maastrichter Vertrag eingeführt.[570]

---

564 Zu der Bedeutung der Grundfreiheiten für das europäische Steuerrecht: *Reimer*, in: Schaumburg/Englisch, Europäisches Steuerrecht, S. 133 (136f.).

565 Zur Entwicklung der Grundfreiheiten und ihrer Wirkungsweise: *Lissner*, Das Gemeinnützigkeits- und Spendenrecht unter dem Einfluss der europäischen Grundfreiheiten, S. 28ff.

566 Europäischer Gerichtshof, Urteil vom 05.02.1963 – C-26/62, van Gend/Loos; so auch *Schaumburg*, in: Schaumburg/Englisch, Europäisches Steuerrecht, S. 13 (21).

567 Europäischer Gerichtshof, Urteil vom 05.02.1963 – C-26/62, van Gend/Loos, 7 (25ff.).

568 Europäischer Gerichtshof, Urteil vom 15.07.1964 – C-6/64, Costa/ENEL, 1259 (1269ff.); so auch *Schaumburg*, in: Schaumburg/Englisch, Europäisches Steuerrecht, S. 13 (21).

569 *Schaumburg*, in: Schaumburg/Englisch, Europäisches Steuerrecht, S. 13 (21).

570 *Schönberger*, in: Grabitz/Hilf/Nettesheim, Das Recht der Europäischen Union Kommentar, Art. 20 AEUV Rn. 1, 19f.; *Epiney/Haag*, in: Bieber/Epiney/Haag/Kotzur, Die Europäische Union, § 2 Rn. 23ff.

Ein wichtiges Urteil des EuGH zum Einfluss der Grundfreiheiten auf das Steuerrecht war die Entscheidung in der Rs. Schumacker.[571] Der EuGH stellte in der Rs. Schumacker klar, dass eine unterschiedliche Behandlung von Steuerpflichtigen, bei der in der Regel nur Ausländer und nicht Deutsche schlechter behandelt werden, zumindest einen mittelbaren Verstoß gegen die Grundfreiheiten darstellt.[572] Unter engen Voraussetzungen mussten nach dieser Entscheidung auch bei beschränkt Steuerpflichtigen die persönliche Lage und der Familienstand berücksichtigt werden und die Möglichkeit für einen Jahressteuerausgleich geschaffen werden.[573] Der nächste große Einschnitt für das deutsche Steuerrecht zeichnete sich mit zwei Entscheidungen des EuGH zur niederländischen Erbschaftsteuer ab.[574] Erstmalig hat der EuGH in der Rs. Erben von H. Barbier und in der Rs. van Hilten-van der Heijden klargestellt, dass die Kapitalverkehrsfreiheit nicht nur den wirtschaftlichen Kapital- und Zahlungsverkehr schützt, sondern dass zusätzlich Erbschaften von der Kapitalverkehrsfreiheit erfasst werden.[575] Schon damals war absehbar, dass auch Spenden von der Kapitalverkehrsfreiheit erfasst werden und die Grundfreiheiten somit das Gemeinnützigkeitsrecht der Mitgliedstaaten beeinflussen.[576] Die Grundfreiheiten wirken sich zunächst nur zwischen den Mitgliedstaaten der Europäischen Union aus. Durch die Vorschriften des EWR besteht darüber hinaus im Ergebnis ein mit den Grundfreiheiten identischer Standard zu den Mitgliedstaaten des EWR-Abkommens (Island, Norwegen und Liechtenstein).[577]

---

571 Europäischer Gerichtshof, Urteil vom 14.02.1995 – C-279/93, Schumacker.

572 Europäischer Gerichtshof, Urteil vom 14.02.1995 – C-279/93, Schumacker Rn. 26ff.

573 Europäischer Gerichtshof, Urteil vom 14.02.1995 – C-279/93, Schumacker Rn. 47, 59.

574 Europäischer Gerichtshof, Urteil vom 11.12.2003 – C-364/01, Erben von H. Barbier; Europäischer Gerichtshof, Urteil vom 23.02.2006 – C-513/03, Erben von M. E. A. van Hilten-van der Heijden.

575 Europäischer Gerichtshof, Urteil vom 11.12.2003 – C-364/01, Erben von H. Barbier Rn. 58; Europäischer Gerichtshof, Urteil vom 23.02.2006 – C-513/03, Erben von M. E. A. van Hilten-van der Heijden Rn. 39ff.

576 *Von Hippel*, in: Walz/von Auer/von Hippel, Spenden- und Gemeinnützigkeitsrecht in Europa, S. 677 (694ff.).

577 *Englisch*, in: Schaumburg/Englisch, Europäisches Steuerrecht, S. 97 (99).

B. Rechtssache Stauffer

Das erste richtungweisende Urteil des EuGH für das deutsche Gemeinnützigkeitsrecht war die Rs. Stauffer.[578] Eine nach italienischem Recht gemeinnützige Stiftung vermietete in München ein Geschäftsgrundstück.[579] Da sie ihren Sitz und die Stiftungsleitung in Italien hatte, war sie nach deutschem Recht (§§ 2 Nr. 1 i.V.m. § 8 Abs. 1 Satz 1 KStG i.V.m. §§ 49 Abs. 1 Nr. 6 i.V.m. 21 Abs. 1 Satz 1 Nr. 1 EStG) mit ihren Einkünften aus der Vermietung der Immobilie beschränkt steuerpflichtig (§§ 5 Abs. 1 Nr. 9 i.V.m. 5 Abs. 2 Nr. 3 KStG a.F.). Die Steuerbefreiung von gemeinnützigen Organisationen war damals davon abhängig, dass sie ihren Sitz in Deutschland haben. Die italienische Stiftung sah hierin einen Verstoß gegen die europäischen Grundfreiheiten. Der BFH, der hierüber zu entscheiden hatte, setzte das Verfahren aus und legte die Sache in einem Vorabentscheidungsersuchen dem EuGH vor. Als wichtigste Ergebnisse aus der Rs. Stauffer lassen sich festhalten, dass es gegen die Kapitalverkehrsfreiheit verstößt, einer nach nationalem Recht gemeinnützigen Körperschaft die steuerlichen Vorteile für ihre inländischen Einkünfte aufgrund ihrer ausländischen Ansässigkeit zu versagen.[580] Des Weiteren hat der EuGH in der Rs. Stauffer entschieden, dass eine Körperschaft, die in einem Mitgliedstaat als gemeinnützig anerkannt wurde, nicht automatisch in allen anderen Mitgliedstaaten einen gemeinnützigen Status erhalten müsse.[581] Jeder Mitgliedstaat bestimmt für sich, unter welchen Voraussetzungen eine Körperschaft gemeinnützig ist.[582]

Als Reaktion auf dieses EuGH-Urteil hat der Gesetzgeber einige Gesetzesänderungen vorgenommen. So gab es zur Zeit der „Stauffer-Entscheidung" eine Ausnahme von den strengen Satzungsanforderungen einer gemeinnützigen Stiftung, sofern diese einer staatlichen Stiftungsaufsicht unterlag. In diesem Fall wurde noch nach § 62 AO 1977 a.F. auf die satzungsmäßige Vermögensbindung im Sinne von § 61 Abs. 1 AO verzichtet. Die

---

578 Europäischer Gerichtshof, Urteil vom 14.09.2006 – C-386/04, Stauffer.

579 Europäischer Gerichtshof, Urteil vom 14.09.2006 – C-386/04, Stauffer Rn. 7f.

580 Europäischer Gerichtshof, Urteil vom 14.09.2006 – C-386/04, Stauffer Rn. 40, 42, 62.

581 Europäischer Gerichtshof, Urteil vom 14.09.2006 – C-386/04, Stauffer Rn. 39; *Reimer*, in: Schaumburg/Englisch, Europäisches Steuerrecht, S. 168 (180).

582 Europäischer Gerichtshof, Urteil vom 14.09.2006 – C-386/04, Stauffer Rn. 39; ausführlich *Möllmann*, Die steuerliche Privilegierung gemeinnütziger Körperschaften im Spannungsfeld von Verfassungsrecht und europäischen Grundfreiheiten, S. 132, 144ff.

satzungsmäßige Vermögensbindung nach § 61 Abs. 1 AO verpflichtet steuerlich begünstigte Organisationen, bereits in der Satzung festzulegen, für welchen Zweck das Vermögen bei Auflösung oder Aufhebung der Körperschaft oder bei Wegfall ihres bisherigen Zwecks verwendet werden soll. Der BFH hat entschieden, dass die Ausnahme von der satzungsmäßigen Vermögensbindung (§ 62 AO a.F.) auch für Organisationen mit Sitz im Ausland gilt, sofern sie einer ausländischen Stiftungsaufsicht unterliegen und diese ausländische Stiftungsaufsicht mit der deutschen Stiftungsaufsicht vergleichbar ist.[583] Darüber hinaus wurde der § 5 Abs. 2 Nr. 2 KStG geändert. Nunmehr kann ein beschränkt Steuerpflichtiger nach § 5 Abs. 1 Nr. 9 i.V.m. § 5 Abs. 2 Nr. 2 KStG von der Körperschaftsteuer befreit werden, sofern der Steuerpflichtige eine Gesellschaft im Sinne des § 54 AEUV oder des Art. 34 des Abkommens über den Europäischen Wirtschaftsraumes ist, nach den Rechtsvorschriften eines Staates der Europäischen Union oder des Europäischen Wirtschaftsraum gegründet wurde, sich sein Sitz und Ort der Geschäftsleitung innerhalb des Hoheitsgebietes eines dieser Staaten befindet und mit dem Ansässigkeitsstaat ein Amtshilfeabkommen besteht.

C. *Rechtssache Schwarz/Gootjes-Schwarz*

Die zweite wichtige Entscheidung für das deutsche Gemeinnützigkeitsrecht war das Urteil in der Rs. Schwarz/Gootjes-Schwarz.[584] In dieser Rechtssache und in der Rs. Kommission/Deutschland[585] entschied der EuGH über eine deutsche Vorschrift, die den Sonderausgabenabzug von Schulgebühren davon abhängig machte, dass diese an eine inländische Privatschule gezahlt wurden. Hiergegen hatte sich sowohl die Klage des Ehepaars Schwarz/Gootjes-Schwarz als auch das Vertragsverletzungsverfahren der Kommission gegen Deutschland gerichtet.[586] Der EuGH stellte klar, dass eine derartige Regelung gegen die passive Dienstleistungsfreiheit

583 BFH, Urteil vom 20.12.2006 – I R 94/02, BFHE 216, 269 (275).

584 Europäischer Gerichtshof, Urteil vom 11.09.2007 – C-76/05, Schwarz/Gootjes-Schwarz.

585 Europäischer Gerichtshof vom 11.09.2007 – C-318/05, Kommission/Deutschland.

586 Europäischer Gerichtshof, Urteil vom 11.09.2007 – C-76/05, Schwarz/Gootjes-Schwarz Rn. 13; Europäischer Gerichtshof vom 11.09.2007 – C-318/05, Kommission/Deutschland Rn. 5.

(Art. 56 AEUV)[587] der Eltern verstößt, sofern die ausländische Privatschule sich überwiegend privat finanziert und deshalb eine Dienstleistung anbietet.[588] Wird die ausländische Schule überwiegend aus staatlichen Mitteln finanziert und gehört sie zum staatlichen Bildungssystem und sollen mit ihr Aufgaben auf dem sozialen, kulturellen und bildungspolitischen Gebiet erfüllt werden, so wird ihr Unterricht nicht vom Dienstleistungsbegriff nach Art. 50 EG (heute Art. 57 AEUV) erfasst.[589] Aber in diesem Fall können sich die Eltern und Kinder auf die allgemeine Freizügigkeit berufen, denn ein Abzugsverbot widerspricht zumindest der allgemeinen Freizügigkeit (Art. 21 AEUV).[590] § 10 Abs. 1 Nr. 9 EStG wurde daraufhin neu gefasst. Auf die Voraussetzung, dass das Schulgeld an eine inländische Privatschule gezahlt wird, wurde verzichtet. Stattdessen muss die Privatschule in einem Mitgliedstaat der Europäischen Union oder in einem Staat belegen sein, auf den das Abkommen über den Europäischen Wirtschaftsraum Anwendung findet (§ 10 Abs. 1 Nr. 9 S. 2 EStG).

D. Rechtssache Jundt

Eine weitere wichtige Entscheidung fällte der EuGH mit dem Urteil in der Rs. Jundt.[591] Herr Jundt ist deutscher Rechtsanwalt und hatte an der Universität in Straßburg eine Lehrtätigkeit wahrgenommen.[592] Die Aufwandsentschädigung, die er für seine Lehrtätigkeit erhalten hat, wollte das Finanzamt besteuern.[593] Wäre er der Lehrtätigkeit an einer inländischen juristischen Person des öffentlichen Rechts nachgekommen, so hätte man die Aufwandsentschädigung als steuerfreie Einnahme nach § 3 Satz 1 Nr. 26 EStG eingestuft. Da die Universität in Straßburg gerade keine inländische juristische Person des öffentlichen Rechts ist, hat man Herrn Jundt die Steuerfreiheit dieser Einnahmen versagt. Grundlegend hat der EuGH

---

587 Europäischer Gerichtshof, Urteil vom 11.09.2007 – C-76/05, Schwarz/Gootjes-Schwarz Rn. 47.

588 Europäischer Gerichtshof, Urteil vom 11.09.2007 – C-76/05, Schwarz/Gootjes-Schwarz Rn. 40, 47.

589 Europäischer Gerichtshof, Urteil vom 11.09.2007 – C-76/05, Schwarz/Gootjes-Schwarz Rn. 39.

590 Europäischer Gerichtshof, Urteil vom 11.09.2007 – C-76/05, Schwarz/Gootjes-Schwarz Rn. 98; ausführlich zu beiden Entscheidungen: *Ebner*, DStZ 2009, 645.

591 Europäischer Gerichtshof, Urteil vom 18.12.2007 – C-281/06, Jundt.

592 Europäischer Gerichtshof, Urteil vom 18.12.2007 – C-281/06, Jundt Rn. 6.

593 Europäischer Gerichtshof, Urteil vom 18.12.2007 – C-281/06, Jundt Rn. 7.

in der Rs. Jundt entschieden, dass eine Regelung wie § 3 Satz 1 Nr. 26 EStG gegen die Dienstleistungsfreiheit verstößt;[594] auch ehrenamtliche Tätigkeiten sind von der Dienstleistungsfreiheit (Art. 56 AEUV) erfasst.[595] Eine Dienstleistung nach Art. 57 AEUV erfordert eine Gegenleistung, muss jedoch nicht mit Gewinnerzielungsabsicht erbracht werden.[596] Des Weiteren betont der EuGH in dieser Entscheidung eindringlich, dass Art. 163 Abs. 2 EG a.F., der dem heutigen Art. 179 Abs. 2 AEUV entspricht, auf die Beseitigung steuerlicher Hindernisse abzielt, die der europaweiten Zusammenarbeit im Forschungsbereich entgegenstehen,[597] und dass in Art. 165 Abs. 2 2. Spiegelstrich AEUV als ein Ziel der Tätigkeit der Europäischen Union die Förderung der Mobilität von Lernenden und Lehrenden genannt wird.[598] Auch einer weitergehenden Auslegung des Rechtfertigungsgrundes der Kohärenz erteilte der EuGH eine Absage und blieb bei seiner sehr engen Auslegung, die er in den Rechtssachen Bachmann[599] und Kommission/Belgien[600] entwickelt hat, und die den Nachweis eines unmittelbaren Zusammenhangs zwischen dem betreffenden steuerlichen Vorteil und dem Ausgleich dieses Vorteils durch eine bestimmte steuerliche Belastung erfordert.[601] § 3 Satz 1 Nr. 26 EStG wurde nach diesem Urteil zusammen mit § 10 Abs. 1 Nr. 9 EStG und § 5 Abs. 2 KStG neu gefasst. So sind heute von § 3 S. 1 Nr. 26 EStG auch Aufwandsentschädigungen von juristischen Personen des öffentlichen Rechts erfasst und von der Einkommensteuer befreit, sofern die juristische Person des öffentlichen Rechts in einem Mitgliedstaat der Europäischen Union oder in einem Staat belegen ist, auf den das Abkommen des Europäischen Wirtschaftsraum Anwendung findet.

E. Rechtssache Persche

Das entscheidende EuGH-Urteil, das zu einem wichtigen Schritt in Richtung einer Europäisierung des Spendenrechts führte, war die Entscheidung in der Rs. Persche. Mit dieser Entscheidung bekamen sowohl die

---

594 Europäischer Gerichtshof, Urteil vom 18.12.2007 – C-281/06, Jundt Rn. 73.
595 Europäischer Gerichtshof, Urteil vom 18.12.2007 – C-281/06, Jundt Rn. 34.
596 Europäischer Gerichtshof, Urteil vom 18.12.2007 – C-281/06, Jundt Rn. 32, 33.
597 Europäischer Gerichtshof, Urteil vom 18.12.2007 – C-281/06, Jundt Rn. 59.
598 Europäischer Gerichtshof, Urteil vom 18.12.2007 – C-281/06, Jundt Rn. 60.
599 Europäischer Gerichtshof vom 28.01.1992 – C-204/90, Bachmann.
600 Europäischer Gerichtshof vom 28.01.1992 – C-300/90, Kommission/Belgien.
601 Europäischer Gerichtshof, Urteil vom 18.12.2007 – C-281/06, Jundt Rn. 68.

Spender als auch die Spendenempfänger Unterstützung, um die Europäisierung des Spendenrechts voranzutreiben.

I. Sachverhalt

Der Rs. Persche lag folgender Sachverhalt zugrunde: Herr Persche hatte unterschiedlichste Gegenstände, unter anderem Rollatoren, Bettwäsche, Handtücher und Spielzeugautos an ein portugiesisches Altenheim gespendet, an das ein Kinderheim angegliedert war.[602] Die Empfängerorganisation war in Portugal als gemeinnützig anerkannt und Herr Persche erhielt für seine Spende einen portugiesischen Spendenbeleg.[603] Herr Persche besaß in dem Ort, in dem sich das Altenheim und das Kinderheim befanden, sein Feriendomizil.[604] Die Sachspende machte er in seiner Steuererklärung geltend, das Finanzamt ließ diese Ausgaben jedoch nicht zum Sonderausgabenabzug nach § 10b Abs. 1 und 3 EStG zu, da sich die Empfängerorganisation nicht in Deutschland befand (§ 49 EStDV a.F.).[605] Herr Persche klagte gegen diese Entscheidung und der BFH legte dem EuGH die Frage vor, ob Sachspenden in Form von Gegenständen des täglichen Bedarfs an eine gemeinnützige Organisation von der Kapitalverkehrsfreiheit (Art. 63 AEUV) erfasst werden.[606] Weiter wollte der BFH wissen, ob es gegen die Kapitalverkehrsfreiheit verstoße, wenn Spenden nach dem Recht eines Mitgliedstaates nur dann steuerlich begünstigt werden, wenn sie an eine gemeinnützige Organisation mit Sitz in diesem Mitgliedstaat erfolgen.[607] Mit seiner letzten Frage wollte der BFH wissen, ob der Mitgliedstaat durch die Amtshilferichtlinie (77/799) die Mitgliedstaaten verpflichte, mit Hilfe der Verwaltungsbehörden im anderen Mitgliedstaat den Sachverhalt aufzuklären oder ob der Mitgliedstaat den Steuerpflichtigen darauf verweisen kann, dass er die Feststellungslast/objektive Beweislast trägt.[608]

---

602 Europäischer Gerichtshof, Urteil vom 27.01.2009 – C-318/07, Persche Rn. 12.
603 Europäischer Gerichtshof, Urteil vom 27.01.2009 – C-318/07, Persche Rn. 13.
604 Europäischer Gerichtshof, Urteil vom 27.01.2009 – C-318/07, Persche Rn. 12.
605 Europäischer Gerichtshof, Urteil vom 27.01.2009 – C-318/07, Persche Rn. 14f.
606 Europäischer Gerichtshof, Urteil vom 27.01.2009 – C-318/07, Persche Rn. 19.
607 Europäischer Gerichtshof, Urteil vom 27.01.2009 – C-318/07, Persche Rn. 19.
608 Europäischer Gerichtshof, Urteil vom 27.01.2009 – C-318/07, Persche Rn. 19.

II. Ergebnisse der Entscheidung

Der EuGH hat in seiner Entscheidung zur Rs. Persche die Kapitalverkehrsfreiheit (Art. 63 AEUV) dahingehend ausgelegt, dass Spenden von ihr erfasst sind.[609] Die einzelnen Mitgliedstaaten dürfen zwar die Voraussetzungen zur Erlangung des Gemeinnützigkeitsstatus und die Zwecke, die sie steuerlich begünstigen, selbst bestimmen.[610] Sofern eine ausländische Spendenempfängerkörperschaft allerdings die nationalen Voraussetzungen zur Abzugsfähigkeit einer Spende erfüllt, muss auch die grenzüberschreitende Spende zum Abzug zugelassen werden.[611] Gleichzeitig bedeutet die Anerkennung des Gemeinnützigkeitsstatus in einem Mitgliedstaat nicht, dass diese Organisation in allen EU-Mitgliedstaaten als gemeinnützig anerkannt werden muss.[612] Nach der alten Gesetzeslage hatte der deutsche Gesetzgeber eine Reihe von Zwecken aufgezählt, deren Förderung er steuerlich begünstigt hat (§ 52 Abs. 2 Satz 1 AO). Bei der Förderung dieser Zwecke war es grundsätzlich unerheblich, ob sie in Deutschland oder in einem anderen Land vorgenommen wurde.[613] Voraussetzung für eine Spendenabzugsmöglichkeit war jedoch, dass das Geld an eine inländische Körperschaft gespendet wird (§ 10b Abs. 1 Satz 1 Var. 3 EStG i.V.m. §§ 5 Abs. 1 Nr. 9, Abs. 2 Nr. 2 KStG). Genau hierin hat der EuGH einen Verstoß gegen die Kapitalverkehrsfreiheit gesehen. Sofern die förderungswürdigen Zwecke nicht auf das Inland beschränkt sind, muss die Spende auch dann abzugsfähig sein, wenn an eine Körperschaft gespendet wird, die in einem anderen Mitgliedstaat ansässig ist, solange alle übrigen Voraussetzungen nach den deutschen Steuergesetzen erfüllt werden.[614]

Der EuGH hat der Argumentation der Mitgliedstaaten eine klare Absage erteilt,[615] nach der nur inländische gemeinnützige Organisationen mit ihrer Betätigung den Staat entlasten könnten und eine Besserstellung der

---

609 Europäischer Gerichtshof, Urteil vom 27.01.2009 – C-318/07, Persche Rn. 27.

610 Europäischer Gerichtshof, Urteil vom 27.01.2009 – C-318/07, Persche Rn. 48.

611 Europäischer Gerichtshof, Urteil vom 27.01.2009 – C-318/07, Persche Rn. 49.

612 So hatte der Gerichtshof schon in der Rs. Stauffer, Europäischer Gerichtshof, Urteil vom 14.09.2006 – C-386/04, Stauffer Rn. 39 entschieden und diese Ansicht in der Rs. Persche, Europäischer Gerichtshof, Urteil vom 27.01.2009 – C-318/07, Persche Rn. 47f. bestätigt.

613 BFH, Vorlagebeschluss vom 14.07.2004 – I R 94/02, BFHE 206, 350 (352).

614 Europäischer Gerichtshof, Urteil vom 27.01.2009 – C-318/07, Persche Rn. 49, 72.

615 Europäischer Gerichtshof, Urteil vom 27.01.2009 – C-318/07, Persche Rn. 46; so auch *Englisch*, in: Schaumburg/Englisch, Europäisches Steuerrecht, S. 185 (194).

inländischen Organisationen deshalb gerechtfertigt sei.[616] Denn „nach ständiger Rechtsprechung zählt das Erfordernis, den Rückgang der Steuereinnahmen zu vermeiden weder zu den in Art. 58 EG [dem jetzigen Art. 65 AEUV] genannten Zielen noch zu den zwingenden Gründen des Allgemeininteresses, die eine Beschränkung einer vom Vertrag eingeräumten Freiheit rechtfertigen können".[617]

Gleichzeitig steht es dem Mitgliedstaat frei, zu entscheiden, welche Zwecke durch das Gemeinnützigkeitsrecht gefördert werden sollen.[618] Diese Freiheit wird dahingehend verstanden, dass die Mitgliedstaaten die Steuerbegünstigung von einer Förderung inländischer Zwecke abhängig machen können.[619] Denn der EuGH hatte in der Rs. Stauffer ausgeführt, dass die Mitgliedstaaten das Bestehen einer hinreichend engen Verbindung zwischen der als gemeinnützig anerkannten Stiftung und der Tätigkeit, die diese ausübt, verlangen dürfen.[620] Die Bedeutung dieser Passage erschließt sich erst im Zusammenhang mit dem nächsten Absatz des Urteils. In diesem führt der EuGH aus, dass eine solch hinreichend enge Verbindung vom deutschen Gesetzgeber nicht verlangt wurde, da nach den Ausführungen des BFH die steuerliche Begünstigung nicht davon abhängig war, ob die Betätigung der Stiftung den Staatsangehörigen oder den Bewohnern der Bundesrepublik Deutschland zu Gute gekommen ist.[621] Allerdings musste der EuGH bisher nicht abschließend zu der Frage Stellung nehmen, ob eine solche Beschränkung der Zwecke auf inländische zulässig ist, weil er bisher annehmen durfte, dass die Zwecke auslandsoffen ausgestaltet sind.[622] Die Freiheit des Gesetzgebers, die steuerbegünstigten Zwecke selbst festzulegen, schränkt der EuGH allein dadurch ein, dass der Gesetzgeber diese Freiheit im Einklang mit dem Unionsrecht ausüben muss.[623] Insgesamt dürfen die Mitgliedstaaten die Zwecke für die steuerliche Begünstigung nicht so ausgestalten, dass im Regelfall/automatisch nur inländische Organisationen diese Voraussetzung erfüllen, ausländische Organi-

---

616 Europäischer Gerichtshof, Urteil vom 27.01.2009 – C-318/07, Persche Rn. 42.

617 Europäischer Gerichtshof, Urteil vom 27.01.2009 – C-318/07, Persche Rn. 46.

618 Europäischer Gerichtshof, Urteil vom 27.01.2009 – C-318/07, Persche Rn. 48; *Reimer*, in: Lüdicke, Wo steht das deutsche Internationale Steuerrecht?, S. 31 (70); *Englisch*, in: Schaumburg/Englisch, Europäisches Steuerrecht, S. 185 (198).

619 *Hüttemann/Helios*, DB 2006, 2481 (2490); *Unger*, DStZ 2010, 154 (162f.).

620 Europäischer Gerichtshof, Urteil vom 14.09.2006 – C-386/04, Stauffer Rn. 37.

621 Europäischer Gerichtshof, Urteil vom 14.09.2006 – C-386/04, Stauffer Rn. 38.

622 Europäischer Gerichtshof, Urteil vom 14.09.2006 – C-386/04, Stauffer Rn. 38.

623 Europäischer Gerichtshof, Urteil vom 27.01.2009 – C-318/07, Persche Rn. 48.

sationen jedoch nicht; dies stellt eine ungerechtfertigte Diskriminierung dar.[624]

Nach der Rechtsprechung des EuGH können die Mitgliedstaaten die steuerliche Begünstigung auf gemeinnützige Organisationen beschränken, die ihren Sitz in der Europäischen Union oder im Europäischen Wirtschaftsraum haben.[625] Grundsätzlich gilt die Kapitalverkehrsfreiheit nicht nur innerhalb der Europäischen Union und dem Europäischen Wirtschaftsraum, sondern auch für den Kapitalverkehr in Drittstaaten. Allerdings hat der EuGH im Grundsatz die Begrenzung der steuerlichen Begünstigung auf Spenden an gemeinnützige Organisationen mit Sitz in der EU oder im EWR akzeptiert.[626] Einerseits hat nämlich der EuGH anerkannt, dass eine Ungleichbehandlung von gemeinnützigen Organisationen gerechtfertigt ist, wenn die Wirksamkeit der Steueraufsicht als anerkannter zwingender Grund des Allgemeininteresses dies erfordert.[627] Die Ungleichbehandlung von gemeinnützigen Organisationen innerhalb der EU und des EWR sei jedoch mit der Wirksamkeit der Steueraufsicht nicht gerechtfertigt, weil es mildere Maßnahmen gibt, um die Wirksamkeit der Steueraufsicht sicherzustellen.[628] Die Ungleichbehandlung ist somit unverhältnismäßig.[629] So kann sich der Mitgliedstaat zunächst vom Spender stichhaltige Belege vorlegen lassen, aus denen sich ergibt, dass an eine – nach den jeweiligen Voraussetzungen des einzelnen Mitgliedstaates – gemeinnützige Organisation gespendet wurde.[630] Dies ist grundsätzlich auch bei Spenden an Organisationen in Drittstaaten möglich. Darüber hinaus hat der Mitgliedstaat bei Spenden innerhalb der EU und des EWR die Möglichkeit, die Angaben des Spenders im Wege eines Amtshilfeersuchens an den Mitgliedstaat, in dem der Spendenempfänger seinen Sitz hat, verifizieren zu lassen.[631] Solange kein Amtshilfeabkommen zu den Drittstaaten besteht, kann eine Ungleichbehandlung von gemeinnützigen Organisationen in Drittstaaten gerechtfertigt und verhältnismäßig sein.[632] Aus dem

---

624 Europäischer Gerichtshof, Urteil vom 16.06.2011 – C-10/10, Kommission/Österreich Rn. 33ff.; so auch *Englisch*, in: Schaumburg/Englisch, Europäisches Steuerrecht, S. 185 (199).

625 Europäischer Gerichtshof, Urteil vom 27.01.2009 – C-318/07, Persche Rn. 70.

626 Europäischer Gerichtshof, Urteil vom 27.01.2009 – C-318/07, Persche Rn. 70.

627 Europäischer Gerichtshof, Urteil vom 27.01.2009 – C-318/07, Persche Rn. 52.

628 Europäischer Gerichtshof, Urteil vom 27.01.2009 – C-318/07, Persche Rn. 51f.

629 Europäischer Gerichtshof, Urteil vom 27.01.2009 – C-318/07, Persche Rn. 51f.

630 Europäischer Gerichtshof, Urteil vom 27.01.2009 – C-318/07, Persche Rn. 53ff.

631 Europäischer Gerichtshof, Urteil vom 27.01.2009 – C-318/07, Persche Rn. 61ff.

632 Europäischer Gerichtshof, Urteil vom 27.01.2009 – C-318/07, Persche Rn. 70.

Urteil lässt sich somit ableiten, dass grundsätzlich der Steuerpflichtige zunächst Unterlagen vorlegen muss, aus denen sich ergibt, dass alle Voraussetzungen für die Gewährung des Sonderausgabenabzugs erfüllt sind.[633] Sofern die Finanzverwaltung begründete Zweifel an der Richtigkeit der Angaben hat, kann sie von der Möglichkeit der Amtshilfe Gebrauch machen.[634] Hierzu ist die Finanzverwaltung jedoch nicht verpflichtet, vielmehr ist es die Sache der Finanzverwaltung „zu beurteilen, in welchen konkreten Fällen [...] Informationen [...] fehlen, und zu entscheiden, ob es in diesen Fällen gerechtfertigt ist, einen anderen Mitgliedstaat um Auskunft zu ersuchen".[635] Erweist sich die Nachprüfung der vom Steuerpflichtigen vorgelegten Belege als schwierig, insbesondere wegen der in Art. 8 der Richtlinie 77/799 vorgesehenen Grenzen des Auskunftsaustausches, darf der Sonderausgabenabzug verweigert werden.[636]

III. Stellungnahme

Der EuGH hat in dieser Entscheidung die Grundfreiheiten weiter konsequent ausgelegt, gleichzeitig aber auch die Interessen der Mitgliedstaaten hinreichend berücksichtigt in einem Bereich, der unionsrechtlich nicht harmonisiert ist.

1. Spende von der Kapitalverkehrsfreiheit umfasst

Die Rechtsprechung des EuGH[637], die Spende in den Schutzbereich der Kapitalverkehrsfreiheit mit einzubeziehen, war folgerichtig. Der EuGH hielt sich hierzu an die gängige Auslegungsmethode. Der EuGH hat bei seiner Auslegung auf den Anhang der Richtlinie 88/361/EWG des Rates

633 Europäischer Gerichtshof, Urteil vom 27.01.2009 – C-318/07, Persche Rn. 52ff.; *Lindberg*, in: Frotscher/Geurts, EStG Kommentar, § 10b Rn. 125.

634 Europäischer Gerichtshof, Urteil vom 27.01.2009 – C-318/07, Persche Rn. 65; *Lindberg*, in: Frotscher/Geurts, EStG Kommentar, § 10b Rn. 125.

635 Europäischer Gerichtshof, Urteil vom 27.01.2009 – C-318/07, Persche Rn. 65.

636 Europäischer Gerichtshof, Urteil vom 27.01.2009 – C-318/07, Persche Rn. 69; *Lindberg*, in: Frotscher/Geurts, EStG Kommentar, § 10b Rn. 125.

637 Europäischer Gerichtshof, Urteil vom 27.01.2009 – C-318/07, Persche Rn. 24ff.

vom 24. Juni 1988 zur Durchführung von Artikel 67 des EG-Vertrages[638] in der ursprünglichen Fassung rekurriert.[639] Der EuGH konnte diese Richtlinie als Auslegungshilfe hinzuziehen, obwohl die primärrechtlichen Verträge seit Erlass der Verordnung neugeordnet wurden. Denn die Richtlinie wurde nicht durch eine Vertragsänderung aufgehoben.[640] Darüber hinaus stellt die Richtlinie einen Teil des gemeinschaftlichen Standards dar, den sogenannten „acquis communautaire“.[641] So darf das Sekundärrecht das Primärrecht weder determinieren noch derogieren.[642] Der Richtlinie kommt jedoch weiter Hinweischarakter auf den bis dahin erreichten Stand zu,[643] der durch die Neuordnung der Verträge nicht unterschritten werden sollte.[644]

So behält auch nach der ständigen Rechtsprechung des EuGH die Nomenklatur für den Kapitalverkehr im Anhang zu dieser Richtlinie Hinweischarakter für die Definition des Begriffes des Kapitalverkehrs, den sie vor dem Inkrafttreten der Artikel 73bff. EG-Vertrag hatte, wobei die in ihr enthaltene Aufzählung gemäß ihrer Einleitung nicht erschöpfend ist.[645]

Systematisch fügt sich diese Auslegung ebenfalls in den damaligen EG-Vertrag und den heutigen AEUV ein. Insbesondere kann dieser Auslegung nicht entgegengehalten werden, dass Spenden allein deshalb nicht von der Kapitalverkehrsfreiheit erfasst werden dürften, weil die Grundfreiheiten und auch die Kapitalverkehrsfreiheit allein wirtschaftliche Betätigungen schützen sollen. Denn einerseits enthielt der Anhang unter der Überschrift „Kapitalverkehr mit persönlichem Charakter“ bereits Schenkungen, Stiftungen und Erbschaften, die keinen wirtschaftlichen Charakter haben. An-

638 Anhang I zur Richtlinie des Rates vom 24. Juni 1988 zur Durchführung des Artikels 67 des Vertrages (88/361/EWG), Amtsblatt der Europäischen Gemeinschaften vom 8. Juli 1988 Nr. L 178/5, 178/8ff.

639 Europäischer Gerichtshof, Urteil vom 27.01.2009 – C-318/07, Persche Rn. 24ff.

640 *Ress/Ukrow*, in: Grabitz/Hilf/Nettesheim, Das Recht der Europäischen Union Kommentar, Art. 63 AEUV Rn. 36.

641 Dies., in: Grabitz/Hilf/Nettesheim, Das Recht der Europäischen Union Kommentar, Art. 63 AEUV Rn. 36.

642 *Bröhmer*, in: Calliess/Ruffert, EUV/AEUV Kommentar, Art. 63 AEUV Rn. 14.

643 Ders., in: Calliess/Ruffert, EUV/AEUV Kommentar, Art. 63 AEUV Rn. 14; *Ress/Ukrow*, in: Grabitz/Hilf/Nettesheim, Das Recht der Europäischen Union Kommentar, Art. 63 AEUV Rn. 36.

644 *Bröhmer*, in: Calliess/Ruffert, EUV/AEUV Kommentar, Art. 63 AEUV Rn. 14.

645 Europäischer Gerichtshof, Urteil vom 27.01.2009 – C-318/07, Persche Rn. 24; Europäischer Gerichtshof, Urteil vom 23.02.2006 – C-513/03, Erben von M. E. A. van Hilten-van der Heijden Rn. 39; Europäischer Gerichtshof, Urteil vom 16.03.1999 – C-222/97, Trummer/Mayer Rn. 21.

derseits zeigt sich seit dem Vertrag von Maastricht, dass die EU nicht allein einen wirtschaftlichen Binnenmarkt verwirklichen möchte.[646] Denn mit dem Vertrag von Maastricht wurden Unionsbürgerrechte aufgenommen, die den Bürgern unabhängig von einer wirtschaftlichen Betätigung gewährt werden.[647]

Die Auslegung, Spenden von der Kapitalverkehrsfreiheit zu erfassen, übersteigt nicht die Wortlautgrenze. In den früheren Art. 56 bis 59 EGV, die den Art. 63 bis 66 AEUV weitestgehend entsprechen, wird schlicht der „Kapitalverkehr" als Schutzgut genannt. Hierbei wird keine Einschränkung dergestalt vorgenommen, dass nur der Kapitalverkehr im Rahmen einer wirtschaftlichen Betätigung erfasst sein soll. Die Erfassung von Spenden von der Kapitalverkehrsfreiheit wird somit vom Wortlaut des Kapitalverkehrs erfasst.

Die Erfassung der Spende von der Kapitalverkehrsfreiheit entspricht dem Sinn und Zweck der Kapitalverkehrsfreiheit. Die Mitgliedstaaten haben durch den Anhang der Richtlinie 88/361/EWG des Rates vom 24. Juni 1988[648] klar zu verstehen gegeben, dass von der Kapitalverkehrsfreiheit auch der Kapitalverkehr außerhalb einer wirtschaftlichen Betätigung erfasst werden soll. Denn neben den Spenden, die erfasst sein sollen, zählt der Anhang unter XI. Kapitalverkehr mit persönlichem Charakter unter B. Schenkungen und Stiftungen, unter C. Mitgiften und D. Erbschaften und Vermächtnisse und unter G. den Transfer von Ersparnissen in das Land ihres früheren Wohnsitzes[649] auf, die ebenfalls keiner wirtschaftlichen Betätigung zugerechnet werden können.

646 *Epiney/Haag*, in: Bieber/Epiney/Haag/Kotzur, Die Europäische Union, § 2 Rn. 23.

647 Dies., in: Bieber/Epiney/Haag/Kotzur, Die Europäische Union, § 2 Rn. 23ff.

648 Anhang I zur Richtlinie des Rates vom 24. Juni 1988 zur Durchführung des Artikels 67 des Vertrages (88/361/EWG), Amtsblatt der Europäischen Gemeinschaften vom 8. Juli 1988 Nr. L 178/5, 178/8ff.

649 Richtlinie des Rates vom 24. Juni 1988 zur Durchführung des Artikels 67 des Vertrages (88/361/EWG), Amtsblatt der Europäischen Gemeinschaften vom 8. Juli 1988 Nr. L 178/5, 178/10.

2. Voraussetzungen des Gemeinnützigkeitsrechts nicht harmonisiert

Darüber hinaus hat der EuGH mit seiner Entscheidung ein gutes Augenmaß bewiesen.[650] Er hatte in einem Bereich zu entscheiden, der unionsrechtlich nicht harmonisiert ist. Die Mitgliedstaaten dürfen nach eigener Fasson ihr Gemeinnützigkeitsrecht gestalten. In diesem Sinne war es nur folgerichtig, dass jeder Mitgliedstaat selbst die Voraussetzungen des Gemeinnützigkeitsstatus festlegt und an diesen Voraussetzungen alle Organisationen messen darf, ohne die Beurteilung anderer Mitgliedstaaten berücksichtigen zu müssen.[651]

3. Sitz der Organisation kein zulässiger Anknüpfungspunkt

Dennoch verlangt die Kapitalverkehrsfreiheit, dass Spenden in andere Mitgliedstaaten nicht allein deshalb benachteiligt werden dürfen, weil sie nicht an inländische gemeinnützige Organisationen fließen.[652] Hieraus ergibt sich zwingend, dass Spenden an Organisationen in anderen Mitgliedstaaten abzugsfähig sein müssen, wenn diese Organisationen die Voraussetzungen des Mitgliedstaates des Spenders erfüllen.[653] Ansonsten würden Spenden aufgrund des unterschiedlichen „Kapitalanlageortes“ im Sinne des Art. 65 AEUV unterschiedlich behandelt werden, ohne dass dies gerechtfertigt wäre. Zwar scheint Art. 65 Abs. 1 lit. a AEUV eine ungleiche steuerliche Behandlung aufgrund eines unterschiedlichen Wohnortes oder Kapitalanlageortes zu ermöglichen. Dieser scheinbare Generalvorbehalt wird jedoch faktisch durch eine rechtswirksame gemeinsame Erklärung der Mitgliedstaaten zum Maastrichter Vertrag widerrufen.[654] Denn diese haben in der Maastrichter Schlussakte zum EUV „bekräftigt, daß das in Art. 73d Abs. 1 Buchstabe a des Vertrages zur Gründung der Europäischen Gemeinschaft erwähnte Recht der Mitgliedstaaten, die einschlägigen Vorschriften ihres Steuerrechts anzuwenden, nur für die einschlägigen Vor-

---

650 A.A. *Englisch*, in: Schaumburg/Englisch, Europäisches Steuerrecht, S. 185 (257ff., 261ff.) dem der Verweis auf die Amtshilferichtlinie nicht ausreicht, um dem grundgesetzlich verankerten Verifikationsprinzips zu entsprechen.

651 Europäischer Gerichtshof, Urteil vom 27.01.2009 – C-318/07, Persche Rn. 43, 48.

652 Europäischer Gerichtshof, Urteil vom 27.01.2009 – C-318/07, Persche Rn. 44, 47.

653 Europäischer Gerichtshof, Urteil vom 27.01.2009 – C-318/07, Persche Rn. 49.

654 *Reimer*, in: Schaumburg/Englisch, Europäisches Steuerrecht, S. 153 (162f.).

schriften gilt, die Ende 1993 bestehen."[655] Darüber hinaus ist diese Vorschrift auch im Zusammenspiel mit Art. 65 Abs. 3 AEUV eng auszulegen. Nach der ständigen Rechtsprechung des EuGH ist eine Beschränkung der Kapitalverkehrsfreiheit nach Art. 65 Abs. 1 lit. a AEUV nur dann mit den Vertragsbestimmungen vereinbar, wenn nicht objektiv miteinander vergleichbare Situationen unterschiedlich behandelt werden oder wenn eine unterschiedliche Behandlung durch zwingende Gründe des Allgemeininteresses gerechtfertigt ist.[656]

4. Beschränkung der gemeinnützigen Zwecke auf das Inland möglich

Verändert der Gesetzgeber nun die Blickrichtung und unterscheidet nicht nach im Inland oder im Ausland ansässigen Organisationen, sondern definiert die steuerbegünstigten Zwecke dergestalt, dass sie im eigenen Mitgliedstaat verwirklicht werden müssen, so führt dies faktisch weiter zu einer mittelbaren Benachteiligung von gemeinnützigen Organisationen mit Sitz in einem anderen Mitgliedstaat. Vor der Entscheidung des EuGH in der Rs. Stauffer gab es deshalb Stimmen in der Literatur, die einen wie auch immer ausgestalteten Inlandsbezug für unzulässig erklärt haben, weil er immer zu einer Verschonungssubvention führt.[657] Sie begründeten ihre Ansicht damit, dass das Unionsrecht alle Wettbewerbsverzerrungen sowohl durch positive Subventionen als auch durch Verschonungssubventionen beseitigen möchte und deshalb die Begrenzung von Lenkungsnormen im Steuerrecht nicht für rein nationale Belange eingesetzt werden dürfen.[658] Sie waren auch der Ansicht, sofern den Mitgliedstaaten die Möglichkeit gegeben wird, durch die Begrenzung der Zwecke einen Inlandsbezug herzustellen, gäbe es für die Mitgliedstaaten die Möglichkeit, durch

---

655 Schlussakte zum Vertrag über die Europäische Union, unterzeichnet zu Maastricht am 7. Februar 1992, III. Erklärungen, Nr. 7: Erklärung zu Art. 73d EGV, Amtsblatt der Europäischen Gemeinschaften vom 29. Juli 1992 Nr. C 191/95, 191/99.

656 Europäischer Gerichtshof, Urteil vom 27.01.2009 – C-318/07, Persche Rn. 41; Europäischer Gerichtshof, Urteil vom 14.09.2006 – C-386/04, Stauffer Rn. 32; Europäischer Gerichtshof, Urteil vom 06.06.2000 – C-35/98, Verkooijen Rn. 43; Europäischer Gerichtshof, Urteil vom 07.09.2004 – C-319/02, Manninen Rn. 29; *Ress/Ukrow*, in: Grabitz/Hilf/Nettesheim, Das Recht der Europäischen Union Kommentar, Art. 65 AEUV Rn. 16.

657 *Reimer/Ribbrock*, RIW 2005, 611 (614f.).

658 *Reimer/Ribbrock*, RIW 2005, 611 (615).

ihre eigene Gesetzgebung eine bestehende Diskriminierung zu rechtfertigen. Dies liefe der Wirksamkeit des Unionsrechts zuwider.[659] Außerdem belegten die Zwecke, die nach § 52 Abs. 2 Satz 1 AO als gemeinnützig gelten, dass das deutsche Recht die Erfüllung von gemeinnützigen Zwecken im Ausland vorsieht.[660] Der EuGH hat jedoch in seiner Entscheidung in der Rs. Stauffer entschieden, dass die Mitgliedstaaten „eine hinreichend enge Verbindung zwischen den Stiftungen, die sie für die Gewährung bestimmter steuerlicher Begünstigungen als gemeinnützig anerkennen, und den Tätigkeiten besteht, die diese ausüben" fordern und den gemeinnützigen Organisationen ansonsten die steuerlichen Vergünstigungen versagen dürften.[661] Hieraus wurde gefolgert, dass der Staat die steuerliche Begünstigung einzelner Zwecke, die er als förderungswürdig erachtet, davon abhängig machen darf, dass sie im Inland verwirklicht werden.[662] Diese faktische Benachteiligung liegt jedoch in der Natur des Gemeinnützigkeitsrechts, das nur eine Auswahl von Zwecke steuerlich begünstigt und viele vergleichbare andere Zwecke nicht. Diese Ungleichbehandlung besteht grundsätzlich, sowohl auf nationaler als auch auf europäischer Ebene. Sie wird auf europäischer Ebene hingenommen, soweit sie im Einklang mit dem Unionsrecht steht,[663] weil die nationalen Gesetzgeber die steuerlich begünstigten Zwecke bestimmen.

Im Zusammenspiel mit den Entscheidungen in den Rs. Laboratoires Fournier[664] und Kommission/Österreich[665] lässt sich die Tragweite dieser Einschränkung bemessen.[666] Grundsätzlich könnte der deutsche Gesetzgeber als einen gemeinnützigen Zweck im Sinne des § 52 Abs. 2 Satz 1 AO die inländische Forschung bestimmen. Allerdings würde eine steuerliche Begünstigung allein der inländischen Forschung den Zielen der Europäischen Union im Bereich der Forschung und der technologischen Entwicklung entgegenstehen.[667] Denn nach Art. 179 Abs. 1 AEUV hat die Union

---

659 *Reimer/Ribbrock*, RIW 2005, 611 (615).

660 *Reimer/Ribbrock*, RIW 2005, 611 (615).

661 Europäischer Gerichtshof, Urteil vom 14.09.2006 – C-386/04, Stauffer Rn. 37.

662 *Unger*, DStZ 2010, 154 (162f.); *Hüttemann/Helios*, DB 2006, 2481 (2490).

663 Europäischer Gerichtshof, Urteil vom 14.09.2006 – C-386/04, Stauffer Rn. 37 und Europäischer Gerichtshof, Urteil vom 27.01.2009 – C-318/07, Persche Rn. 48; *Unger*, DStZ 2010, 154 (162).

664 Europäischer Gerichtshof vom 10.03.2005 – C-39/04, Laboratoires Fournier.

665 Europäischer Gerichtshof, Urteil vom 16.06.2011 – C-10/10, Kommission/Österreich.

666 *Hüttemann/Helios*, DB 2006, 2481 (2490); *Helios*, in: Schauhoff, Handbuch der Gemeinnützigkeit, § 22 Rn. 46.

667 *Helios*, in: Schauhoff, Handbuch der Gemeinnützigkeit, § 22 Rn. 46.

unter anderem zum Ziel, in der gesamten Union die Forschungszentren und die Hochschulen zu unterstützen. Um dieses Ziel zu erreichen, sollen rechtliche und steuerrechtliche Hindernisse, die diesem Ziel entgegenstehen, beseitigt werden (Art. 179 Abs. 2 AEUV). Eine steuerliche Begünstigung der inländischen Forschung stünde diesem Ziel entgegen.[668] Eine Begrenzung der steuerlichen Begünstigung auf Spenden an inländische Forschungseinrichtungen oder Universitäten ist somit nicht möglich.[669] Ein solcher Zweck ließe sich somit nicht in Einklang mit dem Unionsrecht bringen.[670] Welche Zwecke sich auf das Inland beschränken lassen und welche nicht, wurde von anderen Autoren hinreichend diskutiert.[671]

Die Möglichkeit der Mitgliedstaaten, die gemeinnützigen Zwecke grundsätzlich auf inländische Zwecke zu begrenzen, wurde vom EuGH in der Rs. Missionswerk Werner Heukelbach e.V. bestätigt.[672] In der Rs. Missionswerk Werner Heukelbach e.V. wollte ein gemeinnütziger deutscher Verein von der belgischen Erbschaftssteuerregelung profitieren, nach der Erbschaften an gemeinnützige Organisationen mit einem ermäßigten Erbschaftssteuersatz besteuert werden.[673] Die Steuerbegünstigung wurde davon abhängig gemacht, dass der Erblasser in dem Land, in dem die gemeinnützige Organisation ihren Sitz hat, zum Zeitpunkt des Todes oder vorher gelebt oder gearbeitet hat.[674] Der belgische Staat hat diese Beschrän-

---

668 So sah es auch der EuGH in der Rs. Laboratoires Fournier Europäischer Gerichtshof vom 10.03.2005 – C-39/04, Laboratoires Fournier Rn. 23. In diesem Fall ließ sich die steuerrechtliche Abzugsfähigkeit von inländischen Forschungsausgaben im Gegensatz von ausländischen Forschungsausgaben bei der Unternehmensbesteuerung nicht mit Art. 163 EGV (dem heutigen Art. 197 AEUV) vereinbaren; *Unger*, DStZ 2010, 154 (162); *Hüttemann/Helios*, IStR 2008, 200 (201f.); der EuGH rekurriert auf diese Entscheidung in seiner Folgeentscheidung: Europäischer Gerichtshof, Urteil vom 18.12.2007 – C-281/06, Jundt Rn. 59; *Lissner,* Das Gemeinnützigkeits- und Spendenrecht unter dem Einfluss der europäischen Grundfreiheiten, S. 265f.

669 Europäischer Gerichtshof, Urteil vom 16.06.2011 – C-10/10, Kommission/Österreich Rn. 37.

670 *Hüttemann/Helios*, DB 2006, 2481 (2490).

671 *Lissner,* Das Gemeinnützigkeits- und Spendenrecht unter dem Einfluss der europäischen Grundfreiheiten, 265ff.; *Jachmann/Unger*, in: Gosch, AO Kommentar, § 51 Rn. 83.

672 Europäischer Gerichtshof, Urteil vom 10.02.2011 – C-25/10, Missionswerk Werner Heukelbach Rn. 30.

673 Europäischer Gerichtshof, Urteil vom 10.02.2011 – C-25/10, Missionswerk Werner Heukelbach Rn. 37.

674 Europäischer Gerichtshof, Urteil vom 10.02.2011 – C-25/10, Missionswerk Werner Heukelbach Rn. 6, 9.

kung der steuerlichen Begünstigung damit begründet, dass hierdurch sichergestellt werden solle, dass die belgische Allgemeinheit von der Betätigung der gemeinnützigen Organisation profitiert.[675] Der EuGH hat in dieser Rechtssache ausgeführt, dass eine Beschränkung der Zwecke, die steuerlich begünstigt werden, auf solche Zwecke, die der Allgemeinheit des Mitgliedstaates zugutekommen, grundsätzlich möglich ist.[676] Allerdings stellte die belgische Regelung dennoch eine ungerechtfertigte Beschränkung des Kapitalverkehrs dar.[677] Der EuGH sah in der Anknüpfung der belgischen Regelung an einen Geschäftssitz in einem bestimmten Mitgliedstaat kein geeignetes Kriterium, um sicherzustellen, dass die belgische Allgemeinheit von der Betätigung der Organisation profitiert.[678] Denn jede Organisation kann unabhängig von ihrem Sitz mit ihrer Betätigung der belgischen Allgemeinheit zugutekommen.[679] Gleichzeitig kann selbst eine Organisation mit ihrem Geschäftssitz in Belgien Zwecke verfolgen, mit der die Allgemeinheit in Belgien nicht gefördert wird.[680]

5. Rechtfertigung mit der Wirksamkeit der Steueraufsicht

Es ist überzeugend, dass die Ungleichbehandlung von Spenden an gemeinnützige Organisationen im eigenen Mitgliedstaat zu Spenden an gemeinnützige Organisationen in einem anderen Mitgliedstaat nicht durch das Erfordernis, die Wirksamkeit der Steueraufsicht zu gewährleisten, gerechtfertigt ist.[681] Einerseits ist die Wirksamkeit der Steueraufsicht durch die Amtshilferichtlinie gewährleistet. Dass Sachverhalte in einem anderen Mitgliedstaat mithilfe von Amtshilfeersuchen deutlich arbeitsintensiver sind, soll andererseits nicht infrage gestellt werden. Dies ist jedoch eine notwendige Folge bei der Verwirklichung des Binnenmarktes. Jeder grenzüber-

675 Europäischer Gerichtshof, Urteil vom 10.02.2011 – C-25/10, Missionswerk Werner Heukelbach Rn. 27.
676 Europäischer Gerichtshof, Urteil vom 10.02.2011 – C-25/10, Missionswerk Werner Heukelbach Rn. 30.
677 Europäischer Gerichtshof, Urteil vom 10.02.2011 – C-25/10, Missionswerk Werner Heukelbach Rn. 37.
678 Europäischer Gerichtshof, Urteil vom 10.02.2011 – C-25/10, Missionswerk Werner Heukelbach Rn. 35.
679 Europäischer Gerichtshof, Urteil vom 10.02.2011 – C-25/10, Missionswerk Werner Heukelbach Rn. 36.
680 Europäischer Gerichtshof, Urteil vom 10.02.2011 – C-25/10, Missionswerk Werner Heukelbach Rn. 36.
681 Europäischer Gerichtshof, Urteil vom 27.01.2009 – C-318/07, Persche Rn. 51f.

schreitende Vorgang lässt sich schwieriger aufklären. Dies darf jedoch nicht zur Folge haben, dass grenzüberschreitende Tätigkeiten einzustellen sind. Denn eine Verwirklichung des Binnenmarktes wäre dann nicht mehr möglich. Es gibt zwar Stimmen in der Literatur, die kritisieren, dass eine Verifikation der Besteuerungsgrundlagen, so wie sie auch grundgesetzlich verankert ist, mit Hilfe der Amtshilferichtlinie nicht möglich ist.[682] Deshalb könne der EuGH nicht schlicht dem Rechtfertigungsargument einer wirksamen steuerlichen Kontrolle mit Verweis auf die Amtshilferichtlinie und weiteren Möglichkeiten der Auskunftserteilung innerhalb der Europäischen Union den Boden entziehen.[683] Allerdings verkennt diese Ansicht, dass der EuGH lediglich die Diskriminierung von grenzüberschreitenden Sachverhalten unter der pauschalen Berufung auf eine wirksame steuerliche Kontrolle nicht gelten lässt. Sondern eine Diskriminierung erst dann als gerechtfertigt ansieht, wenn sich der Steuersachverhalt durch eine Vorlage von stichhaltigen Belegen und deren Verifikation gegebenenfalls durch Amtshilfe und weiteren Möglichkeiten der Auskunftserteilung innerhalb der Europäischen Union nicht aufklären lässt.[684] Gerade durch dieses abgestufte Verfahren beweist der EuGH Augenmaß. Zudem erklärt der EuGH in Bezug auf Drittstaaten, dass eine Beschränkung der Kapitalverkehrsfreiheit durch das Erfordernis einer wirksamen Steueraufsicht gerechtfertigt sein kann, wenn kein Amtshilfeabkommen besteht.[685] Sofern mit diesen Drittstaaten allerdings ein Amtshilfeabkommen besteht, ist auch in diesen Fällen die Diskriminierung nicht gerechtfertigt.[686] Darüber hinaus übersehen die Kritiker, die meinen, eine Auslandsspende ließe sich nicht verfassungsrechtlich ausreichend verifizieren, dass das deutsche Ge-

---

682 Statt aller: *Englisch*, in: Schaumburg/Englisch, Europäisches Steuerrecht, S. 185 (261ff.).

683 Statt aller: ders., in: Schaumburg/Englisch, Europäisches Steuerrecht, S. 185 (261ff.).

684 Europäischer Gerichtshof, Urteil vom 27.01.2009 – C-318/07, Persche Rn. 51ff.; Europäischer Gerichtshof, Urteil vom 01.07.2010 – C-233/09, Dijkman/Dijkman-Lavaleije Rn. 58ff.; Europäischer Gerichtshof, Urteil vom 06.06.2013 – C-383/10, Kommission/Belgien Rn. 50ff.; Europäischer Gerichtshof, Urteil vom 09.10.2014 – C-326/12, van Caster Rn. 46ff.

685 Europäischer Gerichtshof, Urteil vom 27.01.2009 – C-318/07, Persche Rn. 70; im Ergebnis so auch *Jachmann/Unger*, in: Gosch, AO Kommentar, § 51 Rn. 47; *Reimer*, in: Schaumburg/Englisch, Europäisches Steuerrecht, S. 153 (164); *Schaumburg*, in: Schaumburg/Englisch, Europäisches Steuerrecht, S. 292 (297).

686 *Jachmann/Unger*, in: Gosch, AO Kommentar, § 51 Rn. 47; *von Proff*, IStR 2009, 371 (371, 376); *Schaumburg*, in: Schaumburg/Englisch, Europäisches Steuerrecht, S. 292 (297).

meinnützigkeitsrecht bereits vor der Stauffer- und Persche-Entscheidung des EuGH die Weitergabe von Spenden ins Ausland durch Spendensammelkörperschaften zugelassen hat, obwohl auch hier die Verifikation im Ausland nur sehr beschränkt möglich ist.[687]

Die Bedenken der Staaten, wegen einer Kleinstspende einen riesigen Verwaltungsaufwand zu provozieren, sind nachvollziehbar. Allerdings gibt es bereits auf nationaler Ebene Bagatellvorschriften, nach denen Zuwendungen bis zu EUR 200 ohne Zuwendungsbestätigung nach § 50 Abs. 2 Satz 1 EStDV steuerlich geltend gemacht werden können. Die Mitgliedstaaten könnten eine vergleichbare Bagatellregelung für Spenden in andere Mitgliedstaaten erlassen.

6. Grenzen bei der Ausgestaltung der Gemeinnützigkeitsvoraussetzungen

Weiter ist zu beachten, dass die Mitgliedstaaten zwar die Zwecke bestimmen können, deren Verfolgung sie steuerlich begünstigen wollen, und sie nicht gezwungen sind, die Einschätzung eines anderen Mitgliedstaates zur Beurteilung des Status einer gemeinnützigen Organisation zu übernehmen. Gleichzeitig erlaubt dieser Umstand den Mitgliedstaaten nicht, ihre satzungsmäßigen Voraussetzungen so auszugestalten, dass es nur inländischen Organisationen möglich ist, diese Voraussetzungen zu erfüllen. Denn die Sicherung einer wirksamen Steueraufsicht kann zwar die Beschränkung der Kapitalverkehrsfreiheit rechtfertigen. Dieser Rechtfertigungsgrund muss jedoch selbst den Verhältnismäßigkeitsgrundsatz achten und wahren.[688] Zu enge Anforderungen an die Satzung sind unionsrechtswidrig.[689]

---

687 Vgl. 3. Kapitel: B. V. 2. bb) Ungleichbehandlung im Vergleich zu Mittelbeschaffungskörperschaften S. 103.

688 *Förster*, DStR 2013, 1516 (1517).

689 So auch: Finanzgericht Bremen, Urteil vom 08.06.2011 – 1 K 63/10 (6), DStRE 2012, 1321 (1325ff.); Finanzgericht Münster, Urteil vom 08.03.2012 – 2 K 2608/09 E, EFG 2012, 1539 (1541); *Schaumburg*, in: Schaumburg/Englisch, Europäisches Steuerrecht, S. 292 (296); a.A. BFH, Urteil vom 17.09.2013 – I R 16/12, BFHE 243, 319 (324ff.); Finanzgericht Düsseldorf, Urteil vom 14.01.2013 – 11 K 2439/10 E, EFG 2013, 678 (679f.); BFH, Urteil vom 21.01.2015 – X R 7/13, BFHE 248, 543 (549ff.).

F. Verletzung weiterer Grundfreiheiten

Der EuGH hat sich in der Entscheidung in der Rs. Persche nur zu der Verletzung der Kapitalverkehrsfreiheit durch eine steuerliche Regelung, die Spenden an inländische gemeinnützige Organisationen steuerlich begünstigt, geäußert. Bei dem vom Gericht zu entscheidenden Sachverhalt kam eine Verletzung von weiteren Grundfreiheiten nicht in Betracht. In der Konstellation, in der ein Bürger von seiner Arbeitnehmerfreizügigkeit (Art. 45 AEUV), von seiner Niederlassungsfreiheit (Art. 49 AEUV) oder von seiner allgemeinen Freizügigkeit (Art. 21 AEUV) Gebrauch macht und in einen anderen Mitgliedstaat zieht, um sich erwerbswirtschaftlich zu betätigen oder um dort zu leben, könnte eine steuerrechtliche Regelung, die nur Spenden an inländische gemeinnützige Organisationen steuerlich begünstigt, gegen die Arbeitnehmerfreizügigkeit, Niederlassungsfreiheit oder gegen das allgemeine Recht auf Freizügigkeit verstoßen.[690] Die Arbeitnehmerfreizügigkeit umfasst das Recht, in einem anderen Mitgliedstaat eine Arbeit als Arbeitnehmer aufzunehmen.[691] Die Niederlassungsfreiheit schützt unter anderen die Aufnahme und Ausübung einer selbständigen Erwerbstätigkeit mit grenzüberschreitendem Bezug.[692] Die allgemeine Freizügigkeit begründet die Befugnis, sich im Hoheitsgebiet der Mitgliedstaaten frei zu bewegen, grundsätzlich erfordert die Schutzbereichseröffnung zusätzlich ein grenzüberschreitendes Element.[693] Sofern Spenden nur an inländische Organisationen steuerlich berücksichtigt werden, könnte dies eine mittelbare Diskriminierung darstellen. Eine mittelbare oder materielle Diskriminierung aus Gründen der Staatsangehörigkeit liegt vor, wenn die Regelung zwar nach einem anderen Kriterium als der Staatsangehörigkeit differenziert, jedoch typischerweise Personen einer bestimmten Nationalität bevorzugt oder benachteiligt.[694] Unerheblich ist hierbei, ob neben EU-Ausländern auch Inländer typischerweise betroffen

---

690 So hat es die Europäische Kommission für die Arbeitnehmerfreizügigkeit und die Niederlassungsfreiheit angemahnt: Presseerklärung IP 06/964 v. 10.7.2006 (Vereinigtes Königreich); a.A. *Möllmann*, Die steuerliche Privilegierung gemeinnütziger Körperschaften im Spannungsfeld von Verfassungsrecht und europäischen Grundfreiheiten, S. 167f.

691 *Epiney*, in: Bieber/Epiney/Haag/Kotzur, Die Europäische Union, § 12 Rn. 6, 18.

692 *Haag*, in: Bieber/Epiney/Haag/Kotzur, Die Europäische Union, § 13 Rn. 4.

693 *Nettesheim*, in: Grabitz/Hilf/Nettesheim, Das Recht der Europäischen Union Kommentar, Art. 21 AEUV Rn. 19f.

694 *Epiney*, in: Bieber/Epiney/Haag/Kotzur, Die Europäische Union, § 10 Rn. 6.

sind.[695] Die Arbeitnehmerfreizügigkeit, die Niederlassungsfreiheit und die allgemeine Freizügigkeit enthalten alle ein Diskriminierungsverbot.[696] Neben Diskriminierungen stehen die Grundfreiheiten auch Beschränkungen entgegen.[697] Eine Beschränkung sind Maßnahmen, die die Wahrnehmung der jeweiligen Grundfreiheit behindern, wobei diese Beeinträchtigung tatsächlich oder potenziell, mittelbar oder unmittelbar erfolgen kann.[698] Ausländische Arbeitnehmer, Selbständige und Personen, die von ihrem Recht auf Freizügigkeit Gebrauch machen, werden durch eine steuerliche Regelung mittelbar diskriminiert, die nur Spenden an inländische Organisationen berücksichtig, sofern sie an gemeinnützige Organisationen aus ihrem Herkunftsland spenden wollten. Auf den ersten Blick werden die Hinzugezogenen, die beispielsweise aus beruflichen Gründen aus Spanien nach Deutschland gezogen sind, behandelt wie die Inländer, da keiner von beiden Spenden ins Ausland steuerlich geltend machen kann.[699] Allerdings liegt eine mittelbare Diskriminierung schon dann vor, wenn sich eine Regelung hauptsächlich zum Nachteil Angehöriger anderer Mitgliedstaaten auswirkt.[700] Die Beschränkung der steuerlichen Abzugsfähigkeit von Spenden auf Spenden an inländische Organisationen trifft Ausländer mehr als Inländer.[701] Denn es ist davon auszugehen, dass Ausländer ein größeres Interesse haben, direkt ins Ausland zu spenden als Inländer.[702] Spender brauchen eine gewisse Verbindung zu den Organisationen an die sie spenden,

---

695 Dies., in: Bieber/Epiney/Haag/Kotzur, Die Europäische Union, § 10 Rn. 6.

696 Für die Arbeitnehmerfreizügigkeit: dies., in: Bieber/Epiney/Haag/Kotzur, Die Europäische Union, § 12 Rn. 18, für die Niederlassungsfreiheit: *Haag*, in: Bieber/Epiney/Haag/Kotzur, Die Europäische Union, § 13 Rn. 5f.; für die allgemeine Freizügigkeit: *Nettesheim*, in: Grabitz/Hilf/Nettesheim, Das Recht der Europäischen Union Kommentar, Art. 21 AEUV Rn. 23.

697 *Epiney*, in: Bieber/Epiney/Haag/Kotzur, Die Europäische Union, § 10 Rn. 13.

698 Dies., in: Bieber/Epiney/Haag/Kotzur, Die Europäische Union, § 10 Rn. 13.

699 So auch *Möllmann*, Die steuerliche Privilegierung gemeinnütziger Körperschaften im Spannungsfeld von Verfassungsrecht und europäischen Grundfreiheiten, S. 168.

700 Europäischer Gerichtshof, Urteil vom 14.02.1995 – C-279/93, Schumacker Rn. 28f.; *Schneider/Wunderlich*, in: Schwarze, EU-Kommentar, Art. 45 AEUV Rn. 37.

701 A.A. *Möllmann*, Die steuerliche Privilegierung gemeinnütziger Körperschaften im Spannungsfeld von Verfassungsrecht und europäischen Grundfreiheiten, S. 177.

702 So begründet die Europäische Kommission ihre Aufforderung an Großbritannien, ihre Diskriminierung von ausländischen Wohltätigkeitsorganisationen zu beenden, damit, dass diese Diskriminierung auch gegen den Grundsatz der Freizügigkeit verstoße, da Arbeitnehmer und Selbständige, die ihren Wohnsitz in

um sichergehen zu können, dass diese das Spendenaufkommen im Sinne der Spender verwenden. Eine solche Verbindung entsteht eher zu Organisationen, die man schon lange kennt, deren Tätigkeit man beobachten oder selbst miterleben konnte. Zu den gemeinnützigen Organisationen im eigenen Land besteht eher eine solche Verbindung als zu Organisationen im Ausland. Es ist somit wahrscheinlicher, dass sich Spender an die ihnen bekannten und bewährten gemeinnützigen Organisationen halten möchten. Darüber hinaus besteht zu dem Land, in dem die eigenen Wurzeln liegen und in dem man aufgewachsen ist, eine besondere Beziehung, die den Wunsch, gerade dort Gutes zu tun, bestärkt. So benachteiligt eine steuerliche Regelung, die Begünstigungen auf Spenden an gemeinnützige Organisationen im Inland beschränkt, mittelbar Menschen eher, die beispielsweise aus beruflichen Gründen von ihrem Recht auf Arbeitnehmerfreizügigkeit oder auf Niederlassungsfreiheit Gebrauch gemacht haben, als Menschen, die ihr Leben lang in dem Land wohnen, in dem sie geboren wurden.

Allerdings kommt ein Verstoß gegen die Arbeitnehmerfreizügigkeit, Niederlassungsfreiheit oder allgemeine Freizügigkeit nur in Betracht, wenn die ausländische Organisation, an die gespendet werden soll, alle Voraussetzungen des deutschen Gemeinnützigkeitsrechts erfüllt.[703] Grundsätzlich ist der Mitgliedstaat frei in der Gestaltung seines Gemeinnützigkeitsrechts.[704] So muss er nicht Spenden an im Ausland ansässige Organisationen steuerlich begünstigen, die zwar im Ansässigkeitsstaat als gemeinnützig anerkannt sind, hingegen den deutschen Voraussetzungen des Gemeinnützigkeitsrechts nicht entsprechen.[705]

Grundsätzlich kann eine mittelbare Ungleichbehandlung zulässig sein, sofern sie durch objektive Gründe gerechtfertigt ist und sich als verhältnis-

---

das Vereinigte Königreich verlegen, den Wunsch haben könnten, den in ihrem Herkunftsland ansässigen Wohltätigkeitsorganisationen Spenden zukommen zu lassen. Presseerklärung der Europäischen Kommission vom 10. Juli 2006 – IP 06/964; anders sah dies noch *Geserich*, Privater, gemeinwohlwirksamer Aufwand im System der deutschen Einkommensteuer und des europäischen Rechts, S. 108.

703 Europäischer Gerichtshof, Urteil vom 27.01.2009 – C-318/07, Persche Rn. 47.

704 Europäischer Gerichtshof, Urteil vom 27.01.2009 – C-318/07, Persche Rn. 43 und 48.

705 Europäischer Gerichtshof, Urteil vom 27.01.2009 – C-318/07, Persche Rn. 47f.

mäßig erweist.[706] Spenden allein nach dem Sitz der Empfängerorganisation unterschiedlich zu behandeln, ist jedoch nach der Rechtsprechung des EuGH nicht durch objektive Gründe gerechtfertigt.[707] Dementsprechend ist eine Beschränkung der steuerlichen Abzugsmöglichkeit auf Spenden an inländische Organisationen auch nicht im Rahmen der Arbeitnehmerfreizügigkeit oder der Niederlassungsfreiheit zu rechtfertigen, sondern stellt einen Verstoß hiergegen dar. Insgesamt kommt der Frage nach einer Beeinträchtigung der Arbeitnehmerfreizügigkeit und der Niederlassungsfreiheit keine große Bedeutung zu, da sich alle Spender bei grenzüberschreitenden Spenden auf eine Beeinträchtigung der Kapitalverkehrsfreiheit berufen können.[708]

G. Spendenempfänger

Der Spendenempfänger, die im Ausland ansässige gemeinnützige Organisation, kann sich ebenfalls gegen diskriminierende Steuergesetze wehren. Sofern Steuergesetze Spenden an inländische gemeinnützige Organisationen begünstigen, eine Vergünstigung an ausländische Organisationen aufgrund des Sitzes von der Begünstigung ausgeschlossen sind, verstoßen diese steuerlichen Regelungen gegen die Grundfreiheiten der Spendenempfänger.

I. Kapitalverkehrsfreiheit

Die Kapitalverkehrsfreiheit (Art. 63 Abs. 1 AEUV) der Spendenempfänger wird durch diese diskriminierenden steuerrechtlichen Regelungen glei-

---

706 Europäischer Gerichtshof, Urteil vom 23.05.1996 – C-237/94, O'Flynn Rn. 19; *Schneider/Wunderlich*, in: Schwarze, EU-Kommentar, Art. 45 AEUV Rn. 38 (für die Arbeitnehmerfreizügigkeit); Europäischer Gerichtshof, Urteil vom 30.11.1995 – C-55/94, Gebhard Rn. 37 (für die Niederlassungsfreiheit gilt darüber hinaus, dass die Maßnahme nicht in diskriminierender Weise angewandt werden darf, und dass sie geeignet sein muss, die Verwirklichung des mit ihr bezweckten Ziels zu erreichen).

707 S.o. 5. Kapitel: A. E. III. 3 Sitz der Organisation kein zulässiger Anknüpfungspunkt S. 137.

708 S.o. 5. Kapitel: A. E. III. 1 Spende von der Kapitalverkehrsfreiheit umfasst S. 134.

chermaßen verletzt,[709] wie die Kapitalverkehrsfreiheit der Spender. Für den Bereich der Kapitalerträge hat der EuGH bereits entschieden, dass sich auch die Gesellschaften auf die Kapitalverkehrsfreiheit berufen können, die im Ausland Kunden für ihre Kapitalanlageprodukte werben möchten.[710] Gleiches gilt für die Spendenempfänger im nicht-wirtschaftlichen Bereich. Dies wird besonders deutlich durch die Rechtsprechung des EuGH zur grenzüberschreitenden Erbschaft in der Rs. Missionswerk Werner Heukelbach e.V., bei der sich der Gesamtvermächtnisnehmer auf die Kapitalverkehrsfreiheit berufen konnte.[711] In dem entschiedenen Fall entspricht der Gesamtvermächtnisnehmer einem Spendenempfänger. Denn für eine gemeinnützige Organisation ist es faktisch unerheblich, ob sie von natürlichen Personen von Todes wegen im Rahmen eines Vermächtnisses bedacht wird oder schon zu Lebzeiten im Rahmen einer Spende. Der EuGH hat in diesem Urteil keinerlei Ausführungen dazu gemacht, dass sich auch gemeinnützige Organisationen als Empfänger von Erbschaften auf die Kapitalverkehrsfreiheit berufen können. Wie selbstverständlich maß er auch in dieser Konstellation die belgische erbschaftsteuerliche Regelung an der Kapitalverkehrsfreiheit.[712] Hieran wird deutlich, dass die Kapitalverkehrsfreiheit unabhängig ist von den handelnden Personen. Ihre Anwendbarkeit richtet sich allein danach, ob Kapital zu den von ihr bestimmten Zwecken grenzüberschreitend transferiert wird.[713]

---

709 So sieht es auch die Kommission, die Mitgliedstaaten förmlich aufgefordert hat, die Diskriminierung ausländischer Wohltätigkeitsorganisationen zu beenden: Presseerklärungen IP 06/964 v. 10.7.2006 (Vereinigtes Königreich), IP 06/1408 v. 17.10.2006 (Irland und Polen) und IP 06/1879 v. 21.12.2006 (Belgien).

710 Europäischer Gerichtshof, Urteil vom 15.07.2004 – C-315/02, Lenz Rn. 21; Europäischer Gerichtshof, Urteil vom 07.09.2004 – C-319/02, Manninen Rn. 23; so auch *Möllmann*, Die steuerliche Privilegierung gemeinnütziger Körperschaften im Spannungsfeld von Verfassungsrecht und europäischen Grundfreiheiten, S. 184.

711 Europäischer Gerichtshof, Urteil vom 10.02.2011 – C-25/10, Missionswerk Werner Heukelbach Rn. 15ff.

712 Europäischer Gerichtshof, Urteil vom 10.02.2011 – C-25/10, Missionswerk Werner Heukelbach Rn. 20.

713 Europäischer Gerichtshof, Urteil vom 10.02.2011 – C-25/10, Missionswerk Werner Heukelbach Rn. 16; so wurde es auch bestätigt durch Europäischer Gerichtshof, Urteil vom 18.06.2020 – C-78/18, Kommission/Ungarn Rn. 51ff., Rn. 57f., Rn. 91: Bei dieser Entscheidung bekräftigt der EuGH, dass sich sowohl die Spendenempfänger als auch die Spender auf die Kapitalverkehrsfreiheit berufen können, sofern die Spendentätigkeit grenzüberschreitend erfolgt und dass eine Beschränkung der Grundfreiheiten aus Gründen der öffentlichen Ordnung

II. Niederlassungsfreiheit, Dienstleistungsfreiheit und Warenverkehrsfreiheit

Anknüpfend an die Feststellungen im 4. Kapitel, nach dem auch die ausländischen gemeinnützigen Organisationen einen verfassungsrechtlichen Anspruch auf steuerliche Begünstigungen besitzen, sofern sie die Voraussetzungen des deutschen Gemeinnützigkeitsrechts erfüllen,[714] stellt sich die Frage, ob sie auch nach dem Unionsrecht einen Anspruch auf eine steuerliche Begünstigung haben. Bereits in der Rs. Stauffer hat der EuGH entschieden, dass es gegen die Kapitalverkehrsfreiheit verstößt, dass unbeschränkt steuerpflichtige Organisationen mit ihren Vermietungseinkünften nicht der Besteuerung unterliegen, hingegen aber beschränkt steuerpflichtige Organisationen.[715] Dies gilt für alle Einkünfte aus der Vermögensverwaltung, lässt sich darüber hinaus auf die weiteren steuerlichen Vergünstigungen übertragen, die gemeinnützigen Organisationen gewährt werden. Somit sind alle steuerlichen Vergünstigungen auf beschränkt steuerpflichtige Organisationen, die sich auf das Unionsrecht berufen können, auszudehnen. Betreibt beispielsweise eine ausländische Organisation einen Zweckbetrieb im Inland, muss sie mit ihren Einnahmen die gleichen steuerlichen Begünstigungen erhalten, wie eine inländische gemeinnützige Organisation. Die Pflicht zur Gleichbehandlung ergibt sich aus der Niederlassungsfreiheit und zusätzlich aus der Dienstleistungsfreiheit oder der Warenverkehrsfreiheit, abhängig davon, ob die Organisation in ihrem Zweckbetrieb Dienstleitungen oder Waren anbietet. Dies gilt selbstverständlich nur soweit die beschränkt steuerpflichtigen Organisationen die Voraussetzungen zur Anerkennung des deutschen Gemeinnützigkeitsrechts erfüllen.

Obwohl also für den deutschen Staat grundsätzlich keine Finanzierungsverantwortung gegenüber ausländischen Einrichtungen besteht, muss er teilweise auch diesen seine steuerlichen Vergünstigungen gewähren. Die steuerliche Gleichstellung setzt allerdings voraus, dass die Organisation mit Sitz in einem EU-/EWR-Land inländische Einkünfte erzielt oder ihr Vermögen oder Vermögensgüter aus Deutschland zugewendet werden und diese Einkünfte oder Vermögenszuwendungen einer Besteuerung in Deutschland unterliegen. In den Bereichen, in denen der deutsche Staat die gemeinnützigen Zwecke also nicht auf das Inland beschränkt und eine

---

und Sicherheit das Vorliegen einer tatsächlichen, gegenwärtigen und hinreichend schweren Gefährdung voraussetzt.

714 S.o. 4. Kapitel: B. Spendenempfänger im Ausland S. 118.

715 Europäischer Gerichtshof, Urteil vom 14.09.2006 – C-386/04, Stauffer Rn. 62.

Organisation mit Sitz in einem anderen EU-/EWR-Land diesen Zweck verwirklicht, muss der deutsche Staat dieser Organisation, sofern sie auch die weiteren Voraussetzungen zur Anerkennung des Gemeinnützigkeitsstatus erfüllt, dieselben steuerlichen Vergünstigungen gewähren wie einer inländischen. Neben der verfassungsrechtlichen Pflicht, den Spendenempfängern mit Sitz in der EU und im EWR, die in Deutschland beschränkt steuerpflichtig sind, die gleichen steuerlichen Begünstigungen zukommen zu lassen wie den inländischen gemeinnützigen Organisationen, lassen sich auch aufgrund des Unionsrechts die steuerlichen Begünstigungen nicht mehr auf inländische gemeinnützige Organisationen beschränken. Die verfassungsrechtliche Pflicht beruhte auf einer Gleichbehandlungspflicht mit den Empfängern von Spendensammelkörperschaften. Selbst wenn die Abgabenordnung dahingehend geändert werden würde, dass die Weiterleitung an Spendensammelkörperschaften ins Ausland nicht mehr möglich ist oder dass diese künftig alle Voraussetzungen des deutschen Gemeinnützigkeitsrechts erfüllen müssen, damit die Spendenweiterleitung weiter steuerlich begünstigt bleibt, würde das Grundgesetz aufgrund der Finanzierungsverantwortung und aufgrund der steuerlichen Gleichbehandlung von gemeinnützigen Organisationen mit öffentlich-rechtlichen Organisationen zu einer gewissen steuerlichen Begünstigung von inländischen Organisationen zwingen,[716] wie beispielsweise die Steuerfreistellung der Einkünfte aus der Vermögensverwaltung und aus den Zweckbetrieben. Das Unionsrecht dehnt dieses deutsche Gemeinnützigkeitsrecht auf die Organisationen mit Sitz in EU-/EWR-Ländern aus, die die Voraussetzungen zur Erlangung des Status als gemeinnützig in Deutschland erfüllen und zwingt mithilfe der Kapitalverkehrsfreiheit, Niederlassungsfreiheit, Dienstleistungsfreiheit und Warenverkehrsfreiheit zur Gleichstellung und somit zur gleichen steuerlichen Begünstigung.

---

716 4. Kapitel: A. V. Steuerbefreiungen aufgrund der Finanzierungsverantwortung S. 113 und VI. Weitere Gründe für eine Steuerbegünstigung S. 115.

6. Kapitel: Verfassungsrechtliche und unionsrechtliche Verstöße durch die aktuelle Gesetzeslage

Als Reaktion auf die oben geschilderten Urteile des EuGH hat der deutsche Gesetzgeber eine Reihe von Gesetzesänderungen vorgenommen. Trotz oder gerade aufgrund einiger Gesetzesänderungen werden Spendenzahlungen an ausländische Organisationen im Vergleich zu Spendenzahlungen an inländische Organisationen in verfassungs- und unionsrechtswidriger Weise benachteiligt. Daneben bestehen trotz oder durch die aktuelle Gesetzeslage alte und neue Diskriminierungen zwischen ausländischen gemeinnützigen Organisationen und inländischen gemeinnützigen Organisationen, die verfassungsrechtlich und unionsrechtlich nicht gerechtfertigt sind. Einige Ungleichbehandlungen lassen sich in verfassungs- und unionsrechtskonformer Auslegung beheben, einige Ungleichbehandlungen sollten vom Gesetzgeber beseitigt werden.

A. *Verfassungsrechtliche und unionsrechtliche Verstöße durch die aktuelle Gesetzeslage aus der Sicht des Spenders*

Nach der aktuellen Gesetzeslage werden Spenden an inländische Organisationen im Vergleich zu Spenden an Organisationen mit Sitz im Ausland unterschiedlich behandelt. Die Ungleichbehandlung ergibt sich einerseits aus einem neu eingeführten sogenannten „strukturellen Inlandsbezug“, der nach dem Anwendungserlass unterschiedlich auf inländische und ausländische Sachverhalte angewandt werden soll. Dies führt sowohl zu verfassungsrechtlichen als auch zu unionsrechtlichen Diskriminierungen (I. und II. 1.). Notwendigerweise muss der Spender bei grenzüberschreitenden Spenden belegen, dass die Empfängerorganisation alle Voraussetzungen erfüllt, sodass sie als gemeinnützig in Deutschland anerkannt werden würde, wenn sie inländische Einkünfte erzielte. In diesem Zusammenhang werden allerdings vom Spender Nachweise verlangt, die sein Recht auf steuerliche Berücksichtigung seiner grenzüberschreitenden Spende in unionsrechtswidriger Hinsicht einschränkt (II. 2.). Darüber hinaus wurde mit der aktuellen Gesetzeslage die Spendenabzugsmöglichkeit nur auf Spenden an Spendenempfänger mit Sitz in EU-/EWR-Staaten erweitert, nicht jedoch an Spendenempfänger mit Sitz in Drittstaaten. Insofern bleibt der

Gesetzgeber teilweise hinter den Vorgaben, die sich aus dem Urteil in der Rs. Persche ableiten lassen, zurück (II. 3., 4. und 5.).

I. Verfassungsrechtliche Diskriminierung

Der Gesetzgeber hat auf die Entscheidung in der Rs. Persche reagiert, indem er als neue Voraussetzung bei der Verwirklichung steuerbegünstigter Zwecke im Ausland einen strukturellen Inlandsbezug in § 51 Abs. 2 AO aufgenommen hat. § 51 Abs. 2 AO regelt:

> *„Werden die steuerbegünstigten Zwecke im Ausland verwirklicht, setzt die Steuervergünstigung voraus, dass natürliche Personen, die ihren Wohnsitz oder ihren gewöhnlichen Aufenthalt im Geltungsbereich dieses Gesetzes haben, gefördert werden oder die Tätigkeit der Körperschaft neben der Verwirklichung der steuerbegünstigten Zwecke auch zum Ansehen der Bundesrepublik Deutschland im Ausland beitragen kann."*

Auch eine grenzüberschreitende Spende wird nach § 10b Abs. 1 EStG steuerlich nur begünstigt, wenn die Empfängerorganisation die Voraussetzungen des strukturellen Inlandsbezugs nach § 51 Abs. 2 AO erfüllt.

Die verfassungswidrige Ungleichbehandlung ergibt sich aus der tatsächlichen Anwendung des strukturellen Inlandsbezuges nach der Gesetzesbegründung und dem Anwendungserlass. Im Anwendungserlass zu § 51 Abs. 2 AO[717] hat das Bundesfinanzministerium ausgeführt, wie die Vorschrift von der Finanzverwaltung zu verstehen und anzuwenden ist. Dem strukturellen Inlandsbezug wird entsprochen, wenn Personen, die ihren Wohnsitz oder gewöhnlichen Aufenthalt in Deutschland haben, durch die Zweckverwirklichung im Ausland gefördert werden.[718] Dies gilt unabhängig von der Staatsangehörigkeit der im Inland geförderten Personen.[719] Falls keine dieser Personen gefördert wird, kommt es auf die Ansehensförderung der Bundesrepublik Deutschland im Ausland an. Bei dieser Ansehensförderung bedarf es keiner spürbaren oder messbaren Auswirkung auf das Ansehen der Bundesrepublik Deutschland im Ausland.[720] Insbesondere wird bei einer im Inland ansässigen Organisation durch eine Indizwirkung angenommen, dass durch ihre Zweckverwirklichung im Ausland das

717 Veröffentlicht in BStBl. I 2014, S. 290, 317.

718 Zu § 51 Abs. 2 Nr. 7 UA 1 Satz 2 AEAO.

719 Zu § 51 Abs. 2 Nr. 7 UA 1 Satz 3 AEAO.

720 Zu § 51 Abs. 2 Nr. 7 UA 2 Satz 2 AEAO.

Ansehen Deutschlands im Ausland gesteigert wird, weil sie sich personell, finanziell, planend, schöpferisch oder anderweitig an der Förderung gemeinnütziger und mildtätiger Zwecke im Ausland beteiligen.[721] Eines weiteren Nachweises bedarf es nicht.[722] Notwendig ist ebenso wenig die Feststellung, dass alle im Ausland Begünstigten oder Mitwirkenden von der Beteiligung einer deutschen Organisation Kenntnis hatten.[723] Der Anwendungserlass schweigt jedoch zu der Frage, wie ausländische Organisationen eine Ansehensförderung Deutschlands im Ausland nachweisen können. Es wird lediglich festgestellt, dass auch die Tatbestandsalternative der Ansehensförderung für ausländische Organisationen nicht ausgeschlossen ist.[724] Diese kann sich jedoch nicht auf eine Indizwirkung berufen.[725]

1. Ungleichbehandlung zu Organisationen in EU-/EWR-Staaten

Die verfassungswidrige Ungleichbehandlung besteht beim Vergleich einer grenzüberschreitenden Spende innerhalb der EU und des EWR mit der Mittelweiterleitung durch eine Spendensammelkörperschaft an eine ausländische Empfängerorganisation. Der Spender muss nach der aktuellen Gesetzeslage für die steuerliche Berücksichtigung seiner Spende belegen, dass die ausländische Empfängerkörperschaft die Voraussetzungen des strukturellen Inlandbezugs erfüllt. Diese Pflicht ergibt sich aus § 10b Abs. 1 Satz 2 Nr. 3 EStG. Hiernach wird eine Spende an eine Empfängerkörperschaft mit Sitz in der EU oder im EWR steuerlich berücksichtigt, wenn die Empfängerkörperschaft in Deutschland steuerbegünstigt wäre, wenn sie inländische Einkünfte erzielen würde. Daher muss die Empfängerkörperschaft die Voraussetzungen nach §§ 51ff. AO erfüllen, aus denen sich ergibt, ob sie in Deutschland als gemeinnützig anerkannt werden würde.[726] Zu diesen Voraussetzungen zählt auch der strukturelle Inlandsbezug nach § 51 Abs. 2 AO. Da die ausländische Empfängerkörperschaft in der Regel ihre steuerbegünstigten Zwecke im Ausland verwirklicht, muss der Spender nachweisen, dass entweder durch die Tätigkeit Personen in Deutschland gefördert werden oder die Verwirklichung der steuerbegüns-

721 Zu § 51 Abs. 2 Nr. 7 UA 2 Satz 3 AEAO.
722 Zu § 51 Abs. 2 Nr. 7 UA 2 Satz 3 AEAO.
723 Zu § 51 Abs. 2 Nr. 7 UA 2 Satz 4 AEAO.
724 Zu § 51 Abs. 2 Nr. 7 UA 3 Satz 2 AEAO.
725 Zu § 51 Abs. 2 Nr. 7 UA 3 Satz 2 AEAO.
726 *Kulosa*, in: Herrmann/Heuer/Raupach, EStG/KStG Kommentar, § 10b Rn. 53.

tigten Zwecke auch zum Ansehen Deutschlands im Ausland beitragen kann. Die Spendensammelkörperschaft braucht dies hingegen nicht. Denn Spendensammelkörperschaften i. S. d. § 58 Nr. 1 AO können Spenden in Deutschland einsammeln und über die Grenze an Organisationen im Ausland weiterleiten, ohne dass sie entsprechend dem strukturellen Inlandsbezug nach § 51 Abs. 2 AO nachweisen müssten, dass die ausländische Organisation mit ihrer Tätigkeit Personen, die ihren Wohnsitz oder gewöhnlichen Aufenthalt im Inland haben gefördert werden oder dass die Tätigkeit der Organisation im Ausland zum Ansehen der Bundesrepublik im Ausland beitragen kann. Denn bei als gemeinnützig anerkannten Organisationen mit Sitz im Inland wird stets angenommen, dass der strukturelle Inlandsbezug vorliegt, unabhängig davon, ob die gemeinnützige Organisation ihren Zweck im In- oder Ausland verwirklicht. Sofern sie alle anderen Voraussetzungen der AO erfüllt, wird sie in Deutschland als gemeinnützig anerkannt. Dies gilt nach § 58 Nr. 1 AO unabhängig davon, ob sie für eine Körperschaft mit Sitz im In- oder Ausland Spendengelder sammelt. Werden diese Mittel an eine ausländische Organisation zur Verwirklichung des steuerbegünstigten Zwecks weiter gereicht, erfordert § 58 Nr. 1 AO ausdrücklich nicht, dass die ausländische Empfängerorganisation nach deutschem Recht selbst steuerbegünstigt ist. Dies fordert § 58 Nr. 1 AO lediglich für unbeschränkt steuerpflichtige Körperschaften des privaten Rechts. Die ausländische Empfängerkörperschaft ist jedoch keine in Deutschland unbeschränkt steuerpflichtige Körperschaft des privaten Rechts. Die ausländische Empfängerkörperschaft muss deshalb weder die Satzungsvoraussetzungen der Abgabenordnung noch die Voraussetzung des § 51 Abs. 2 AO erfüllen.[727] Es muss sich bei ihr lediglich um eine Körperschaft handeln, die ihre Mittel für steuerbegünstigte Zwecke im Sinne der §§ 52 bis 54 AO verwendet.[728] Allerdings muss die Spendensammelkörperschaft nach § 90 Abs. 2 AO nachweisen, dass die ausländische Organisation tatsächlich die Spenden zu steuerbegünstigten Zwecken verwendet hat.[729]

Die unterschiedliche Behandlung von Spenden ins Ausland im Vergleich zur Mittelweitergabe von Spendensammelkörperschaften an ausländische Körperschaften durch den § 51 Abs. 2 AO stellt einen Verstoß gegen Art. 3 Abs. 1 GG dar, der nicht gerechtfertigt ist. Schon vor der Änderung

---

727 *Seer*, in: Tipke/Kruse, AO/FGO Kommentar, § 58 Rn. 3.

728 *Hüttemann*, Gemeinnützigkeits- und Spendenrecht, S. 255; *Schauhoff*, in: Schauhoff, Handbuch der Gemeinnützigkeit, § 9 Rn. 55f.; *Helios*, in: Schauhoff, Handbuch der Gemeinnützigkeit, § 22 Rn. 51.

729 *Seer*, in: Tipke/Kruse, AO/FGO Kommentar, § 58 Rn. 3.

des § 10b Abs. 1 EStG durch das Gesetz zur Umsetzung steuerlicher EU-Vorgaben sowie zur Änderung steuerlicher Vorschriften[730] wurde kritisiert, dass Spenden ins Ausland nach § 10b Abs. 1 EStG a.F. nicht steuerlich abziehbar waren, gleichzeitig Spendensammelkörperschaften nach § 58 Nr. 1 AO ihre Mittel an ausländische Körperschaften weiterleiten durften.[731] Der BFH sah in seinem Vorlagebeschluss an den EuGH im Revisionsverfahren von Herrn Persche die Diskriminierung der Auslandspende als gerechtfertigt an, da die Finanzverwaltung die Mittelverwendung der Spenden im Ausland nicht hinreichend kontrollieren könnte.[732] Hiergegen wurde argumentiert, solange keine verfassungsrechtlichen Zweifel zu Art. 58 Nr. 1 AO geäußert werden, könne auch die steuerliche Berücksichtigung von Spenden ins Ausland keine verfassungsrechtlichen Bedenken hervorrufen.[733] Die Neufassung des § 10b Abs. 1 EStG hat diese Ungleichbehandlung beendet. Denn eine Spende an gemeinnützige Körperschaften ist innerhalb der EU und dem EWR grundsätzlich als Sonderausgabe abziehbar. Eine Ungleichbehandlung besteht jedoch im Hinblick auf § 51 Abs. 2 AO fort. Die Weiterleitung von Geldmitteln durch eine gemeinnützige Organisation ins Ausland ist vergleichbar mit einer Spende im Ausland. In beiden Fällen ist es gleich wahrscheinlich, dass Personen mit ihrem Wohnsitz oder tatsächlichem Aufenthalt in Deutschland gefördert werden und in beiden Fällen ist unklar, ob durch diese Betätigung das Ansehen Deutschlands im Ausland gefördert wird. Die Spendensammelkörperschaft hat auch keinen besseren Einfluss auf die ausländische Organisation, an die sie die Spendenmittel weiterleitet, als ein Spender gegenüber der ausländischen Organisation, an die er spendet. Es ist kein sachlicher Grund ersichtlich, weshalb bei Spendensammelkörperschaften auf das Erfordernis der Ansehenssteigerung Deutschlands im Ausland faktisch verzichtet wird, hingegen bei Spendern, die faktisch das Gleiche machen wie Spendensammelkörperschaften, ein struktureller Inlandsbezug nachgewiesen werden muss. Es ist daher nicht gerechtfertigt, bei einer Spende ins Ausland eine Ansehenssteigerung im Ausland zu fordern, bei einer

730 Gesetz vom 8.4.2010, BGBl. I 2010, 386ff.

731 *Hüttemann/Helios*, IStR 2008, 39 (42f.).

732 BFH, Beschluss vom 09.05.2007 – XI R 56/05, BFHE 218, 125 Rn. 36ff.

733 *Hüttemann/Helios*, IStR 2008, 39 (41); a.A. *Fischer*, FR 2009, 249 (256); vgl. auch 3. Kapitel: B. V. 2. bb) Ungleichbehandlung im Vergleich zu Mittelbeschaffungskörperschaften S. 103.

Weiterleitung von finanziellen Mitteln ins Ausland durch eine Spendensammelkörperschaft hingegen nicht.[734]

2. Ungleichbehandlung zu Organisationen in Drittstaaten

Eine weitere Ungleichbehandlung zwischen § 10b EStG und § 58 Nr. 1 AO besteht darin, dass die Spendensammelkörperschaften ihre Geldmittel an alle ausländischen Körperschaften weiterleiten können. Spenden sind jedoch nur an ausländische Körperschaften mit Sitz in einem EU-Mitgliedstaat oder in einem Mitgliedstaat des EWR als Sonderausgabe abzugsfähig. Diese Ungleichbehandlung verstößt gegen Art. 3 Abs. 1 GG, weil sie durch keinen sachlichen Grund gerechtfertigt ist. Der Gesetzgeber kann eine Ungleichbehandlung insbesondere nicht damit begründen, dass ihm über die ausländischen Organisationen, an die im Rahmen des § 10b Abs. 1 EStG gespendet wurde, eine wirksame Steueraufsicht verwehrt ist.[735] Denn über die ausländischen Organisationen, an die die Spendensammelvereine gem. § 58 Nr. 1 AO ihre finanziellen Mittel weiterleiten, kann die deutsche Finanzverwaltung ebenso wenig eine wirksame Steueraufsicht wahrnehmen.[736] Hier verlässt sich die Finanzverwaltung ebenfalls darauf, dass eine wirksame Steueraufsicht durch die erhöhte Mitwirkungspflichten der gemeinnützigen Körperschaft (§ 90 Abs. 2 AO) gewährleistet ist.[737]

II. Unionsrechtliche Diskriminierung

Die tatsächliche Handhabung des strukturellen Inlandbezuges im Sinne des Anwendungserlasses zur Abgabenordnung führt auch zu einer nicht gerechtfertigten unionsrechtlichen Diskriminierung (1.). Darüber hinaus bestehen auch unionsrechtliche Diskriminierungen im Zusammenhang mit den Anforderungen an den Spender, um die Gemeinnützigkeit des ausländischen Spendenempfängers nachzuweisen (2.).

---

734 So auch im obiter dictum: BFH, Urteil vom 22.03.2018 – X R 5/16, BFHE 261, 132 (143); *Helios*, in: Schauhoff, Handbuch der Gemeinnützigkeit, § 22 Rn. 51 empfindet diese unterschiedliche Behandlung zumindest als widersprüchlich.

735 So noch *Fischer*, FR 2009, 249 (250ff.).

736 *Helios*, in: Schauhoff, Handbuch der Gemeinnützigkeit, § 22 Rn. 51.

737 Ders., in: Schauhoff, Handbuch der Gemeinnützigkeit, § 22 Rn. 51.

1. Struktureller Inlandsbezug

Die steuerliche Abzugsfähigkeit einer Spende an eine Empfängerkörperschaft im Ausland davon abhängig zu machen, ob diese Empfängerkörperschaft die Voraussetzungen des § 51 Abs. 2 AO erfüllt, hingegen im Rahmen der Weiterleitung von Spenden an ausländische Empfängerkörperschaften nach § 58 Nr. 1 AO hierauf zu verzichten, verstößt gegen den unionsrechtlichen Anerkennungsgrundsatz.[738] Nach dem unionsrechtlichen Anerkennungsgrundsatz sind Beschränkungen nicht unionsrechtskonform, wenn der Mitgliedstaat für vergleichbare Sachverhalte einen unionskonformen Zustand hergestellt hat.[739] Der unionsrechtliche Anerkennungsgrundsatz führt auch auf der Ebene des Spenders dazu, dass die steuerliche Berücksichtigung der grenzüberschreitenden Spende nicht wegen eines Fehlens des strukturellen Inlandsbezugs versagt werden darf. Denn Spendensammelkörperschaften i. S. d.§ 58 Nr. 1 AO können Spenden in Deutschland einsammeln und über die Grenze an Organisationen im Ausland weiterleiten, ohne dass sie nachweisen müssten, die Voraussetzungen des strukturellen Inlandbezugs nach § 51 Abs. 2 AO zu erfüllen. Die Tätigkeit der Spendensammelkörperschaften nach § 58 Nr. 1 AO ist auch vergleichbar mit der grenzüberschreitenden Spendentätigkeit nach § 10b Abs. 1 Satz 2 Nr. 3 EStG.[740]

Im Rahmen des § 58 Nr. 1 AO können also steuerbegünstigte Zwecke im Ausland verwirklicht werden, ohne dass es darauf ankäme, dass Personen mit Wohnsitz oder gewöhnlichem Aufenthalt in Deutschland gefördert werden oder das Ansehen Deutschlands im Ausland gesteigert wird. Wenn der Gesetzgeber auf die Erfüllung des § 51 Abs. 2 AO verzichten kann, so muss dieser Verzicht aufgrund des Anerkennungsgrundsatzes auch im Fall der grenzüberschreitenden Spende gelten.[741] Da auch § 58 Nr. 1 AO nicht nach Empfängerkörperschaften mit Sitz in EU-/EWR-Staaten unterscheidet, führt das unionsrechtliche Anerkennungsprinzip dazu, dass der strukturelle Inlandsbezug weder bei Spenden an Spendenempfän-

---

738 *Jachmann/Unger*, in: Gosch, AO Kommentar, § 51 Rn. 79.

739 Europäischer Gerichtshof, Urteil vom 14.02.1995 – C-279/93, Schumacker Rn. 46f.; *Cordewener*, DStR 2004, 6 (9); *Jachmann/Unger*, in: Gosch, AO Kommentar, § 51 Rn. 79.

740 6. Kapitel: A. I. 1. Ungleichbehandlung zu Organisationen in EU-/EWR-Staaten S. 153.

741 *Jachmann/Unger*, in: Gosch, AO Kommentar, § 51 Rn. 79; im Ergebnis so auch im obiter dictum: BFH, Urteil vom 22.03.2018 – X R 5/16, BFHE 261, 132 (143).

gern mit Sitz in EU-/EWR-Staaten Anwendung findet noch bei Spendenempfängern mit Sitz in Drittstaaten.

2. Spenden an Organisationen mit Sitz in der EU und im EWR

Bei Spenden an Empfängerkörperschaften mit Sitz in der EU und im EWR müssen die Spender für die steuerliche Berücksichtigung ihrer Spende belegen, dass die Empfängerkörperschaft die Voraussetzungen erfüllt, um nach der AO als gemeinnützig anerkannt zu werden. Daher stellt sich die Frage, welche Unterlagen vom Spender unionsrechtskonform verlangt werden können, mit denen er belegt, dass der Spendenempfänger die Satzungsvoraussetzungen (a)) und die Voraussetzungen zur tatsächlichen Geschäftsführung erfüllt (b)) sowie die Spende satzungsgemäß verwendet hat (c)). Insbesondere stellt sich mit der Aufnahme einer Mustersatzung als Anhang zu § 60 AO die Frage, inwieweit die Satzung eines ausländischen Spendenempfängers mit der Mustersatzung übereinstimmen muss.

a) Satzungsvoraussetzung

Die Satzung muss der Mustersatzung nach der Anlage zu § 60 Abs. 1 Satz 2 AO entsprechen und somit auch die Anforderung an die satzungsmäßigen Vermögensbindung nach § 61 Abs. 1 AO erfüllen.

aa) Mustersatzung (Anlage zu § 60 Abs. 1 Satz 2 AO)

Mit dem Jahressteuergesetz 2009[742] wurde in der Anlage 1 zu § 60 AO eine Mustersatzung für Vereine, Stiftungen, Betriebe gewerblicher Art von juristischen Personen des öffentlichen Rechts, geistliche Genossenschaften und Kapitalgesellschaften der Abgabenordnung beigefügt. Die Beifügung der Mustersatzung zu § 60 AO stellt eine Verschärfung der Satzungsvoraussetzungen im Vergleich zur früheren Gesetzeslage dar.[743] Denn bisher hatte die Finanzverwaltung Mustersatzungen als Anlagen zum AEAO abgedruckt, die weder Gesetzeskraft hatten noch als Verordnung rechtsverbind-

742 Gesetz vom 19.12.2008, BGBl. I 2008, 2794ff.
743 *Hüttemann*, Gemeinnützigkeits- und Spendenrecht, S. 77f.

lich waren.[744] Durch das Jahressteuergesetz 2009[745] wurde § 60 Abs. 1 AO um einen zweiten Satz ergänzt.[746] Dieser normiert als weitere Anforderung an die Satzung einer gemeinnützigen Organisation, dass alle Festlegungen der Mustersatzung enthalten sein müssen. Die Mustersatzung wurde ebenfalls durch das Jahressteuergesetz geschaffen und als Anlage 1 zu § 60 AO der Abgabenordnung beigefügt. Der Verweis des § 60 Abs. 1 Satz 2 AO auf die Mustersatzung als Anhang zu § 60 AO verleiht der Mustersatzung Gesetzeskraft.[747] Die Satzungen der gemeinnützigen Organisationen müssen der Mustersatzung nicht wortwörtlich entsprechen.[748] Zwar ergab sich dies früher explizit aus dem Anwendungserlass zur AO von der Finanzverwaltung. Nach Nr. 1 Satz 3 AEAO zu § 60 a.F. reichte es aus, wenn sich die satzungsmäßigen Voraussetzungen aufgrund einer Auslegung aller Satzungsbestimmungen ergeben.[749] Nr. 2 Satz 4 AE AO zu § 60 a.F. erklärte, dass die Verwendung der Mustersatzung nicht vorgeschrieben sei.[750] Aus der Streichung dieser Sätze ist jedoch nicht zu schließen, dass nur diejenigen Organisationen als gemeinnützig anzuerkennen sind, deren Satzungen wortwörtlich der Mustersatzung entsprechen.[751] Zwar hat die Mustersatzung die Wirkung eines Gesetzes, allerdings ist sie dadurch auch der Gesetzesauslegung zugänglich.[752] Es ist also weiterhin anhand einer Auslegung aller Satzungsbestimmungen einer Organisation zu ermitteln, ob dem Sinn und Zweck der Mustersatzung entsprochen wird. Darüber hinaus ist es zweifelhaft, dass der Anwendungserlass zur AO etwas anderes erzwingen möchte. Denn mit seiner Aufzählung, die mit „unter anderem" (Nr. 2 AEAO zu § 60) eingeleitet wird, gibt auch der Anwendungserlass zu verstehen, dass vom Wortlaut der Mustersatzung auch aus anderen Gründen abgewichen werden kann. Weiter verlangt § 60 Abs. 1 Satz 2 AO lediglich,

---

744 *Seer*, in: Tipke/Kruse, AO/FGO Kommentar, § 60 Rn. 3.

745 Gesetz vom 19.12.2008, BGBl. Teil I, 2794.

746 Gesetz vom 19.12.2008, BGBl. Teil I, 2827.

747 *Seer*, in: Tipke/Kruse, AO/FGO Kommentar, § 60 Rn. 3; *Musil*, in: Hübschmann/Hepp/Spitaler, AO/FGO Kommentar, § 60 AO Rn. 8.

748 *Musil*, in: Hübschmann/Hepp/Spitaler, AO/FGO Kommentar, § 60 AO Rn. 8; *Seer*, in: Tipke/Kruse, AO/FGO Kommentar, § 60 Rn. 4f.; *Krüger*, in: Schwarz/Pahlke, AO/FGO Kommentar, § 60 AO Rn. 2.

749 Anwendungserlass zur Abgabenordnung (AEAO) vom 2. Januar 2008, BStBl. 2008 Teil 1, S. 26.

750 Anwendungserlass zur Abgabenordnung (AEAO) vom 2. Januar 2008, BStBl. 2008 Teil 1, S. 26.

751 *Seer*, in: Tipke/Kruse, AO/FGO Kommentar, § 60 Rn. 4f.

752 Ders., in: Tipke/Kruse, AO/FGO Kommentar, § 60 Rn. 5; *Musil*, in: Hübschmann/Hepp/Spitaler, AO/FGO Kommentar, § 60 AO Rn. 8.

dass die Satzung einer gemeinnützigen Organisation die in der Anlage 1 bezeichneten Festlegungen enthalten muss. Durch welchen Wortlaut dies sichergestellt wird, ist der gemeinnützigen Organisation überlassen. Die Mustersatzung gibt für den Wortlaut lediglich eine Orientierungshilfe.

Für ausländische Organisationen müssen die Anforderungen an die Satzung unionsrechtskonform ausgelegt werden.[753] So wird vertreten, dass die Satzung – entgegen der Mustersatzung (Anlage 1 zu § 60 AO) – nicht in deutscher Sprache abgefasst sein muss, sondern eine materielle Vergleichbarkeit der Satzung der ausländischen Organisation mit der Mustersatzung ausreicht.[754] Zumal auch bei inländischen Organisationen keine wörtliche Übernahme der gesetzlichen Mustersatzung erforderlich ist.[755] Solange sich anhand der Satzung und der Rechtsvorschriften des Mitgliedstaates die materielle Übereinstimmung der Satzung mit der Mustersatzung überprüfen lässt, sind Abweichungen in der Formulierung und im Aufbau von der Mustersatzung (Anlage 1 zu § 60 AO) zulässig.[756]

bb) Satzungsmäßige Vermögensbindung

Als weitere Satzungsvoraussetzung regelt § 61 Abs. 1 AO die satzungsmäßige Vermögensbindung. In Bezug auf einen ausländischen Spendenempfänger ist zu klären, inwieweit auch dieser der satzungsmäßigen Vermögensbindung (§ 61 Abs. 1 AO) in seiner Satzung entsprechen muss. Grundsätzlich kann die Pflicht zur satzungsmäßigen Vermögensbindung nach § 61 Abs. 1 AO ausländische Organisationen vor unerfüllbare Voraussetzungen stellen. Sinn und Zweck der Vorschrift ist es, sicherzustellen, dass das Vermögen einer Organisation nach ihrer Auflösung oder Aufhebung gemein-

753 *Jachmann/Unger*, in: Gosch, AO Kommentar, § 60 Rn. 25; *Hüttemann/Helios*, DB 2009, 701 (705f.); *Helios/Strehlke*, nPOR 2013, 209 (213f.); Finanzgericht Bremen, Urteil vom 08.06.2011 – 1 K 63/10 (6), DStRE 2012, 1321 (1324ff.); Finanzgericht Münster, Urteil vom 08.03.2012 – 2 K 2608/09 E, EFG 2012, 1539 (1541).

754 Finanzgericht Bremen, Urteil vom 08.06.2011 – 1 K 63/10 (6), DStRE 2012, 1321 (1325); *Jachmann/Unger*, in: Gosch, AO Kommentar, § 60 Rn. 25.

755 *Hüttemann*, Gemeinnützigkeits- und Spendenrecht, S. 328f.; *Ullrich*, DStR 2009, 2471 (2471f.); *Köster*, DStZ 2010, 166 (166, 169).

756 *Förster*, DStR 2013, 1516 (1518); *Hüttemann*, Gemeinnützigkeits- und Spendenrecht, S. 77f.; Finanzgericht Düsseldorf, Urteil vom 14.01.2013 – 11 K 2439/10 E, EFG 2013, 678 (680); *Schaumburg*, in: Schaumburg/Englisch, Europäisches Steuerrecht, S. 292 (296); a.A. *Hanke/Tybussek*, NWB 2012, 718 (719f.).

nützigen Zwecken zugutekommt.[757] Hierzu bestimmt § 61 Abs. 1 AO, dass der Zweck, für den das Vermögen bei Auflösung oder Aufhebung der Körperschaft oder bei Wegfall ihres bisherigen Zwecks verwendet werden soll, in der Satzung so genau bestimmt ist, dass aufgrund der Satzung geprüft werden kann, ob der Verwendungszweck steuerbegünstigt ist. Hierzu reicht aus, entweder den Namen der Körperschaft anzugeben, die das Vermögen bei Auflösung oder Aufhebung erhalten soll, oder die Angabe eines bestimmten steuerbegünstigten Verwendungszwecks.[758] Die Erfüllung dieser Satzungsvoraussetzungen ist für ausländische Organisationen häufig schwierig, da das ausländische Recht zwar grundsätzlich ebenfalls sicherstellt, dass das Vermögen nach Auflösung oder Aufhebung steuerbegünstigten Zwecken zu Gute kommt, dieses Ziel aber auf andere Art und Weise erreicht, die den Anforderungen des § 61 Abs. 1 AO nach Sinn und Zweck nicht wörtlich entspricht.[759] Das Festhalten an dieser strengen formalen Satzungskonformität verstößt gegen den unionsrechtlichen Effektivitätsgrundsatz, weil es geeignet ist, ausländische Organisationen aus formellen, jedoch nicht aus materiellen Gründen aus dem Anwendungsbereich des deutschen Gemeinnützigkeitsrechts auszuschließen.[760] „Die Voraussetzungen an die Satzung sind umso mehr dann als erfüllt anzusehen, wenn das Recht des Sitzstaates eine staatliche Vereinigungsaufsicht kennt, deren Aufgabe es u.a. ist, die ordnungsgemäße Verwendung der Vereinigungsmittel für die von der Vereinigung verfolgten Zwecke zu überprüfen."[761]

Der BFH hat sich dieser unionsfreundlichen Auslegung der satzungsmäßigen Vermögensbindung bislang nicht angeschlossen.[762] Er ist der Ansicht, dass eine unionsrechtskonforme Auslegung nicht erforderlich sei.[763]

757 *Seer*, in: Tipke/Kruse, AO/FGO Kommentar, § 61 Rn. 1.

758 Ders., in: Tipke/Kruse, AO/FGO Kommentar, § 61 Rn. 1.

759 Vgl. die Vorschriften im Italienischen Zivilgesetzbuch, dargestellt in der Entscheidung: Finanzgericht Bremen, Urteil vom 08.06.2011 – 1 K 63/10 (6), DStRE 2012, 1321 (1326).

760 Finanzgericht Bremen, Urteil vom 08.06.2011 – 1 K 63/10 (6), DStRE 2012, 1321 (1325f.); Finanzgericht Münster, Urteil vom 08.03.2012 – 2 K 2608/09 E, EFG 2012, 1539 (1541); *Hüttemann/Helios*, DB 2009, 701 (705).

761 Finanzgericht Bremen, Urteil vom 08.06.2011 – 1 K 63/10 (6), DStRE 2012, 1321 (1326).

762 BFH, Urteil vom 17.09.2013 – I R 16/12, BFHE 243, 319 (322ff.); ebenso Finanzgericht Düsseldorf, Urteil vom 14.01.2013 – 11 K 2439/10 E, EFG 2013, 678 (679f.), das zwar das Fehlen „bestimmte[r] deutsche[r] Begriffsbestimmungen" für unschädlich hält, die Einhaltung der deutschen Regelungsziele nach §§ 51ff. AO jedoch nicht für ausreichend erachtet.

763 BFH, Urteil vom 17.09.2013 – I R 16/12, BFHE 243, 319 (324f.).

Der EuGH habe in seiner Entscheidung zur Rs. Persche lediglich angemahnt, dass eine unterschiedliche Behandlung von Spenden an inländische und ausländische Zuwendungsempfänger, die allein auf der unterschiedlichen Ansässigkeit im In- oder Ausland beruht, gegen die Kapitalverkehrsfreiheit (Art. 63 AEUV) verstößt.[764] Der Maßstab, nach dem beurteilt wird, ob eine ausländische Organisation als gemeinnützig anzuerkennen ist, richte sich jedoch allein nach dem innerstaatlichen Recht des Spenders.[765] Nach der Rechtsprechung des EuGH dürfe die Spende an eine ausländische Organisation nicht diskriminiert werden.[766] Sofern die Voraussetzung der satzungsmäßigen Vermögensbindung identisch auf die ausländische Organisation angewandt werde, sei eine Diskriminierung ausgeschlossen.[767]

Hierbei verkennt der BFH jedoch die Bedeutung des unionsrechtlichen Anerkennungsgrundsatzes.[768] Der Gesetzgeber hat einerseits bei der Weiterleitung von Spenden durch Mittelbeschaffungskörperschaften als auch bei dem Abschluss des Doppelbesteuerungsabkommens mit den USA (Art. 27 des Doppelbesteuerungsabkommens mit den USA) für die Gewährung einer steuerlichen Begünstigung auf die Prüfung verzichtet, ob die ausländischen Empfängerkörperschaften die Voraussetzungen des deutschen Gemeinnützigkeitsrechts erfüllen.[769] Sofern der Gesetzgeber in diesen Fällen auf die Prüfung des Vorliegens der Voraussetzungen zur Anerkennung des Status der Gemeinnützigkeit, wie beispielsweise der satzungsmäßigen Vermögensbindung, der Empfängerkörperschaften verzichten kann, erkennt er an, dass die Notwendigkeit dieser Voraussetzung allein die Steuerfreiheit nicht zu verhindern vermag.[770] Wenn die Anerkennung von US-amerikanischen Körperschaften als steuerbegünstigt möglich ist, ohne dass die Voraussetzungen an die Satzung oder an die tatsächliche Geschäftsführung nach §§ 51ff. AO unlösbare Kontrollprobleme bereitet, kann der Gesetzgeber die Versagung von steuerlichen Begünstigungen bei Körperschaften mit Sitz in der EU oder im EWR nicht damit rechtfertigen,

764 BFH, Urteil vom 17.09.2013 – I R 16/12, BFHE 243, 319 (324f.).

765 BFH, Urteil vom 17.09.2013 – I R 16/12, BFHE 243, 319 (324f.).

766 BFH, Urteil vom 17.09.2013 – I R 16/12, BFHE 243, 319 (324f.).

767 BFH, Urteil vom 17.09.2013 – I R 16/12, BFHE 243, 319 (325f.).

768 Zum unionsrechtlichen Anerkennungsgrundsatz s.o. 5. Kapitel: 6. Kapitel:. A. II. 1 Struktureller Inlandsbezug S. 157.

769 *Frotscher*, in: GS Walz, S. 199 (204); *Jachmann/Unger*, in: Gosch, AO Kommentar, § 51 Rn. 79.

770 *Frotscher*, in: GS Walz, S. 199 (204); *Jachmann/Unger*, in: Gosch, AO Kommentar, § 51 Rn. 79.

dass sie die Voraussetzungen nach §§ 51ff. AO nicht erfüllen.[771] Vielmehr muss er nach dem unionsrechtlichen Anerkennungsgrundsatz auch den Körperschaften in der EU und im EWR die steuerlichen Begünstigungen gewähren,[772] solange sie in ihrem Sitzstaat als gemeinnützig anerkannt sind. Denn in dem DBA USA und nach § 58 Nr. 1 AO wird allein auf die Anerkennung im Sitzstaat abgestellt.

b) Anforderungen an die tatsächliche Geschäftsführung

Schließlich müssen die Anforderungen an die Unterlagen, mit denen belegt wird, dass die tatsächliche Geschäftsführung der Spendenempfängerkörperschaft mit ihren Satzungsvorgaben übereinstimmt, im Anwendungsbereich der Grundfreiheiten des EU-/EWR-Rechts angepasst werden.[773] Hierbei lässt sich derzeit jedoch schwer prognostizieren, welche Anforderungen vom EuGH als unionsrechtlich zulässig angesehen werden und welche sich nicht mehr im Rahmen des unionsrechtlich Zulässigen bewegen. Deshalb wird einerseits vertreten, es sei für die Annahme, die steuerbegünstigten Zwecke werden verfolgt, ausreichend, dass sich aus den eingereichten Unterlagen oder durch einen Hinweis auf andere Medien ergibt, die satzungsmäßigen Zwecke werden erfüllt oder die ausländische Vereinigungsaufsicht wacht über die Tätigkeit der Organisation.[774] Anderen reicht die Aufsicht des Ansässigkeitsstaates über ihre gemeinnützigen Organisationen nicht aus, sofern nicht nachgewiesen ist, dass die ausländische Aufsicht mit einer deutschen Aufsicht vergleichbar ist.[775] Teilweise wird gefordert, dass die Steuerpflichtigen zunächst umfangreiche Unterlagen vorlegen müssen, bevor die Finanzverwaltung oder die Gerichte in der Pflicht wären, sich über die Amtshilferichtlinie an die Behörden des ausländischen Staats zu wenden.[776] Die Anforderungen an den Steuerpflichti-

---

771 *Frotscher*, in: GS Walz, S. 199 (204).

772 *Jachmann/Unger*, in: Gosch, AO Kommentar, § 51 Rn. 79; *Frotscher*, in: GS Walz, S. 199 (204).

773 Finanzgericht Bremen, Urteil vom 08.06.2011 – 1 K 63/10 (6), DStRE 2012, 1321 (1326); *Unger*, in: Gosch, AO Kommentar, § 63 AO Rn. 52.

774 Finanzgericht Bremen, Urteil vom 08.06.2011 – 1 K 63/10 (6), DStRE 2012, 1321 (1326f.).

775 Finanzgericht Düsseldorf, Urteil vom 14.01.2013 – 11 K 2439/10 E, EFG 2013, 678 (681).

776 Finanzgericht Düsseldorf, Urteil vom 14.01.2013 – 11 K 2439/10 E, EFG 2013, 678 (680f.).

gen dürfen jedoch nicht zu streng gehandhabt werden. Die Finanzverwaltung verlangt die Vorlage einer Aufstellung der Einnahmen und Ausgaben, ergänzende Tätigkeitsberichte, Kassenberichte, Vermögensübersichten mit Nachweisen über die Bildung und Entwicklung der Rücklagen, Protokolle über Mitgliederversammlungen und Vorstandsbeschlüsse.[777] Es ist nahezu ausgeschlossen, dass der Steuerpflichtige diese Unterlagen vom Zuwendungsempfänger erhalten wird. Ein gerechter Ausgleich zwischen den erhöhten Mitwirkungspflichten des Steuerpflichtigen nach § 90 Abs. 2 AO und der Möglichkeit der Finanzverwaltung durch Amtshilfeersuchen ist gefunden, wenn der Steuerpflichtige zunächst Unterlagen vorlegen muss, aus denen sich eine gemeinnützige Betätigung plausibel ergibt. Der Finanzverwaltung obliegt es dann, zur Gewährung einer wirksamen Steueraufsicht die Angaben im Rahmen eines Amtshilfeersuchens zu verifizieren.

c) Anforderung an den Zuwendungsnachweis

Darüber hinaus muss der Spender belegen, dass der Spendenempfänger seine Spende zu satzungsmäßigen Zwecken verwendet hat. Die Anforderungen an den Zuwendungsnachweis wurden durch die Änderung des § 50 Abs. 1 Satz 2 EStDV unionsrechtlich angepasst.[778] Bis dahin hatten alle Zuwendungsempfänger die Zuwendung durch einen amtlich vorgeschriebenen Vordruck dem Spender zu bestätigen (§ 50 Abs. 1 EStDV a.F.). Dies war unionsrechtlich problematisch, weil die Finanzverwaltung ausschließlich Vordrucke für inländische Zuwendungsempfänger veröffentlichte und somit der materiell-rechtlich grundsätzlich mögliche Abzug von Spenden an ausländische Spendenempfänger aufgrund der Unerfüllbarkeit der formalen Voraussetzungen leerlief.[779] Nach dem neuen § 50 Abs. 1 Satz 2 EStDV gilt § 50 Ab. 1 Satz 1 EStDV nicht für Zuwendungen an nicht im Inland ansässige Zuwendungsempfänger, sodass nur noch inländische Zuwendungsempfänger eine Zuwendungsbestätigung nach amtlich vorgeschriebenem Vordruck ausstellen müssen. Zu den Anforderungen,

---

777 *Bundesministerium der Finanzen*, Bundessteuerblatt Teil I 2011, 559.

778 Verordnung zum Erlass und zur Änderung steuerlicher Verordnungen vom 11.12.2012 (BGBl. Teil 1, 2012, Nr. 59 vom 19.12.2012, 2637 (2638)); § 50 EStDV neu gefasst ohne Änderungen an § 50 Abs. 1 Satz 2 EStDV durch Gesetz zur Modernisierung des Besteuerungsverfahrens vom 18.7.2016 (BGBl. Teil 1, 2016, Nr. 35 vom 22.07.2016, 1679, (1701f.)).

779 *Kulosa*, in: Herrmann/Heuer/Raupach, EStG/KStG Kommentar, § 10b Rn. 80.

die an eine Zuwendungsbestätigung von ausländischen Organisationen gestellt wird, hat sich bislang nur die Rechtsprechung geäußert.[780] Zunächst hatte der Bundesfinanzhof die Voraussetzungen an den Zuwendungsbescheid wie folgt konkretisiert: Der ausländische Spendenempfänger muss dem Spender bestätigen, dass er die Spende erhalten hat, satzungsmäßige steuerbegünstigte Zwecke verfolge und die Spende ausschließlich für diese satzungsmäßigen Zwecke verwendet.[781] Diese Rechtsprechung hat der Bundesfinanzhof jüngst bestätigt.[782]

d) Zwischenergebnis

Für die Beurteilung, ob die vom Spender vorgelegten Unterlagen ausreichen, um zu überprüfen, ob der ausländische Spendenempfänger die Anforderungen an die Satzungsvoraussetzungen sowie die Anforderungen an die tatsächliche Geschäftsführung erfüllt und auch der Zuwendungsnachweis den gesetzlichen Anforderungen entspricht, dürfen keine höheren Anforderungen an den Spender gestellt werden als an eine inländische Spendensammelkörperschaft im Sinne des § 58 Nr. 1 AO, die ihre Mittel an Spendenempfänger im Ausland weiterleitet. Wenn der Gesetzgeber bei der Weiterleitung von Spenden durch Spendensammelkörperschaften keine Beschränkung zur Gewährleistung einer wirksamen Steueraufsicht für erforderlich hält, sondern die tatsächliche Geschäftsführung allein anhand von Unterlagen überprüft, muss dies nach dem Anerkennungsgrundsatz auch für Einzelspenden gelten.[783]

3. Hilfe bei der Beitreibung von Steuerforderungen

Bei Zuwendungsempfängern mit Sitz in der EU oder im EWR hat der Gesetzgeber die steuerliche Begünstigung der Spende davon abhängig gemacht, dass mit dem jeweiligen Staat, in dem die Empfängerkörperschaft ihren Sitz hat, Amtshilfe und Hilfe bei der Beitreibung im Sinne der Europäischen Amtshilferichtlinie und der Europäischen Beitreibungsrichtlinie leistet. Diese Voraussetzungen erfüllen die EU-Mitgliedstaaten. Von

---

780 Ders., in: Herrmann/Heuer/Raupach, EStG/KStG Kommentar, § 10b Rn. 80.
781 BFH, Urteil vom 21.01.2015 – X R 7/13, BFHE 248, 543 (554f.).
782 BFH, Urteil vom 22.03.2018 – X R 5/16, BFHE 261, 132 (140).
783 *Jachmann/Unger*, in: Gosch, AO Kommentar, § 51 Rn. 79.

den drei EWR-Staaten Island, Liechtenstein und Norwegen erfüllt diese Voraussetzung gerade einmal Norwegen.[784] Denn im DBA Norwegen wurde in Art. 26 gegenseitig Amtshilfe zugesichert und in Art. 27 Hilfe bei der Beitreibung von Steueransprüchen.[785] Die DBA Island und Liechtenstein enthalten in Art. 26 DBA Island und in Art. 5 DBA Liechtenstein allein Regelungen zur Amtshilfe. Der Umfang der in den DBA vereinbarten Amtshilfe erfüllt die Voraussetzungen von § 5 Abs. 2 Nr. 2 KStG[786] und § 10b Abs. 1 Satz 3 bis 5 EStG[787]. Eine steuerliche Berücksichtigung einer Spende an einen Spendenempfänger in Island oder Liechtenstein würde zurzeit an einer Hilfe bei der Beitreibung von Steueransprüchen scheitern. Die steuerliche Begünstigung von einer Hilfe der Beitreibung von Steueransprüchen abhängig zu machen, widerspricht allerdings den Vorgaben des EuGH in der Rs. Persche, sofern der Steuerpflichtige Belege vorlegt, nach denen der Eintritt eines Haftungsfalls ausgeschlossen erscheint.[788] Darüber hinaus dürfte nach dem Unionsrecht die steuerliche Begünstigung der Spende auch nicht deshalb pauschal versagt werden, weil keine Amtshilfe gewährt wird. Zunächst müsste dem Spender die Möglichkeit eröffnet werden, die Abzugsfähigkeit der Spende anhand stichhaltiger Belege zu verifizieren.[789] Daher verstößt § 10b Abs. 1 Satz 2 Nr. 3 EStG in seiner derzeitigen Ausgestaltung auch in Hinblick auf Empfängerkörperschaften mit Sitz im EWR gegen das Unionsrecht.

784 *Kulosa*, in: Herrmann/Heuer/Raupach, EStG/KStG Kommentar, § 10b Rn. 55.

785 *Dörrfuß*, in: Wassermeyer, Kommentar Doppelbesteuerungsabkommen, Art. 27 Norwegen Rn. 1f. i.V.m. *Krabbe*, in: Wassermeyer, Kommentar Doppelbesteuerungsabkommen, Art. 27 MA Rn. 1.

786 *Frotscher*, in: Frotscher/Drüen, KStG/GewStG/UmwStG Kommentar, § 5 KStG Rn. 358.

787 BMF vom 25. Mai 2012, IV B 6 – S 1320/07/10004 :006, BStBl. I 2012, 599ff.: Zu den Staaten Island, Liechtenstein und Norwegen besteht ein sogenannter großer Informationsaustausch (614f.), der große bzw. umfassende Informationsaustausch ist auch Gegenstand des EGAHiG (605 Nr. 2.1).

788 *Kulosa*, in: Herrmann/Heuer/Raupach, EStG/KStG Kommentar, § 10b Rn. 55; a.A. *Pust*, in: Littmann/Bitz/Pust, EStG Kommentar, § 10b Rn. 105.

789 *Kulosa*, in: Herrmann/Heuer/Raupach, EStG/KStG Kommentar, § 10b Rn. 55; *Pust*, in: Littmann/Bitz/Pust, EStG Kommentar, § 10b Rn. 105; *Brandl*, in: Blümich, EStG, KStG, GewStG Kommentar, § 10b EStG Rn. 40.

4. Haftung bei Mittelfehlverwendung von Spendenempfängern im EU/EWR-Staat (§ 10b Abs. 4 EStG)

Grundsätzlich sieht das Spendenrecht vor, dass der Spender auf die ordnungsgemäße Zuwendungsbestätigung und die ordnungsgemäße Verwendung der Spende vertrauen kann. Dies setzt allerdings voraus, dass der Spender eine Zuwendungsbestätigung nach amtlichem Vordruck i. S. d. § 50 Abs. 1 Satz 1 EStDV erhalten hat. Falls die Zuwendungsbestätigung unrichtig ist oder die Spende nicht zu dem steuerbegünstigten Zweck verwendet wurde, haftet dann grundsätzlich für den Steuerausfall nicht der Spender, sondern der Zuwendungsempfänger oder sein Organmitglied (§ 10b Abs. 4 EStG). In diese Haftung könnte auch eine ausländische Körperschaft kommen. Zwar stellt diese grundsätzlich keine Zuwendungsbestätigung nach amtlichem Vordruck aus (§ 50 Abs. 1 Satz 2 EStDV), an die die Haftung des Spendenempfängers anknüpft. Der BFH hat allerdings die Voraussetzungen an eine Zuwendungsbestätigung einer ausländischen Körperschaft dahingehend konkretisiert, dass sie den Erhalt der Spende, die Verfolgung satzungsgemäßer steuerbegünstigter Zwecke und die satzungsgemäße Verwendung der Spende bestätigen muss.[790] In der Literatur wird vorgeschlagen, § 10b Abs. 4 Satz 1 EStG dahingehend unionsrechtskonform auszulegen, dass der Vertrauensschutz auch aus einer Zuwendungsbestätigung einer ausländischen Körperschaft erwächst, solange sie die Voraussetzungen erfüllt, die der BFH konkretisiert hat.[791] Die analoge Anwendung soll sich dann auch auf die Organhaftung nach § 10 Abs. 4 Satz 2 EStG erstrecken.[792] Für diese unionsrechtskonforme Auslegung spricht, dass offenbar auch der Gesetzgeber davon ausgegangen ist, der Spender könne sich auch bei Zuwendungsbestätigungen von ausländischen Spendenempfängern auf den Vertrauensschutz nach § 10b Abs. 4 EStG berufen. Ansonsten hätte er die steuerliche Berücksichtigung der Spende an ausländische Spendenempfänger nicht davon abhängig gemacht, dass der Staat, in dem sie ihren Sitz haben, Hilfe bei der Beitreibung von Steueransprüchen leistet. Dieser neu eingeführte Zusatz zielte auf den Vertrauensschutz der Spender ab. Dasselbe gilt auch in Bezug auf

---

790 BFH, Urteil vom 21.01.2015 – X R 7/13, BFHE 248, 543 (554f.); BFH, Urteil vom 22.03.2018 – X R 5/16, BFHE 261, 132 (140).

791 *Brandl*, in: Blümich, EStG, KStG, GewStG Kommentar, § 10b EStG Rn. 140, 50; *Kulosa*, in: Herrmann/Heuer/Raupach, EStG/KStG Kommentar, § 10b Rn. 141.

792 *Kulosa*, in: Herrmann/Heuer/Raupach, EStG/KStG Kommentar, § 10b Rn. 141; a.A. *Hüttemann*, Gemeinnützigkeits- und Spendenrecht, S. 863.

EWR- und Drittstaaten, sofern sich diese, beispielsweise durch eine Regelung im DBA mit der Bundesrepublik Deutschland, zur Amtshilfe und Unterstützung bei der Beitreibung von Steuerforderungen verpflichtet haben. Im DBA Norwegen ist sowohl die Amtshilfe als auch die Hilfe bei der Beitreibung von Steueransprüchen geregelt (Art. 27 Abs. 1 und 3 DBA Norwegen). Die DBA Island und Liechtenstein sehen nur Amtshilfe vor (Art. 26 DBA Island, Art. 5 DBA Liechtenstein). De lege lata wird daher nur eine Spende an Empfängerorganisationen mit Sitz in einem EU-Staat oder mit Sitz in Norwegen steuerlich berücksichtigt. Dies ist unionsrechtswidrig, weil der EuGH die Ungleichbehandlung einer Spende nicht durch eine fehlende Unterstützung bei der Beitreibung von Steueransprüchen gerechtfertigt sah.[793] De lege ferenda muss auch die steuerliche Berücksichtigung von Spenden an Empfängerkörperschaften mit Sitz in Island und in Liechtenstein sowie in allen Drittstaaten, zu denen ein Amtshilfeabkommen besteht, berücksichtigt werden. Die Frage der Unterstützung bei der Beitreibung von Steueransprüchen müsste allein in § 10b Abs. 4 EStG geregelt werden.[794] Hiervon kann abhängig sein, ob der Spender Vertrauensschutz aufgrund der Zuwendungsbestätigung genießen kann. Bei Zuwendungsbestätigungen von inländischen Organisationen besteht immer Vertrauensschutz, bei ausländischen Organisationen besteht der Vertrauensschutz des Spenders nur, wenn der Staat, in dem die Organisation ihren Sitz hat, Unterstützung zur Beitreibung von Steueransprüchen leistet.

5. Zuwendungsempfänger in Drittstaaten

Der vollständige Ausschluss von der steuerlichen Berücksichtigung von Spenden an Zuwendungsempfänger mit Sitz in einem Drittland stellt einen Verstoß gegen das Unionsrecht dar. Zwar hat der EuGH entschieden, dass eine Ungleichbehandlung einer Spende unionsrechtlich gerechtfertigt sein kann, wenn sich weder anhand der Unterlagen des Spenders und des Zuwendungsempfängers noch durch ein Amtshilfeersuchen an den Staat, in dem die Empfängerkörperschaft ihren Sitz hat, die Voraussetzungen für die Abzugsfähigkeit der Spende verifizieren lassen.[795] Der Gesetzgeber hat sich bei der Neufassung von § 10 Abs. 1 Satz 2 Nr. 3 EStG

793 *Kulosa*, in: Herrmann/Heuer/Raupach, EStG/KStG Kommentar, § 10b Rn. 55; *Schaumburg*, in: Schaumburg/Englisch, Europäisches Steuerrecht, S. 292 (297).
794 *Schaumburg*, in: Schaumburg/Englisch, Europäisches Steuerrecht, S. 292 (297).
795 Europäischer Gerichtshof, Urteil vom 27.01.2009 – C-318/07, Persche Rn. 69.

nicht an diesen Vorgaben orientiert, sondern pauschal Spenden an Organisationen mit Sitz in einem Drittstaat von der steuerlichen Begünstigung nicht erfasst; dies stellt einen Verstoß gegen das Unionsrecht dar.[796] Denn er hätte auch Spenden an Organisationen mit Sitz in einem Drittland zulassen müssen, sofern sich entweder anhand der Unterlagen des Spenders und der Empfängerkörperschaft oder durch ein bestehendes Amtshilfeabkommen verifizieren ließe, dass die Empfängerkörperschaft die Voraussetzungen für eine steuerliche Begünstigung erfüllt.[797]

B. Verfassungsrechtliche und unionsrechtliche Verstöße durch die aktuelle Gesetzeslage aus der Sicht des Spendenempfängers

Auch aus der Sicht des ausländischen Spendenempfängers verstößt die aktuelle Gesetzeslage gegen die Verfassung und das Unionsrecht.

I. Verstoß gegen das verfassungsrechtliche Bestimmtheitsgebot

Der strukturelle Inlandsbezug verstößt gegen das verfassungsrechtlich garantierte Bestimmtheitsgebot. Allerdings wirkt sich dieser Verstoß nur bei grenzüberschreitenden Spenden aus. Denn die Indizwirkung aus dem AEAO zu § 51 Abs. 2 AO beschränkt den Anwendungsbereich des strukturellen Inlandsbezugs mittelbar auf grenzüberschreitende Spenden.[798] Hier wirkt er sich beschränkend für Spender und Spendenempfänger aus. Der Sinn und Zweck der Aufnahme des strukturellen Inlandsbezugs durch den Gesetzgeber und die einseitige Indizwirkung für inländische Zuwendungsempfänger durch den AEAO zu § 51 Abs. 2 AO erklärt sich durch die Gesetzeshistorie des § 51 Abs. 2 AO. Der Inlandsbezug wurde in die Abgabenordnung als Folge des Stauffer-Urteils aufgenommen.[799] Der BFH war in seinem Vorabentscheidungsersuchen davon ausgegangen, dass die italienische Stiftung die deutschen Voraussetzungen zu Erlangung des Status als gemeinnützig erfüllt.[800] Insbesondere war der BFH der Ansicht, dass die

796 *Kulosa*, in: Herrmann/Heuer/Raupach, EStG/KStG Kommentar, § 10b Rn. 47.
797 Ders., in: Herrmann/Heuer/Raupach, EStG/KStG Kommentar, § 10b Rn. 47.
798 5. Kapitel: 6. Kapitel:. A. I. Verfassungsrechtliche S. 152.
799 Gesetzesentwurf der Bundesregierung – Entwurf eines Jahressteuergesetzes 2009 – vom 02.09.2008, BT-Drucks. 16/10189, 79.
800 BFH, Vorlagebeschluss vom 14.07.2004 – I R 94/02, BFHE 206, 350 (351ff.).

Allgemeinheit im Sinne des § 51 Abs. 1 AO a.F. nicht nur die Bevölkerung Deutschlands erfasst, sondern auch die Menschen in den anderen Ländern.[801] Der BFH hatte als einzigen Unterschied zwischen der italienischen Stiftung und einer inländischen Stiftung den Geschäftssitz im Ausland ausgemacht.[802] Im Rahmen der Gesetzänderung nach der Stauffer-Entscheidung nahm der Gesetzgeber an, er verstieße nicht gegen die Kapitalverkehrsfreiheit, wenn er nur diejenigen gemeinnützigen Organisationen steuerlich begünstigt, die mit ihrer Betätigung die Bevölkerung Deutschlands fördern oder deren Betätigung das Ansehen Deutschlands im Ausland steigern.[803] Denn der EuGH hatte lediglich eine Ungleichbehandlung aufgrund des Sitzes als ungerechtfertigten Verstoß gegen die Kapitalverkehrsfreiheit gerügt. Gleichzeitig hatte er den Mitgliedstaaten das Recht eingeräumt, selbst zu entscheiden, welche Zwecke sie steuerlich begünstigten.[804] In dem strukturellen Inlandsbezug sieht der Gesetzgeber allein eine unionsrechtlich zulässige Konkretisierung des deutschen Gemeinnützigkeitsrechts.[805] Darüber hinaus waren das Bundesfinanzministerium und die Finanzverwaltung der Ansicht, die Allgemeinheit im Sinne des § 51 Abs. 1 AO a.F. erfasste – entgegen der Auslegung des BFH – nur die Bevölkerung Deutschlands beziehungsweise einen Ausschnitt hieraus.[806] Die Förderung der Allgemeinheit könne sich zudem auch daraus ergeben, dass „eine inländische Körperschaft ihre gemeinnützigen Zwecke im Ausland verwirklicht, soweit dies positive Rückwirkungen auf das Ansehen Deutschlands und die deutsche Bevölkerung habe und der deutsche Staat mehr Steuermittel aufwenden müsste, wenn sich nicht inländische Organisationen engagierten“ wie beispielsweise bei der Entwicklungs- und Katastrophenhilfe.[807] Eine Beschränkung in diesem Umfang rechtfertige sich nach Ansicht des Gesetzgebers aus dem besonderen Interesse, das der Staat an Gemeinwohlaufgaben habe, die er ansonsten selbst erfüllen oder für die

801 BFH, Vorlagebeschluss vom 14.07.2004 – I R 94/02, BFHE 206, 350 (352).
802 BFH, Vorlagebeschluss vom 14.07.2004 – I R 94/02, BFHE 206, 350 (354f.).
803 Gesetzesentwurf der Bundesregierung – Entwurf eines Jahressteuergesetzes 2009 – vom 02.09.2008, BT-Drucks. 16/10189, 80.
804 Europäischer Gerichtshof, Urteil vom 14.09.2006 – C-386/04, Stauffer Rn. 37ff. und Rn. 40.
805 Gesetzesentwurf der Bundesregierung – Entwurf eines Jahressteuergesetzes 2009 – vom 02.09.2008, BT-Drucks. 16/10189, 80.
806 Bundesministerium der Finanzen, 20.9.2005, IV C 4 – S 0181 – 9/05, BStBl. I 2005, 902 (902f.).
807 Bundesministerium der Finanzen, 20.9.2005, IV C 4 – S 0181 – 9/05, BStBl. I 2005, 902 (903).

er Mittel aufwenden müsste.[808] Es sollte also lediglich die Auslegung des Bundesfinanzministeriums zu dem Begriff „Allgemeinheit" im Sinne des § 51 Abs. 1 AO a.F. in Gesetzesform gegossen werden. Die Änderung des Gesetzes kündigte sich durch einen Nichtanwendungserlass an.[809] Grundsätzlich war es auch richtig vom Gesetzgeber, den Inlandsbezug nicht allein an der Förderung der Allgemeinheit in Deutschland anzuknüpfen. Denn auch die alte Rechtslage sah vor, dass einige gemeinnützige Zwecke nur zu der Förderung und Unterstützung von Menschen im Ausland führen, wie beispielsweise die Förderung der Entwicklungszusammenarbeit nach § 52 Abs. 2 Satz 1 AO. Das Gesetz stellte eine abgeschwächte Version des Nichtanwendungserlasses dar. Die steuerliche Begünstigung von inländischen gemeinnützigen Organisationen, die sich im Ausland betätigen, wurde im Nichtanwendungserlass damit begründet, dass es dem Ansehen Deutschlands diene, und dass es den Staatshaushalt entlaste.[810] Der strukturelle Inlandsbezug in § 51 Abs. 2 AO sieht eine staatsentlastende Wirkung als Voraussetzung der Anerkennung als gemeinnützig nicht vor. Auch eine solche Voraussetzung ließe sich nicht objektiv messen. Allerdings ist auch der Begriff der Ansehensförderung denkbar unbestimmt. Die Kritik in der Literatur an diesem Gesetzesvorhaben und dieser Neugestaltung war und ist dementsprechend sehr groß.[811] Stets wurde angemahnt, dass eine solche Auslegung und Änderung erneut zu einer ungerechtfertigten Beschränkung der Kapitalverkehrsfreiheit führt.[812]

Aus verfassungsrechtlicher Sicht bestehen Bedenken, ob der strukturelle Inlandsbezug bei der Anwendung auf ausländische Spendenempfänger dem Bestimmtheitsgebot genügt, also den rechtsstaatlichen Anforderun-

808 Gesetzesentwurf der Bundesregierung – Entwurf eines Jahressteuergesetzes 2009 – vom 02.09.2008, BT-Drucks. 16/10189, 80.

809 Bundesministerium der Finanzen, 20.9.2005, IV C 4 – S 0181 – 9/05, BStBl. I 2005, 902 (902f.).

810 Bundesministerium der Finanzen, 20.9.2005, IV C 4 – S 0181 – 9/05, BStBl. I 2005, 902 (903).

811 *Hüttemann*, Gemeinnützigkeits- und Spendenrecht, S. 77; *Fischer*, FR 2009, 249 (257); *Seer*, in: Tipke/Kruse, AO/FGO Kommentar, § 51 Rn. 8f.; *Jachmann/Unger*, in: Gosch, AO Kommentar, § 51 Rn. 77ff., 87f.; *Musil*, in: Hübschmann/Hepp/Spitaler, AO/FGO Kommentar, § 51 AO Rn. 48ff.; *Kulosa*, in: Herrmann/Heuer/Raupach, EStG/KStG Kommentar, § 10b Rn. 56; *Geserich*, in: Kirchhof/Söhn/Mellinghoff, EStG Kommentar, § 10b Rn. B 82bff.; *Förster*, BB 2011, 663 (665).

812 *Hüttemann*, Gemeinnützigkeits- und Spendenrecht, S. 77; *Unger*, DStZ 2010, 154 (154, 163f.); *Förster*, BB 2011, 663 (663, 665).

gen an die Normenklarheit und Justiziabilität einer Norm.[813] Nach dem Bestimmtheitsgebot müssen Gesetze so formuliert sein, dass die Bürger die Rechtslage erkennen und ihr Verhalten darauf einrichten können, die Verwaltung im Gesetz steuernde und begrenzende Handlungsmaßstäbe findet und die Gerichte eine wirksame Rechtskontrolle durchführen können.[814] Allerdings verbietet das Bestimmtheitsgebot nicht von vornherein die Verwendung unbestimmter Rechtsbegriffe.[815] Erforderlich ist, dass die verbleibenden Ungewissheiten nicht so weit gehen, dass die Vorhersehbarkeit und Justiziabilität des Handelns der Verwaltung gefährdet sind und sich die unbestimmten Rechtsbegriffe nicht durch Auslegung der betreffenden Normen nach den Regeln der juristischen Methodenlehre hinreichend konkretisieren lassen.[816] Da in der Regel durch Auslandstätigkeiten keine Personen im Inland gefördert werden, verbleibt bei einer Auslandstätigkeit in der Regel nur, eine mögliche Ansehenssteigerung durch die Tätigkeit zu belegen.[817] Sowohl in der Literatur[818] als auch nach den Verwaltungsvorschriften[819] ist unklar, wie eine Ansehenssteigerung nachgewiesen werden könnte, daher bleibt die zweite Tatbestandsalternative inhaltsleer und ist für die praktische Rechtsanwendung ungeeignet.[820] Der Strukturelle Inlandsbezug wurde in der Folgezeit dahingehend ausgelegt, dass ihn ausländische Empfängerkörperschaften erfüllen, sofern die Tätigkeit des Zuwendungsempfängers es nicht ausschließt, zur Ansehenssteigerung in Deutschland beizutragen.[821] Diese Auslegung berücksichtigt zwar nicht den Zweck des strukturellen Inlandsbezugs, Spendenempfänger von den steuerlichen Begünstigungen nur profitieren zu lassen, wenn sich ihre Tätigkeit staats-

813 Finanzgericht Köln, Urteil vom 20.01.2016 – 9 K 3177/14, EFG 2016, 653 (654), bei inländischen Spendenempfängern stellt sich diese Frage aufgrund der Indizwirkung nicht.

814 BVerfG, Urteil vom 24.04.2013 – 1 BvR 1215/07, BVerfGE 133, 277 (336).

815 BVerfG, Urteil vom 24.04.2013 – 1 BvR 1215/07, BVerfGE 133, 277 (355).

816 BVerfG, Urteil vom 24.04.2013 – 1 BvR 1215/07, BVerfGE 133, 277 (356).

817 *Seer*, in: Tipke/Kruse, AO/FGO Kommentar, § 51 Rn. 7.

818 *Hüttemann*, Gemeinnützigkeits- und Spendenrecht, S. 157; *Schienke-Ohletz*, BB 2018, 221 (222f.); *Musil*, in: Hübschmann/Hepp/Spitaler, AO/FGO Kommentar, § 51 AO Rn. 55; *Jachmann/Unger*, in: Gosch, AO Kommentar, § 51 Rn. 87.

819 Der AEAO zu § 51 Abs. 2 AO UA 3 Satz 2 schweigt zu der Frage, wann eine Ansehensförderung vorliegt, und erklärt lediglich, dass die Erfüllung dieser Tatbestandsalternative grundsätzlich nicht bei ausländischen Einrichtungen ausgeschlossen ist.

820 *Seer*, in: Tipke/Kruse, AO/FGO Kommentar, § 51 Rn. 8f.

821 Finanzgericht Köln, Urteil vom 20.01.2016 – 9 K 3177/14, EFG 2016, 653 (655); *Seer*, in: Tipke/Kruse, AO/FGO Kommentar, § 51 Rn. 8.

entlastend für Deutschland auswirkt. Auf die Aufnahme des Zweckes in den Gesetzestext wurde aber bewusst verzichtet, weil dem Gesetzeszweck ansonsten die Unionsrechtswidrigkeit „auf der Stirn" gestanden hätte.[822] Daher schadet es nicht, wenn das Auslegungsergebnis diesen Zweck nicht berücksichtigt. Allerdings ist auch unklar, wie eine Organisation im Ausland sämtliche Voraussetzungen des deutschen Gemeinnützigkeitsrechts erfüllen kann und gleichzeitig mit ihrer Tätigkeit dem Ansehen Deutschlands schaden könnte. Ein solcher Fall ist nicht denkbar, sodass auch nach dieser verfassungskonformen Auslegung der strukturelle Inlandsbezug inhaltsleer bleibt und damit insgesamt vollzugsunfähig.[823] Eine Richtervorlage nach Art. 100 Abs. 1 Satz 1 GG statt der vermeintlichen verfassungskonformen Auslegung durch das Finanzgericht[824] hätte an dieser Stelle Rechtssicherheit gebracht.

II. Unionsrechtswidrige Diskriminierung

Die Aufnahme des strukturellen Inlandsbezugs (1. und 2.), eines Feststellungsverfahrens zur Prüfung der Gemeinnützigkeitsvoraussetzungen bei Organisationen (3.) und die zu erfüllenden Satzungsvoraussetzungen (4.) führen auch bei den ausländischen Spendenempfängern zu unionsrechtlichen Diskriminierungen.

1. Struktureller Inlandsbezug

Zunächst könnte man annehmen, der strukturelle Inlandsbezug ließe sich mit dem Unionsrecht vereinbaren. Denn der EuGH hat die Kapitalverkehrsfreiheit so ausgelegt, dass es den Gesetzgebern der Mitgliedstaaten überlassen ist, die förderungswürdigen Zwecke festzulegen.[825] Damit können die steuerbegünstigten Zwecke grundsätzlich auf das Inland begrenzt

---

822 Der EuGH hatte in der Rs. Persche explizit ausgeführt, dass eine Ungleichbehandlung aufgrund des Substitutionsgedankens unionsrechtlich nicht zu rechtfertigen ist, Europäischer Gerichtshof, Urteil vom 27.01.2009 – C-318/07, Persche Rn. 45f.

823 *Seer*, in: Tipke/Kruse, AO/FGO Kommentar, § 51 Rn. 9; *Musil*, in: Hübschmann/Hepp/Spitaler, AO/FGO Kommentar, § 51 AO Rn. 55.

824 Finanzgericht Köln, Urteil vom 20.01.2016 – 9 K 3177/14, EFG 2016, 653 (655).

825 Europäischer Gerichtshof, Urteil vom 14.09.2006 – C-386/04, Stauffer Rn. 39.

werden.[826] Maiore ad minus kann der Gesetzgeber fordern, dass bei der Zweckverwirklichung im Ausland natürliche Personen gefördert werden, die ihren Wohnsitz oder ihren gewöhnlichen Aufenthalt in Deutschland haben, oder dass durch die Tätigkeit im Ausland auch das Ansehen von Deutschland im Ausland verbessert wird. Dies bedeutet eine kleinere Einschränkung im Vergleich dazu, die Zweckverwirklichung im Ausland von der Steuerbegünstigung insgesamt auszunehmen. Allerdings sind dem Gesetzgeber bei der Beschränkung der förderungswürdigen Zwecke auf das Inland ebenfalls Grenzen durch das Unionsrecht gesetzt.[827] So sieht beispielsweise die primärrechtliche Pflicht aus Art. 179 AEUV vor, dass die Forschung europaweit zu fördern ist. In Bezug auf den gemeinnützigen Zweck der Förderung der Forschung verstößt die Einschränkung nach § 51 Abs. 2 AO gegen das Unionsrecht.[828] Die Förderung der Forschung muss, sofern sie nach der deutschen Gesetzeslage grundsätzlich als gemeinnütziger Zweck anerkannt ist, ohne weitere Bedingungen europaweit gefördert werden.[829]

Darüber hinaus wird das Vorliegen des strukturellen Inlandsbezuges bei Körperschaften mit Sitz im Inland stets angenommen. Nach der Gesetzesbegründung[830] und dem Anwendungserlass zur AO[831] wird bei inländischen Körperschaften eine Ansehenssteigerung im Ausland indiziert. Gleichzeitig ist das Vorliegen einer Ansehenssteigerung Deutschlands im Ausland durch die Betätigung der ausländischen Organisation kaum nachweisbar. Darüber hinaus müssen sie diese Ansehenssteigerung auch belegen. Dies dürfte nahezu unmöglich sein.[832] Denn selbst wenn es der ausländischen Organisation gelänge, eine Ansehenssteigerung der Bundesrepublik Deutschland im Ausland zu bewirken, wird es nahezu unmöglich sein, den Nachweis dafür zu erbringen, dass diese Ansehenssteigerung auf ihre Tätigkeit zurückzuführen ist.

---

826 Europäischer Gerichtshof, Urteil vom 14.09.2006 – C-386/04, Stauffer Rn. 39.

827 Europäischer Gerichtshof, Urteil vom 14.09.2006 – C-386/04, Stauffer Rn. 39.

828 *Lissner,* Das Gemeinnützigkeits- und Spendenrecht unter dem Einfluss der europäischen Grundfreiheiten, S. 256f.

829 S.o. 5. Kapitel: A. E. III. 4 Beschränkung der gemeinnützigen Zwecke auf das Inland möglich S. 138.

830 Bericht des Finanzausschusses zu dem Gesetzentwurf der Bundesregierung zu den – Drucksachen 16/10189, 16/10494, 16/10665 Nr. 3 – Entwurf eines Jahressteuergesetzes 2009 vom 27.11.2008, BT-Drucks. 16/11108, 9.

831 Veröffentlicht in BStBl. I 2014, 290.

832 So auch *Helios*, in: Schauhoff, Handbuch der Gemeinnützigkeit, § 22 Rn. 44; *Geserich*, in: Kirchhof/Söhn/Mellinghoff, EStG Kommentar, § 10b Rn. B 82d.

An diesen Schwierigkeiten ändert der Wortlaut von § 51 Abs. 2 AO nichts, der lediglich fordert, dass eine Ansehensförderung bestehen kann. Denn auch eine mögliche Ansehenssteigerung Deutschlands im Ausland aufgrund der konkreten Betätigung einer gemeinnützigen Organisation wird sich nur schwer belegen lassen.[833] Durch den Wortlaut wird allein die Arbeit der Finanzämter erleichtert, die für eine Bejahung der Ansehenssteigerung keine Tatsachen benötigen, sondern ihre Entscheidung auf eigene Vermutungen stützen können.[834] Gleichzeitig wird es den im Ausland ansässigen Organisationen unmöglich gemacht, bei einer Ablehnung der Erteilung des Gemeinnützigkeitsstatus die Möglichkeit einer Ansehenssteigerung zu belegen und die Anerkennung des Gemeinnützigkeitsstatus zu erzwingen. Die Vorschrift provoziert einen unnötigen Verwaltungsaufwand sowohl bei den Finanzämtern als auch bei den gemeinnützigen Organisationen.[835] Gleichwohl ist sie für die praktische Rechtsanwendung aufgrund ihres unbestimmten Tatbestandes kaum geeignet.[836] Darüber hinaus führt die Anknüpfung der Indizwirkung aus der Gesetzesbegründung und dem Anwendungserlass zu einer automatischen Ungleichbehandlung von inländischen und ausländischen Organisationen, die sich unionsrechtlich nicht rechtfertigen lässt, sondern führt nach der EuGH-Rechtsprechung zu einer ungerechtfertigten Diskriminierung.[837] Zwar führt nicht das Gesetz selbst zu der Ungleichbehandlung, hiernach müssten inländische und ausländische Einrichtungen unterschiedslos behandelt werden. Erst der Anwendungserlass, also eine Verwaltungsanweisung, führt zu einer Ungleichbehandlung. Allerdings hat der EuGH schon zu Art. 7 EWG-Vertrag (einer Vorgängerregelung zu Art. 18 AEUV[838]) entschieden, dass dieser Diskriminierungen aufgrund der Staatsangehörigkeit beseitigen möchte, die sich aus Rechtsvorschriften, aber auch aus Verwaltungspraktiken eines Mit-

---

833 *Kulosa*, in: Herrmann/Heuer/Raupach, EStG/KStG Kommentar, § 10b Rn. 56.

834 *Hüttemann*, Gemeinnützigkeits- und Spendenrecht, S. 77 und 157.

835 *Helios*, in: Schauhoff, Handbuch der Gemeinnützigkeit, § 22 Rn. 44; *Hüttemann/ Helios*, DB 2006, 2481 (2489).

836 *Helios*, in: Schauhoff, Handbuch der Gemeinnützigkeit, § 22 Rn. 44; *Hüttemann/ Helios*, DB 2006, 2481 (2489); *Seer*, in: Kirchhof, EStG Kommentar, § 10b Rn. 20; s.o. 5. Kapitel: 6. Kapitel:. B. I. Verstoß gegen das verfassungsrechtliche Bestimmtheitsgebot S. 169.

837 Europäischer Gerichtshof, Urteil vom 16.06.2011 – C-10/10, Kommission/Österreich Rn. 33ff.; *Hüttemann*, Gemeinnützigkeits- und Spendenrecht, S. 77; *Unger*, DStZ 2010, 154 (154, 163f.); *Förster*, BB 2011, 663 (663, 665); *Helios*, in: Schauhoff, Handbuch der Gemeinnützigkeit, § 22 Rn. 45 und 47.

838 *Von Bogdandy*, in: Grabitz/Hilf/Nettesheim, Das Recht der Europäischen Union Kommentar, Art. 18 AEUV Rn. 1.

gliedstaates ergeben.[839] Dies lässt sich auf sämtliche Grundfreiheiten übertragen. Der strukturelle Inlandsbezug im Sinne des § 51 Abs. 2 AO lässt sich somit nicht mit dem Unionsrecht vereinbaren.[840]

Es bleibt allein die Möglichkeit, die Anwendungsvorschriften und die Gesetzesbegründung unionsrechtskonform dahingehend auszulegen, dass die Indizwirkung auch bei Organisationen mit Sitz in der EU und im EWR Anwendung findet. Allerdings wäre § 51 Abs. 2 AO dann überflüssig, da kein Regelungsgehalt verbleibt.[841]

2. Struktureller Inlandsbezug auch Voraussetzung bei Spenden an juristische Personen des öffentlichen Rechts im EU-/EWR-Staat

Als Reaktion auf die Entscheidung des EuGH in der Rs. Persche hat der Gesetzgeber die Voraussetzung eines strukturellen Inlandsbezugs auch für juristische Personen des öffentlichen Rechts und für öffentliche Dienststellen normiert (§ 10b Abs. 1 Satz 6 EStG)[842]. Dies war notwendig, da Zuwendungen an juristische Personen des öffentlichen Rechts oder an öffentliche Dienststellen, deren Sitz in einem Staat belegen ist, der Mitglied der EU oder des EWR ist, steuerlich absetzbar sind, ohne dass diese die Voraussetzungen der §§ 51ff. AO erfüllen müssen. Deshalb fordert § 10b Abs. 1 Satz 6 EStG zusätzlich für Zuwendungen an juristische Personen des öffentlichen Rechts oder an öffentliche Dienststellen, sofern die steuerbegünstigten Zwecke des Zuwendungsempfängers *nur* im Ausland verwirklicht werden, dass natürliche Personen mit Wohnsitz oder gewöhnlichen Aufenthalt in Deutschland gefördert werden oder dass die Tätigkeit des Zuwendungsempfängers auch zum Ansehen Deutschlands beitragen kann. Insoweit ist die Vorschrift inhaltsgleich zu § 51 Abs. 2 AO. Im Rahmen des § 10b Abs. 1 Satz 6 EStG werden ausländische juristische Personen des öf-

839 Europäischer Gerichtshof, Urteil vom 25.01.1983 – C-126/82, D. J. Smit Transport B.V., 74 (92) Rn. 27.

840 *Hüttemann*, Gemeinnützigkeits- und Spendenrecht, S. 158; *Englisch*, in: Schaumburg/Englisch, Europäisches Steuerrecht, S. 185 (199); *Schaumburg*, in: Schaumburg/Englisch, Europäisches Steuerrecht, S. 292 (297f.); *Jachmann/Unger*, in: Gosch, AO Kommentar, § 51 Rn. 80.

841 Zu dem gleichen Ergebnis, dass § 51 Abs. 2 AO grundsätzlich unionsrechtswidrig ist und eine unionsrechtskonforme Auslegung die Regelung funktionslos macht, kommt: *Jachmann/Unger*, in: Gosch, AO Kommentar, § 51 Rn. 48, 78, 84 und 88.

842 Gesetz vom 8.4.2010, BGBl. I 2010, 386ff.

fentlichen Rechts und ausländische öffentlichen Dienststellen im Vergleich zu inländischen juristischen Personen des öffentlichen Rechts und inländischen öffentlichen Dienststellen strukturell benachteiligt. Denn inländische juristische Personen des öffentlichen Rechts und inländische öffentliche Dienststellen verwirklichen in der Regel die steuerbegünstigten Zwecke nicht *nur* im Ausland, hingegen verwirklichen ausländische juristische Personen des öffentlichen Rechts und ausländische öffentliche Dienststellen in der Regel ihre steuerbegünstigten Zwecke nicht auch in Deutschland. Diese Regelung führt daher zu einem Automatismus, nach dem die inländischen juristischen Personen des öffentlichen Rechts und die inländischen öffentlichen Dienststellen den strukturellen Inlandsbezug nicht erfüllen brauchen, die ausländischen juristischen Personen des öffentlichen Rechts und die ausländischen öffentlichen Dienststellen hingegen schon. Der EuGH hat einen solchen Automatismus als unionsrechtswidrig erklärt.[843] Dieser Verstoß lässt sich insbesondere auch nicht damit rechtfertigen, dass der Staat mit den Begünstigungen im Gemeinnützigkeitsrecht nur Tätigkeiten fördern möchte, die ihm Staatsausgaben ersparen. Denn eine unionsrechtliche Diskriminierung lässt sich nicht rechtfertigen mit dem Erfordernis, einen Rückgang von Steuereinnahmen zu vermeiden.[844]

Darüber hinaus muss auch bei Spenden an juristische Personen des öffentlichen Rechts und an öffentliche Dienststellen nach dem unionsrechtlichen Anerkennungsgrundsatz auf das Erfordernis des strukturellen Inlandsbezugs verzichtet werden. Nach § 58 Nr. 1 AO kommen als mögliche Empfänger-Körperschaften auch ausländische Körperschaften des öffentlichen Rechts mit Sitz in der EU/ im EWR und mit Sitz im Drittland in Betracht.[845] Da im Rahmen von § 58 Nr. 1 AO bei der Weiterleitung von Spenden durch Spendensammelkörperschaften auf das Erfordernis des strukturellen Inlandbezugs verzichtet wird,[846] muss dasselbe nach dem unionsrechtlichen Anerkennungsgrundsatz auch für Spenden an juristi-

843 Europäischer Gerichtshof, Urteil vom 16.06.2011 – C-10/10, Kommission/Österreich Rn. 33ff.

844 Europäischer Gerichtshof, Urteil vom 27.01.2009 – C-318/07, Persche Rn. 46; so auch *Kulosa*, in: Herrmann/Heuer/Raupach, EStG/KStG Kommentar, § 10b Rn. 56; *von Proff*, IStR 2009, 371 (373).

845 *Buchna/Leichinger/Seeger/Brox*, Gemeinnützigkeit im Steuerrecht, S. 200; *von Cube*, in: Winheller/Geibel/Jachmann-Michel, Gesamtes Gemeinnützigkeitsrecht, § 58 Nr. 1 AO Rn. 33.

846 5. Kapitel: 6. Kapitel:. A. II. 1 Struktureller Inlandsbezug S. 157.

sche Personen des öffentlichen Rechts und an öffentliche Dienststellen nach § 10b Abs. 1 EStG gelten.

3. Feststellung der Gemeinnützigkeit (§ 60a AO)

Mit dem Gesetz zur Stärkung des Ehrenamtes[847] hat der Gesetzgeber § 60a AO eingeführt. Hiernach wird in Zukunft die Einhaltung der satzungsmäßigen Voraussetzungen einer Körperschaft durch einen Feststellungsbescheid festgestellt. Bisher erhielt die Körperschaft lediglich eine vorläufige Bescheinigung der Gemeinnützigkeit, die jedoch eine rechtlich nicht bindende Auskunft darstellte[848] und gegenüber der Finanzverwaltung lediglich Vertrauensschutz für die Vergangenheit begründete.[849] Mit dem Ehrenamtsstärkungsgesetz wurde § 60a AO geschaffen, der erstmals den steuerbegünstigten Organisationen die Möglichkeit bietet, auf Antrag von der Finanzverwaltung feststellen zu lassen, dass sie die satzungsmäßigen Voraussetzungen für eine steuerliche Begünstigung erfüllen. Die Schaffung dieses Feststellungsverfahrens ist zunächst zu begrüßen, da gegenüber einem Feststellungsbescheid ein besserer Rechtsschutz durch Einspruch und Verpflichtungsklage möglich ist.[850] Für das Verfahren ist bei inländischen Organisationen das Finanzamt zuständig, bei dem künftig die Organisation steuerlich veranlagt wird (§ 20 Abs. 1 AO).[851] Allerdings erstaunt, dass sich keine Vorschriften für das Verfahren von Organisationen in der EU oder im EWR finden und der Anwendungserlass zur AO vorsieht, dass dieses Feststellungsverfahren für Körperschaften ausgeschlossen ist, die in Deutschland nicht unbeschränkt oder beschränkt körperschaftsteuerpflichtig sind.[852] Diese Verwaltungsanweisung stellt eine unionsrechtswidrige Diskriminierung von Körperschaften mit Sitz im EU-/EWR-Ausland dar, die Spendenmittel von deutschen Spendern einwerben möchten.[853] Für diese stellt es einen erheblichen Wettbewerbsnachteil dar, dass sie ihren potentiellen Spendern vor deren Spendentätigkeit nicht bestätigen kön-

---

847 Gesetz vom 21.3.2013, BGBl. I, 556ff.

848 BFH, Beschluss vom 23.09.1998 – I B 82/98, BStBl. II 2000, 320 (323); *Seer*, in: Tipke/Kruse, AO/FGO Kommentar, § 60a Rn. 1.

849 Zu § 59 Nr. 4 UA 1 Satz 1f. AEAO; *Schauhoff/Kirchhain*, FR 2013, 301 (304); *Seer*, in: Tipke/Kruse, AO/FGO Kommentar, § 60a Rn: 1.

850 *Schauhoff/Kirchhain*, FR 2013, 301 (305).

851 *Seer*, in: Tipke/Kruse, AO/FGO Kommentar, § 60a Rn. 8.

852 Zu § 60a Nr. 3 Satz 2 AEAO.

853 *Hüttemann*, DB 2014, 442 (445f.).

nen, dass sie nach deutschem Recht als gemeinnützig anerkannt sind. Diese Verwaltungsanweisung benachteiligt ausschließlich ausländische gemeinnützige Organisationen, weil nur diese in Deutschland weder unbeschränkt noch beschränkt steuerpflichtig sind. An der diskriminierenden Wirkung ändert auch die Tatsache nichts, dass beschränkt Steuerpflichtige, die ebenfalls ihren Sitz im Ausland haben, nicht diskriminiert werden. Es reicht grundsätzlich aus, dass eine Regelung für einen Teil von im EU-/EWR-Ausland ansässigen Organisationen eine diskriminierende Wirkung ausübt.[854] Daher ist § 60a AO dahingehend unionsrechtskonform auszulegen, dass auch Körperschaften mit Sitz in der EU und dem EWR einen Antrag nach § 60a AO stellen können. Denn das unionsrechtliche Äquivalenzprinzip verlangt, das Sachverhalte unter Beteiligung von Grundfreiheitsberechtigten nicht schlechter behandelt werden dürfen als rein innerstaatlicher Sachverhalte, und das Effektivitätsprinzip fordert darüber hinaus, dass die Ausübung der unionsrechtlich verbürgten Grundfreiheiten nicht durch Formalien unmöglich oder übermäßig erschwert werden darf.[855] Da § 60a AO nicht regelt, bei welchem Finanzamt Organisationen mit Sitz in der EU im EWR ihren Antrag auf Durchführung des Feststellungsverfahrens stellen können, dürfen diese Organisationen, sofern sie nicht beschränkt steuerpflichtig sind, ihren Antrag aufgrund des Äquivalenzprinzips und des Effektivitätsprinzips bei einem inländischen Finanzamt ihrer Wahl stellen.[856]

---

854 So war es auch in der Rs. Schmumacker: Der Ausschluss von der Berücksichtigung der persönlichen Verhältnisse bei der Besteuerung führt grundsätzlich nur bei Grenzpendlern zu einer Diskriminierung, die in ihren Wohnsitzstaaten keine nennenswerten Einkünfte erzielen und ihr zu versteuerndes Einkommen im Wesentlichen aus einer Tätigkeit beziehen, die im Beschäftigungsstaat ausgeübt wird. Europäischer Gerichtshof, Urteil vom 14.02.1995 – C-279/93, Schumacker Rn. 33ff.

855 Europäischer Gerichtshof, Urteil vom 07.01.2004 – C-201/02, Wells Rn. 67; Europäischer Gerichtshof, Urteil vom 19.09.2006 – C-392/04 und C-422/04, i-21 Germany GmbH und Arcor AG & Co. KG Rn. 57; so auch *Schaumburg*, in: Schaumburg/Englisch, Europäisches Steuerrecht, S. 292 (296).

856 *Schaumburg*, in: Schaumburg/Englisch, Europäisches Steuerrecht, S. 292 (296); insgesamt ist sich die Literatur einig, dass das Verfahren nach § 60a AO auch von Körperschaften mit Sitz in der EU oder im EWR (aus unionsrechtlichen Gründen) durchgeführt werden kann, die weder beschränkt noch unbeschränkt steuerpflichtig sind: *Hüttemann*, Gemeinnützigkeits- und Spendenrecht, S. 630f.; *Musil*, in: Hübschmann/Hepp/Spitaler, AO/FGO Kommentar, § 60a AO Rn. 31; *Unger*, in: Gosch, AO Kommentar, § 60a AO Rn. 18f.; *Seer*, in: Tipke/Kruse, AO/FGO Kommentar, § 60a Rn. 8.

4. Satzungsvoraussetzungen

Darüber hinaus müssen auch die Satzungsvoraussetzungen für ausländische Empfängerkörperschaften unionsrechtskonform angepasst werden.[857] Zusammengefasst lässt sich an dieser Stelle festhalten:

a) Mustersatzung (Anlage zu § 60 Abs. 1 Satz 2 AO)

Die Satzungen der gemeinnützigen Organisationen müssen der Mustersatzung nicht wortwörtlich entsprechen.[858] Anhand einer Auslegung aller Satzungsbestimmungen einer Organisation ist zu ermitteln, ob dem Sinn und Zweck der Mustersatzung entsprochen wird. Weiter verlangt § 60 Abs. 1 Satz 2 AO lediglich, dass die Satzung einer gemeinnützigen Organisation die in der Anlage 1 bezeichneten Festlegungen enthalten muss.

b) Satzungsmäßige Vermögensbindung

Die Pflicht zur satzungsmäßigen Vermögensbindung i. S. d. § 61 Abs. 1 AO ist ebenfalls unionsrechtskonform auszulegen. Das Festhalten an der strengen formalen Satzungskonformität nach § 61 Abs. 1 AO verstößt gegen den unionsrechtlichen Effektivitätsgrundsatz, weil es geeignet ist, ausländische Organisationen aus formellen, jedoch nicht aus materiellen Gründen aus dem Anwendungsbereich des deutschen Gemeinnützigkeitsrechts auszuschließen.[859] Auch nach dem unionsrechtlichen Anerkennungsgrundsatz müssen den Körperschaften in der EU und im EWR die steuerlichen Begünstigungen gewährt werden,[860] solange sie in ihrem Sitzstaat als gemeinnützig anerkannt sind. Denn im DBA USA und nach § 58 Nr. 1 AO wird allein auf die Anerkennung im Sitzstaat abgestellt. Damit

---

857 Vgl. hierzu: 5. Kapitel: 6. Kapitel:. A. II. a) Satzungsvoraussetzung S. 158.

858 *Musil*, in: Hübschmann/Hepp/Spitaler, AO/FGO Kommentar, § 60 AO Rn. 8; *Seer*, in: Tipke/Kruse, AO/FGO Kommentar, § 60 Rn. 4f.; *Krüger*, in: Schwarz/Pahlke, AO/FGO Kommentar, § 60 AO Rn. 2.

859 Finanzgericht Bremen, Urteil vom 08.06.2011 – 1 K 63/10 (6), DStRE 2012, 1321 (1325f.); Finanzgericht Münster, Urteil vom 08.03.2012 – 2 K 2608/09 E, EFG 2012, 1539 (1541); *Hüttemann/Helios*, DB 2009, 701 (705).

860 *Jachmann/Unger*, in: Gosch, AO Kommentar, § 51 Rn. 79; *Frotscher*, in: GS Walz, S. 199 (204).

erkennt der Gesetzgeber in diesen Fällen an, dass die fehlende satzungsmäßige Vermögensbindung die Steuerfreiheit nicht zu verhindern vermag.[861]

5. Zuwendungsbestätigung

Inländische gemeinnützige Organisationen haben gegenüber den Spendern ihre Zuwendungsbestätigung nach amtlich vorgeschriebenem Vordruck auszustellen (§ 50 Abs. 1 Satz 1 EStDV). Nach dem neuen § 50 Abs. 1 Satz 2 EStDV gilt § 50 Ab. 1 Satz 1 EStDV nicht für Zuwendungen an nicht im Inland ansässige Zuwendungsempfänger, sodass ausländische Zuwendungsempfänger – im Gegensatz zur alten Fassung – von der Pflicht, Zuwendungsbestätigungen nach amtlich vorgeschriebenem Vordruck auszustellen, ausgenommen sind. Der BFH hat die Voraussetzungen konkretisiert, die Zuwendungsbestätigungen von ausländischen Empfängerorganisationen zu erfüllen haben. Die Empfängerkörperschaft hat zu bestätigen, dass sie die Spende erhalten hat, satzungsmäßige steuerbegünstigte Zwecke verfolge und die Spende ausschließlich für diese satzungsmäßigen Zwecke verwendet.[862]

Mit der Neuregelung des § 50 Abs. 1 Satz 2 EStDV wurde zwar eine unionsrechtliche Diskriminierung aufgehoben, mit selbem Federstrich jedoch eine neue unionsrechtswidrige Diskriminierung aufgenommen. Denn mit der Aufnahme des Satzes 2 zu § 50 Abs. 1 EStDV wurde die gesamte Vorschrift zur Zuwendungsbestätigung für ausländische Organisationen für unanwendbar erklärt. Damit gelten auch die Erleichterungen für Zuwendungsbestätigungen, wie beispielsweise der Verzicht auf die Zuwendungsbestätigung für Zuwendungen, die 200 Euro nicht übersteigen, nach § 50 Abs. 4 EStDV nicht für ausländische Organisationen. Auch diese Ungleichbehandlung mit inländischen gemeinnützigen Organisationen lässt sich nicht mit sachlichen Gründen rechtfertigen. Vielmehr stellt dies wiederum eine nicht zu rechtfertigende unionsrechtswidrige Diskriminierung dar.[863]

---

861 Vgl. hierzu: 5. Kapitel: 6. Kapitel:. A. II. a) bb) Satzungsmäßige Vermögensbindung S. 160.

862 Vgl. hierzu: 5. Kapitel: 6. Kapitel:. A. II. c) Anforderung an den Zuwendungsnachweis S. 164.

863 *Kulosa*, in: Herrmann/Heuer/Raupach, EStG/KStG Kommentar, § 10b Rn. 80; *Schaumburg*, in: Schaumburg/Englisch, Europäisches Steuerrecht, S. 292 (298).

C. Stellungnahme zu weiteren Gesetzesänderungen

Im Nachgang zu den Urteilen des EuGH in den Rechtssachen Stauffer, Jundt und Persche wurden noch weitere Gesetze geändert, so wurde die Ausnahme von der satzungsmäßigen Vermögensbindung nach § 62 AO abgeschafft (I.), der Sonderausgabenabzug für Schuldgeldzahlungen erweitert auf Privatschulen im EU-/EWR-Ausland (II.) und die Freibeträge für nebenberufliche Tätigkeiten für juristische Personen des öffentlichen Rechts auf Tätigkeiten für juristische Personen des öffentlichen Rechts mit Sitz im EU-/EWR-Ausland ausgedehnt. Diese Gesetzesänderungen sollen einer kritischen Würdigung unterzogen werden.

I. Abschaffung des § 62 AO a.F.

Der Gesetzgeber hat nach der Entscheidung in der Rs. Stauffer im Jahressteuergesetz 2007[864] den § 62 AO geändert. Vormals enthielt der § 62 AO a.F. eine Befreiung von der satzungsmäßigen Vermögensbindung für Stiftungen, wenn diese staatlich beaufsichtigt wird. Diese Ausnahme wurde mit Wirkung für neu errichtete Stiftungen gestrichen (Art. 97 § 1f Abs. 1 Satz 1 EGAO) und durch eine Vorschrift zur Rücklagen- und Vermögensbildung ersetzt. Für viele ausländische Stiftungen hätte diese Vorschrift eine Erleichterung sein können,[865] da es gerade bei den Satzungen der ausländischen Stiftungen an einer Regelung fehlt, die der deutschen satzungsmäßigen Vermögensbindung entspricht, gleichzeitig ausländische Stiftungen einer Stiftungsaufsicht unterliegen können. Unklar ist, ob der Gesetzgeber diese Satzungserleichterung in § 62 AO a.F. zunächst gestrichen und anschließend die gesamte Vorschrift ersetzt hat, um ausländischen Stiftungen die Erlangung des Status als gemeinnützig zu erschweren. Vielleicht wäre die Beibehaltung dieser Vorschrift für die ausländischen Stiftungen auch keine große Befreiung gewesen. Immerhin hatte der BFH bei der Rückverweisung des Stauffer-Verfahrens dem FG aufgegeben, zu prüfen, ob die italienische Stiftungsaufsicht mit der deutschen Stiftungsaufsicht vergleichbar ist.[866] Die grundsätzliche Pflicht zu einer Vergleichbarkeitsprüfung der ausländischen Stiftungsaufsicht mit der deutschen Stiftungsaufsicht hätte sich ebenfalls als Hemmnis der grenzüberschreitenden Spen-

---

864 Gesetz vom 13.12.2006, BGBl. I 2006, 2878ff.

865 So auch: *von Proff*, IStR 2009, 371 (374).

866 BFH, Urteil vom 20.12.2006 – I R 94/02, BFHE 216, 269 (275).

de herausstellen können. Insgesamt zeigt auch diese Streichung des Gesetzgebers, dass er einer Öffnung des deutschen Gemeinnützigkeitsrechts für europäische gemeinnützige Organisationen, vorsichtig formuliert, skeptisch gegenüberstand.[867]

II. Sonderausgabenabzug erweitert um Schulgeldzahlungen an Privatschule mit Sitz in der EU/ im EWR

Der Gesetzgeber hat mit dem Jahressteuergesetz 2009[868] auch auf die Entscheidung des EuGH in der Rs. Schwarz/Gootjes-Schwarz reagiert und § 10 Abs. 1 Nr. 9 EStG dahingehend geändert, dass nunmehr Schulgeldzahlungen als Sonderausgaben abzugsfähig sind, sofern die Ausgaben für den Besuch an einer Schule in freier Trägerschaft oder einer überwiegend privat finanzierten Schule getätigt werden, die in einem Mitgliedstaat der EU oder des EWR belegen ist. Schulgeldzahlungen an einen ausländischen, jedoch der EU oder dem EWR angehörigen staatlichen Anbieter von Schulleistungen sind weiterhin nicht als Sonderausgaben nach § 10 Abs. 1 Nr. 9 EStG abziehbar. Hierin sei keine unionsrechtliche Diskriminierung zu erkennen, da auch Schuldgeldzahlungen an deutsche staatliche Schulen nicht als Sonderausgaben abgezogen werden können. Außerdem werde der Unterricht in Einrichtungen, die zu einem staatlichen Bildungssystem gehören oder ganz überwiegend aus öffentlichen Mitteln finanziert werden, nicht von der Dienstleistungsfreiheit erfasst.[869] Diese Einschätzung überzeugt jedoch nicht. Denn faktisch diskriminiert diese Regelung nur ausländische staatliche Bildungseinrichtungen. In Deutschland werden nämlich keine Schulgelder an öffentliche Schulen gezahlt. Werden hingegen die Gesetze so ausgestaltet, dass automatisch alle inländischen Einrichtungen von der Schlechterstellung nicht erfasst werden, sondern nur ausländische Einrichtungen, ist hierin auch eine nicht gerechtfertigte mittelbare Diskriminierung zu sehen.[870] Denjenigen, die keine unionsrechtliche Diskriminierung in dieser Regelung sehen, ist zwar dahingehend zuzustimmen, dass Schulgeldzahlungen an staatliche Schulen, die sich haupt-

867 *Hüttemann*, Gemeinnützigkeits- und Spendenrecht, S. 76f. hat diese Streichung ebenfalls unter der Rubrik „Abwehrmaßnahmen“ aufgeführt.

868 Gesetz vom 19.12.2008, BGBl. I 2008, 2794ff.

869 *Kulosa*, in: Herrmann/Heuer/Raupach, EStG/KStG Kommentar, § 10 Rn. 197; *Stöcker*, in: Bordewin/Brandt, EStG Kommentar, § 10 Rn. 390.

870 Europäischer Gerichtshof, Urteil vom 16.06.2011 – C-10/10, Kommission/Österreich Rn. 32ff.

sächlich aus öffentlichen Mitteln finanziert werden, nicht vom Schutz der Dienstleistungsfreiheit erfasst werden.[871] Allerdings können sich die Grundfreiheitsberechtigten in dieser Situation auf ihre allgemeine Freizügigkeit berufen.[872]

III. Erweiterung der steuerlichen Begünstigung nach § 3 Nr. 26 EStG auf juristische Personen des öffentlichen Rechts mit Sitz im EU-/EWR-Staat

Durch das Jahressteuergesetz 2009[873] wurden als Reaktion auf die Entscheidung in der Rs. Jundt § 3 Nr. 26 und 26a EStG angepasst. Nunmehr wird nicht mehr eine nebenberufliche Tätigkeit für eine inländische juristische Person des öffentlichen Rechts gefordert, sondern eine nebenberufliche Tätigkeit für eine juristische Person des öffentlichen Rechts, die in einem Mitgliedstaat der EU oder des EWR ihren Sitz hat. An der Änderung des § 3 Nr. 26 und 26a EStG missfällt, dass der Gesetzgeber allein die Einnahmen aus einer nebenberuflichen Betätigung für eine juristische Person des öffentlichen Rechts, beispielsweise die Einnahmen als Honorarprofessor an einer staatlichen Universität, die in einem Mitgliedstaat der EU oder des EWR belegen ist, mit einer nebenberuflichen Tätigkeit für eine inländische juristische Person des öffentlichen Rechts gleichgestellt hat.[874] Weiterhin existieren keine Freibeträge für Einnahmen, die im Rahmen einer nebenberuflichen Tätigkeit für eine gemeinnützige Organisation im Sinne des § 10b Abs. 1 Satz 2 Nr. 3 EStG erzielt wurde, beispielsweise also für Einnahmen als Honorarprofessor an einer privaten ausländischen Universität, die ihren Sitz in einem anderen Land der EU oder des EWR hat und nach deutschem Recht als gemeinnützig anerkannt werden würde, wenn sie inländische Einkünfte hätte.[875] Für die nebenberufliche Betätigung an einer inländischen gemeinnützigen Organisation sieht das Gesetz hingegen Freibeträge vor. Diese Diskriminierung von gemeinnützi-

871 Europäischer Gerichtshof, Urteil vom 11.09.2007 – C-76/05, Schwarz/Gootjes-Schwarz Rn. 39.

872 Europäischer Gerichtshof, Urteil vom 11.09.2007 – C-76/05, Schwarz/Gootjes-Schwarz Rn. 34f., 47, 83.

873 Gesetz vom 19.12.2008, BGBl. I 2008, 2794ff.

874 *Hüttemann*, Gemeinnützigkeits- und Spendenrecht, S. 80.

875 *Hüttemann*, Gemeinnützigkeits- und Spendenrecht, S. 80.

gen Organisationen im EU-/EWR-Ausland ist offensichtlich unionsrechtswidrig und gebietet ein Nachbessern des Gesetzgebers.[876]

IV. Zwischenergebnis

Insgesamt ist zu kritisieren, dass der Gesetzgeber seine Gesetze nur punktuell an den Stellen anpasst, an denen ihn der EuGH durch eine explizite an ihn ergangene Entscheidung zu einer Änderung gezwungen hat.[877] Der Gesetzgeber hat es bisher vermieden, auch andere Gesetzesteile zu überarbeiten, die offensichtlich nicht mit dem Unionsrecht zu vereinbaren sind.[878] So war es im Anschluss an die Entscheidung in der Rs. Missionswerk Werner Heukelbach e.V. wenig verwunderlich, dass sich die Kommission am 16. Oktober 2014 mit einer Stellungnahme an Deutschland gewandt hat, mit der Aufforderung, im Erbschaftsteuergesetz die Ungleichbehandlung von Wohltätigkeitsorganisationen mit Sitz in einem anderen EU-/EWR-Land zu bestimmten Wohltätigkeitsorganisationen mit Sitz in Deutschland zu ändern.[879] Damals wurden nach § 13 Abs. 1 Nr. 16 lit. a und b ErbStG a.F. nur Zuwendungen an inländischen Religionsgemeinschaften des öffentlichen Rechts, inländische jüdische Kultusgemeinden und inländische Körperschaften, Personengemeinschaften und Vermögensmassen, die ausschließlich und unmittelbar kirchlichen, gemeinnützigen oder mildtätigen Zwecken dienen, von der Erbschaft- und Schenkungssteuer befreit. Ausländische Religionsgemeinschaften, Körperschaften, Personenvereinigungen und Vermögensmassen waren nach § 13 Abs. 1 Nr. 16 Buchst. c ErbStG a.F. nur von der Erbschaft- und Schenkungsteuer befreit, wenn der ausländische Staat entsprechende Befreiungen von der Erbschaft- und Schenkungsteuer für deutsche Wohltätigkeitsorganisationen vorsieht. Nach der Ansicht der Kommission verstieß diese Regelung gem. Art. 63 AEUV gegen die Kapitalverkehrsfreiheit. Erst nach der Aufforderung durch die Kommission wurde § 13 Abs. 1 Nr. 16 Buchst. c ErbStG unionsrechtskonform neu gefasst.

---

876 So auch *Hüttemann*, Gemeinnützigkeits- und Spendenrecht, S. 80.
877 *Hüttemann*, Gemeinnützigkeits- und Spendenrecht, S. 80.
878 *Hüttemann*, Gemeinnützigkeits- und Spendenrecht, S. 80.
879 *Europäische Kommission*, Vertragsverletzungsverfahren im Oktober – wichtigste Beschlüsse – 15. Steuern: Kommission fordert DEUTSCHLAND auf, diskriminierende Besteuerung ausländischer Wohltätigkeitsorganisationen abzuschaffen, http://europa.eu/rapid/press-release_MEMO-14-589_de.htm (zuletzt aufgerufen am 30.11.2020).

Darüber hinaus wird die Rechtslage allein in der Literatur so klar und eindeutig gesehen, wie sie in diesem Abschnitt dargestellt wurde. In der Praxis sind bislang nahezu alle grenzüberschreitenden Spenden, über deren Abzugsfähigkeit Gerichte zu entscheiden hatten, gescheitert. Entweder war die Zuwendungsbestätigung[880] oder der Nachweis, dass die Empfängerorganisation die Anforderung an die tatsächliche Geschäftsführung nach § 63 AO erfüllt,[881] nicht ausreichend, oder die satzungsmäßige Vermögensbindung war nicht hinreichend in der Satzung verankert oder nicht ausreichend anderweitig vom Spender belegt worden.[882] Neue Hoffnung gibt eine Entscheidung zu einer Spende an eine griechisch-katholische Pfarrgemeinde in Rumänien für die Errichtung einer Kirche, die sich im Zeitpunkt der Spende noch in der Bauphase befand.[883] Das Finanzgericht Köln hatte der Klage stattgegeben. Auf die Revision des Finanzamtes hob der BFH das Urteil des Finanzgerichts Köln auf und verwies die Sache an das Finanzgericht Köln zurück,[884] da nach Ansicht des BFH noch nicht ausreichend festgestellt wurde, dass es sich bei der Spendenempfängerin um eine juristische Person des öffentlichen Rechts handelt.[885] Im zweiten Rechtsgang obsiegte der Kläger endgültig mit seiner Klage.[886]

880 Finanzgericht Münster, Urteil vom 08.03.2012 – 2 K 2608/09 E, EFG 2012, 1539 (1541f.); BFH, Urteil vom 21.01.2015 – X R 7/13, BFHE 248, 543 (553ff.); Finanzgericht Düsseldorf, Urteil vom 14.01.2013 – 11 K 2439/10 E, EFG 2013, 678 (681); Finanzgericht Berlin-Brandenburg, Urteil vom 03.09.2015 – 1 K 1004/14, DStRE 2016, 1102 (1103f.).

881 BFH, Urteil vom 21.01.2015 – X R 7/13, BFHE 248, 543 (548ff.); Finanzgericht Berlin-Brandenburg, Urteil vom 03.09.2015 – 1 K 1004/14, DStRE 2016, 1102 (1103).

882 Finanzgericht Münster, Urteil vom 08.03.2012 – 2 K 2608/09 E, EFG 2012, 1539 (1540f.); Finanzgericht Düsseldorf, Urteil vom 14.01.2013 – 11 K 2439/10 E, EFG 2013, 678 (679ff.); Finanzgericht Berlin-Brandenburg, Urteil vom 03.09.2015 – 1 K 1004/14, DStRE 2016, 1102 (1104); BFH, Urteil vom 17.09.2013 – I R 16/12, BFHE 243, 319 (322ff.).

883 Finanzgericht Köln, Urteil vom 08.05.2019 – 9 K 1652/18, EFG 2019, 1445ff.

884 BFH, Urteil vom 22.03.2018 – X R 5/16, BFHE 261, 132 (135).

885 BFH, Urteil vom 22.03.2018 – X R 5/16, BFHE 261, 132 (135ff.).

886 Finanzgericht Köln, Urteil vom 08.05.2019 – 9 K 1652/18, EFG 2019, 1445.

7. Kapitel: Spendenabzug in anderen Ländern

Voraussetzung für eine Europäisierung des Gemeinnützigkeitsrechts ist, dass die Mitgliedstaaten Spenden steuerlich begünstigen. Dieses durch den Mitgliedstaat gewährte Recht auf eine steuerliche Begünstigung kann unionsweit ausgedehnt werden. Durch die Rechtsprechung des Europäischen Gerichtshofes hätte sich ein Kernbereich eines europäischen Gemeinnützigkeitsrechts ergeben können. Denn nach der Rechtsprechung ist jeder Mitgliedstaat frei darin, zu entscheiden, ob und welche Zwecke er als gemeinnützig anerkennt. Allerdings müssen einige Zwecke, soweit sie der Mitgliedstaat als gemeinnützig anerkennt, unionsweit verwirklicht werden können, wie beispielsweise die Förderung der Forschung und Lehre[887]. Hätte sich aus der Verfassung eines jeden Mitgliedstaates eine Pflicht zur steuerlichen Begünstigung ergeben, würden sich aus dem Zusammenspiel der Verfassungen, der Europäischen Verträge und der Rechtsprechung des Europäischen Gerichtshofes gemeinnützige Zwecke ergeben, deren finanzielle Förderung in jedem Mitgliedstaat unionsweit steuerlich begünstigt werden müssten. Denn der Europäische Gerichtshof hat entschieden, dass eine steuerliche Begünstigung von Spenden nicht allein deshalb versagt werden darf, weil die Empfängerorganisation ihren Sitz in einem anderen Mitgliedstaat der Europäischen Union hat. Allerdings lässt sich aus dem Grundgesetz keine Pflicht des Gesetzgebers zur steuerlichen Begünstigung von Spenden beim Spender entnehmen. Dieser Weg zu einem europäischen Spendenrecht ist somit verwehrt. Ein europäisches Spendenrecht ist darüber hinaus auch möglich, wenn ein Mitgliedstaat Spenden steuerlich begünstigt. Allerdings gewähren nicht alle Mitgliedstaaten der EU eine steuerliche Begünstigung für Spenden. Zum Abschluss der Arbeit werden daher noch zwei Mitgliedstaaten vorgestellt, bei denen die Spender selbst entweder nur eingeschränkt oder gar keine steuerliche Begünstigung für Spenden erfahren, Schweden und Großbritannien. In diesen Ländern fehlt somit teilweise oder vollständig ein Spendenrecht, das durch die Rechtsprechung des Europäischen Gerichtshofs europäisiert werden könnte.

---

887 S.o. 5. Kapitel: A. E. III. 4 Beschränkung der gemeinnützigen Zwecke auf das Inland möglich S. 138.

A. *Schweden*

In Schweden werden Spenden bei der Einkommensbesteuerung des Spenders nicht steuermindernd berücksichtigt.[888] Begründet wird die steuerliche Nicht-Berücksichtigung der Spende damit, dass man die Steuerbasis nicht aushöhlen und das Steuersystem nicht mit weiteren Ausnahmen verkomplizieren wollte.[889] Zudem würden Abzüge in einem progressiven Einkommensteuertarif zu Ungleichbehandlungen der Spender führen. Insgesamt wurden wohl auch Abgrenzungsschwierigkeiten bei qualifizierten und nicht qualifizierten Zwecken gefürchtet.[890] Eine steuerliche Begünstigung erfolgt nur indirekt bei den Empfängerorganisationen.[891] Diese sind teilweise von der Einkommen-, Mehrwertsteuer und Grundsteuer befreit.[892] Darüber hinaus sind sie mit bestimmten Einnahmen, wie Dividenden- und Zinseinnahmen sowie Kapitalgewinnen nicht steuerpflichtig.[893] Bis 2004 waren steuerbegünstigte Stiftungen und Vereine auch von der Erbschaft- und Schenkungsteuer befreit.[894] Bis dahin boten die hohen Steuersätze der Erbschaft- und Schenkungsteuer einen großen Anreiz zum Spenden.[895] 2004 wurde allerdings die Erbschaft- und Schenkungsteuer abgeschafft.[896]

Aus der Tatsache, dass in Schweden Spenden bei der Einkommensbesteuerung nicht berücksichtigt werden, lassen sich nur zwei Schlussfolgerungen ziehen. Entweder verpflichtet die schwedische Verfassung den Gesetzgeber nicht, Spenden beim Spendenempfänger steuerlich zu begünsti-

888 *Lindencrona*, in: Walz/von Auer/von Hippel, Spenden- und Gemeinnützigkeitsrecht in Europa, S. 419 (421).
889 Ders., in: Walz/von Auer/von Hippel, Spenden- und Gemeinnützigkeitsrecht in Europa, S. 419 (433).
890 Ders., in: Walz/von Auer/von Hippel, Spenden- und Gemeinnützigkeitsrecht in Europa, S. 419 (433).
891 Ders., in: Walz/von Auer/von Hippel, Spenden- und Gemeinnützigkeitsrecht in Europa, S. 419 (422).
892 Ders., in: Walz/von Auer/von Hippel, Spenden- und Gemeinnützigkeitsrecht in Europa, S. 419 (430).
893 Ders., in: Walz/von Auer/von Hippel, Spenden- und Gemeinnützigkeitsrecht in Europa, S. 419 (420f.).
894 Ders., in: Walz/von Auer/von Hippel, Spenden- und Gemeinnützigkeitsrecht in Europa, S. 419 (430).
895 Ders., in: Walz/von Auer/von Hippel, Spenden- und Gemeinnützigkeitsrecht in Europa, S. 419 (439).
896 Ders., in: Walz/von Auer/von Hippel, Spenden- und Gemeinnützigkeitsrecht in Europa, S. 419 (420).

gen, oder das schwedische Einkommensteuergesetz verstößt gegen die schwedische Verfassung. Die schwedische Verfassung benennt die „persönliche, kulturelle und wirtschaftliche Wohlfahrt“ als grundlegendes Staatsziel[897] (§ 2 Abs. 1 Satz 1 Schwedische Regierungsform[898]). Nach der schwedischen Verfassung ist es die Aufgabe der öffentlichen Hand, für Arbeit, Wohnung und Ausbildung sowie soziale Fürsorge, Sicherheit und gute Umweltbedingungen zu sorgen[899] (§ 2 Abs. 2 Satz 2 und Abs. 3 Schwedische Regierungsform[900]). Aus dieser Verfassungsaufgabe allein ergibt sich jedoch nicht die Pflicht, gemeinnützige Organisationen oder die Spender, die den Staat bei der Verwirklichung dieser Staatsziele unterstützen, steuerlich zu begünstigen.[901] In diesem Zusammenhang fällt auf, dass offenbar in der schwedischen Literatur und in der schwedischen Rechtsprechung eine Verankerung des Leistungsfähigkeitsprinzips nicht in dem allgemeinen schwedischen Gleichheitssatz in § 9 Schwedische Regierungsform[902] gesehen wird.[903] So stellt das Leistungsfähigkeitsprinzip in Schweden ein leitendes Grundprinzip dar, das sowohl bei wesentlichen Vorarbeiten zu Gesetzgebungsvorhaben als auch bei der Gesetzesauslegung stets zu beachten ist.[904] Eine zwangsläufige verfassungsrechtliche Pflicht zur Besteuerung nach der Leistungsfähigkeit wird dem Gleichheitssatz jedoch offenbar nicht entnommen. Dieses Ergebnis überrascht nicht, da auch nach dieser Untersuchung sich aus dem allgemeinen deutschen Gleichheitssatz nach Art. 3 Abs. 1 GG keine verfassungsrechtliche Pflicht zur Besteuerung nach dem Leistungsfähigkeitsprinzip ergibt. Eine Besteuerung nach der Leistungsfähigkeit ist möglich, jedoch nicht verfassungsrechtlich zwingend.[905] In diesen Kontext passt, dass in Schweden nur das objektive Leistungsfähigkeitsprinzip anerkannt ist, das subjektive Leistungsfähigkeitsprinzip

---

897 *Katzer,* Einkommensbesteuerung in Schweden, S. 48.

898 Schwedische Regierungsform abgedruckt in: *Hufeld/Epiney/Merli,* Europäisches Verfassungsrecht, S. 605ff.

899 *Katzer,* Einkommensbesteuerung in Schweden, S. 48.

900 Schwedische Regierungsform abgedruckt in: *Hufeld/Epiney/Merli,* Europäisches Verfassungsrecht, S. 605ff.

901 S.o. 3. Kapitel: B. III. 3. Gemeinwohl S. 81 und 4. Kapitel: A. VIII. Kein weitergehendes subjektives Recht aus Art. 3 GG oder Art. 14 GG S. 117.

902 Schwedische Regierungsform abgedruckt in: *Hufeld/Epiney/Merli,* Europäisches Verfassungsrecht, S. 605ff.

903 *Katzer,* Einkommensbesteuerung in Schweden, S. 84.

904 *Katzer,* Einkommensbesteuerung in Schweden, S. 84.

905 S.o. 3. Kapitel: B. II. 1. Leistungsfähigkeitsprinzip S. 51.

hingegen nur selten Eingang in Diskussionen findet.[906] Gleichzeitig existiert in Schweden auch kein steuerlicher Grundfreibetrag, der der Steuerfreistellung des Existenzminimums entsprechen könnte.[907] Auch hier deckt sich die schwedische Betrachtungsweise mit den Ergebnissen dieser Untersuchung, nach denen sich zumindest aus Art. 3 Abs. 1 GG eine verfassungsrechtliche Pflicht zur Steuerfreistellung des Existenzminimums nicht ergibt[908] und allein die Beachtung des objektiven Nettoprinzips verfassungsrechtlich zwingend ist.

B. Großbritannien

In Großbritannien genießen natürliche Personen, die spenden, grundsätzlich ebenfalls keine steuerlichen Vorteile. Sie spenden aus ihrem versteuerten Einkommen, und die von den Spendern bereits gezahlte Steuer wird vom Staat an die gemeinnützige Organisation erstattet; allerdings immer nur in Höhe der Basic Rate (22 %).[909] Spendet eine natürliche Person in Großbritannien 78 EUR, so erhält die Empfängerorganisation weitere 22 EUR vom Staat dazu. Unterlag das Einkommen des Spenders der Higher Rate (40 %), erhält der Spendenempfänger dennoch nur eine Steuererstattung in Höhe von 22 % und der Staat behält die Differenz zwischen der tatsächlich gezahlten Steuer (40 %) und der Steuererstattung (22 %).[910] Spendet also eine natürliche Person, die einer Besteuerung durch die Higher Rate von 40 % unterliegt, 60 EUR, so erhält die Empfängerorganisation ebenfalls 22 EUR, die Differenz von 18 EUR zur bereits gezahlten Steuer in Höhe von 40 EUR verbleibt im Staatshaushalt von Großbritannien.

Die einzige Möglichkeit für natürlichen Personen, die der Basic Rate unterliegen, einen eigenen Steuervorteil zu erhalten, besteht darin, einen Gi-

906 *Katzer*, Einkommensbesteuerung in Schweden, S. 84f.; s. hierzu auch die Ergebnisse, nach denen auch nach der deutschen Verfassung allein die Berücksichtigung des objektiven Nettoprinzips verfassungsrechtlich zwingend ist: 3. Kapitel: B. II. 7. Alternatives Besteuerungsmodel S. 68.

907 *Katzer*, Einkommensbesteuerung in Schweden, S. 85.

908 3. Kapitel: B. II. 6. e) Individualexistenzminimum S. 66.

909 *Selbig*, in: Walz/von Auer/von Hippel, Spenden- und Gemeinnützigkeitsrecht in Europa, S. 321 (335).

910 Dies., in: Walz/von Auer/von Hippel, Spenden- und Gemeinnützigkeitsrecht in Europa, S. 321 (335).

ve-As-You-Earn-Plan mit ihren Arbeitgebern abzuschließen.[911] In einem solchen Plan wird vereinbart, dass eine monatliche Spende direkt vom Gehalt abgezogen und an eine oder mehrere gemeinnützige Organisation(en) weitergeleitet wird.[912] Die Spende wird dann vom Bruttogehalt abgezogen und nur das verbleibende Gehalt wird der Besteuerung unterworfen.[913]

Insgesamt lässt sich somit festhalten, dass in Großbritannien viele Spender für ihre Spende unmittelbar keine steuerliche Begünstigung erhalten. „In einer MORI-Umfrage im Auftrag der Charity Commission im März 1997 gaben nur 2 % an, mit einem Give-As-You-Earn-Plan zu spenden. Dagegen gaben 70 % an, Geld in Straßensammlungen gegeben zu haben [...]".[914]

Bei Unternehmen entscheidet die Rechtsformwahl, ob sie aus ihrem zu versteuernden Einkommen oder aus dem Einkommen, das bereits einer Besteuerung unterlag, spenden.[915] Körperschaften, die der corporation tax unterliegen, können nur nach der Bruttomethode spenden, der Spendenbetrag vermindert somit das zu versteuernde Einkommen.[916] Die übrigen Unternehmen haben ihr Einkommen zunächst zu versteuern und die Empfängerorganisation kann sich die auf den Spendenbetrag gezahlte Steuer vom Finanzamt auszahlen lassen.[917]

C. Zwischenergebnis

Obwohl sich die Vision nicht erfüllt hat, dass alle Spenden innerhalb der EU und des EWR steuerlich begünstigt werden müssen, ist es für jeden Mitgliedstaat ratsam, seine steuerlichen Begünstigungen für Gemeinwohlförderung möglichst nicht nur auf sein Land zu beschränken, sondern in

---

911 Dies., in: Walz/von Auer/von Hippel, Spenden- und Gemeinnützigkeitsrecht in Europa, S. 321 (336).

912 Dies., in: Walz/von Auer/von Hippel, Spenden- und Gemeinnützigkeitsrecht in Europa, S. 321 (336).

913 Dies., in: Walz/von Auer/von Hippel, Spenden- und Gemeinnützigkeitsrecht in Europa, S. 321 (336).

914 Dies., in: Walz/von Auer/von Hippel, Spenden- und Gemeinnützigkeitsrecht in Europa, S. 321 (336).

915 Dies., in: Walz/von Auer/von Hippel, Spenden- und Gemeinnützigkeitsrecht in Europa, S. 321 (337).

916 Dies., in: Walz/von Auer/von Hippel, Spenden- und Gemeinnützigkeitsrecht in Europa, S. 321 (335).

917 Dies., in: Walz/von Auer/von Hippel, Spenden- und Gemeinnützigkeitsrecht in Europa, S. 321 (337).

dieser globalen Welt global oder zumindest unionsweit zu denken und sein Gemeinnützigkeitsrecht unionsweit auszurichten. Dies könnte sich letztendlich auch finanziell positiv für den deutschen Staat auswirken. Denn je mehr die Unionsbürger sich gemeinnützig innerhalb der EU betätigen, desto weniger Geld muss die EU und somit auch die Mitgliedstaaten, die letztlich die EU finanziell ausstatten, als Unterstützung und Hilfe beispielsweise an Kirchen, Museen, Theater, Universitäten, Privatschulen ausgeben. Gleichzeitig profitierten alle Mitgliedstaaten wechselseitig von der inländischen steuerlichen Begünstigung von grenzüberschreitenden Spenden innerhalb der EU und des EWR.[918]

Die fiskalischen Effekte einer Öffnung des deutschen Gemeinnützigkeitsrechts innerhalb der EU und des EWR sollten nicht überschätzt werden.[919] Über inländische gemeinnützige Organisationen und inländische Sammelvereine ist es schon heute möglich, Projekte außerhalb Deutschlands zu fördern.[920] Ausländischen Organisationen ist es nicht verwehrt, Tochterorganisationen in Deutschland zu gründen und über diese Spendengelder in Deutschland zu sammeln.[921] Viele große weltweit agierende Organisationen sind in Deutschland mit Tochtergesellschaften seit Jahrzehnten etabliert.[922] Von einer Öffnung des Gemeinnützigkeitsrechts würden die kleinen und mittleren Einrichtungen profitieren, denen die deutsche Bevölkerung voraussichtlich auch mit Skepsis gegenüberstehen wird, sodass sich die finanziellen Einbußen auch aus diesem Grund in Grenzen halten werden.[923] Letztendlich profitieren die gemeinnützigen Projekte, wenn nicht in jedem Mitgliedstaat kostspielig Tochterorganisationen gegründet werden müssen, um den potentiellen Spendern die steuerliche Begünstigung der Spende zu ermöglichen.[924]

---

918 *Jachmann/Unger*, in: Gosch, AO Kommentar, § 51 Rn. 84.
919 *Hüttemann/Helios*, DB 2006, 2481 (2489).
920 *Hüttemann/Helios*, DB 2006, 2481 (2489).
921 *Hüttemann/Helios*, DB 2006, 2481 (2489).
922 *Hüttemann/Helios*, DB 2006, 2481 (2489).
923 *Hüttemann/Helios*, DB 2006, 2481 (2489).
924 *Hüttemann/Helios*, DB 2006, 2481 (2489).

8. Kapitel: Ausblick: Möglichkeiten einer Europäisierung

Zwischenzeitlich wurden Versuche auf Ebene des Sekundärrechts unternommen, ein unionsweites Gemeinnützigkeitsrecht voranzutreiben. Auch auf Ebene des Sekundärrechts hat sich die Entwicklung eines unionsweiten Gemeinnützigkeitsrechts als schwierig erwiesen, was sich insbesondere an kleinen Projekten wie der Schaffung einer Europäischen Stiftung (FE) zeigt (hierzu unter I.). Insgesamt hat sich daher die Europäisierung des Gemeinnützigkeitsrechts durch die Grundfreiheiten als entscheidender Motor erwiesen. Hier bewegt sich zwar die Europäisierung des Gemeinnützigkeitsrechts in kleinen und langsamen Schritten, aber immerhin geht es voran, wie die nachfolgende Zusammenfassung zeigen wird (hierzu unter II.).

I. Europäische Stiftung – Fundatio Europaea (FE)

Um ein unionsweites Gemeinnützigkeitsrecht durch Schaffung von Sekundärrecht voranzubringen, hatte die Europäische Kommission 2012 vorgeschlagen, das Statut für eine Europäische Stiftung/Fundatio Europaea (FE) zu schaffen.[925] Hierfür hatte die Europäische Kommission den Entwurf für eine Verordnung des Rates über das Statut für eine Europäische Stiftung ausgearbeitet.[926] Das Herzstück dieses Vorschlags waren der steuerrechtliche Nichtdiskriminierungsgrundsatz der §§ 49-51 des Vorschlags der Europäischen Kommission für eine Verordnung des Rates über das Statut der Europäischen Stiftung (FE).[927] Hiernach sollten die FE steuerlich in jedem Mitgliedstaat in gleicher Weise wie die inländischen Stiftungen behandelt werden.[928] Auch für die Spender und die Begünstigten soll-

925 Die FE sollte in Anlehnung an die bestehende Societas Europaea (SE), die Europäische wirtschaftliche Interessenvereinigung (EWIV) und die Europäische Genossenschaft/Societas Cooperativa Europaea (SCE) geschaffen werden.

926 EU-Kommission: Vorschlag für ein Statut der Europäischen Stiftung (FE) vom 8.2.2012 KOM (2012) 35 endg.

927 EU-Kommission: Vorschlag für ein Statut der Europäischen Stiftung (FE) vom 8.2.2012 KOM (2012) 35 endg.

928 EU-Kommission: Vorschlag für ein Statut der Europäischen Stiftung (FE) vom 8.2.2012 KOM (2012) 35 endg. Art. 49.

ten die gleichen steuerlichen Regelungen gelten wie bei einer Spende bzw. Begünstigung an/von einer inländischen Stiftung.[929] Die Rechtsgrundlage für diese Verordnung sollte Art. 352 AEUV werden.[930] Die Kommission führte zu den Gründen und Zielen der vorgeschlagenen Verordnung aus, dass es für Stiftungen derzeit nicht möglich ist, Gelder innerhalb der EU effizient zu transferieren.[931] Darüber hinaus müssten sie vor einer Betätigung in einem anderen Mitgliedstaat einen Teil ihrer Einnahmen für Rechtsberatung und für die Beachtung diverser rechtlicher und administrativer Anforderungen in den einzelnen Mitgliedstaaten aufwenden.[932] Mit der Schaffung des Statuts für eine Europäische Stiftung soll die Errichtung und Funktionsweise von Stiftungen im Binnenmarkt erleichtert, sollen Hemmnisse beim Einsammeln von Stiftungs- und Spendengeldern innerhalb der EU abgebaut und die Notwendigkeit in jedem Mitgliedstaat, in dem sich betätigt werden soll, eine Stiftung zu gründen, überflüssig werden, um Gründungskosten zu sparen.[933] Insgesamt stünden dann mehr finanzielle Mittel für die gemeinnützige Tätigkeit zur Verfügung, was sich positiv auf das europäische Gemeinwohl und die europäische Wirtschaft auswirkt.[934] Vielen Mitgliedstaaten ging der Vorschlag der Kommission zu weit.[935] So fürchtete beispielsweise der deutsche Bundesrat, dass durch die Schaffung einer Europäischen Stiftungsform zukünftig weniger Spenden an inländische Stiftungen fließen würden.[936] Ausdrücklich erklärte er, dass die Erleichterung grenzüberschreitender Transaktionen allenfalls eine geographische Verlagerung der Mittel für gemeinnützige Zwecke zur Folge hätte, eine Vermehrung der Mittel für gemeinnützige Zwecke würde sich

929 EU-Kommission: Vorschlag für ein Statut der Europäischen Stiftung (FE) vom 8.2.2012 KOM (2012) 35 endg. Art. 50 und 51.

930 EU-Kommission: Vorschlag für ein Statut der Europäischen Stiftung (FE) vom 8.2.2012 KOM (2012) 35 endg S. 5.

931 EU-Kommission: Vorschlag für ein Statut der Europäischen Stiftung (FE) vom 8.2.2012 KOM (2012) 35 endg S. 3.

932 EU-Kommission: Vorschlag für ein Statut der Europäischen Stiftung (FE) vom 8.2.2012 KOM (2012) 35 endg S. 3.

933 EU-Kommission: Vorschlag für ein Statut der Europäischen Stiftung (FE) vom 8.2.2012 KOM (2012) 35 endg S. 3.

934 EU-Kommission: Vorschlag für ein Statut der Europäischen Stiftung (FE) vom 8.2.2012 KOM (2012) 35 endg S. 3.

935 *Hüttemann*, ISR 2014, 133 (135).

936 Beschluss des Bundesrates – Vorschlag für eine Verordnung des Rates über das Statut der Europäischen Stiftung (FE) COM(2012) 35 final – vom 30. März 2012, BR-Drucks. 74/12 (Beschluss), S. 3.

daraus nicht ergeben.[937] Insgesamt sprach sich der Deutsche Bundesrat gegen diese Verordnung aus, weil einerseits der EU die Gesetzgebungskompetenz für ein solches Vorhaben fehle.[938] Die Schaffung einer Europäischen Stiftung könne nicht der Verwirklichung des Binnenmarktes dienen, da Organisationen, die gemeinnützige Zwecke verfolgen, sich nicht im Binnenmarkt betätigen würden.[939] Andererseits fehle es auch an der Notwendigkeit für eine solche Verordnung, denn grenzüberschreitende Transaktionen seien durch die Rechtsprechung des EuGH und die daraufhin erfolgte Gesetzesänderung im deutschen Recht bereits heute möglich.[940] Gleichzeitig würden sich die Rechtsberatungskosten durch die Schaffung einer weiteren Rechtsform erhöhen ebenso wie der Verwaltungsaufwand durch die Prüfung der Jahresabschlüsse bei der FE; eine solche Prüfung ist nach deutschen Recht bislang nicht zwingend notwendig.[941] Auch der Verwaltungsaufwand im Rahmen der Gründung und der Aufsicht über die FE weicht erheblich von den nationalen Vorschriften ab, sodass auch hier eine erhebliche „Parallelverwaltung“ notwendig werden würde.[942] Die Argumentation, es fehle an der Notwendigkeit für diese Verordnung, da grenzüberschreitende Transaktionen bereits möglich sind, ist vor dem Hintergrund der praktischen Schwierigkeiten der gemeinnützigen Organisationen, grenzüberschreitend Spenden einzuwerben,[943] nicht haltbar. Es zeigt aber deutlich, dass ein Spendenrückgang an inländische Organisationen befürchtet wurde. So berief man sich auf ein funktionierendes grenzüberschreitendes Spendenrecht, obwohl es faktisch nahezu

937 Beschluss des Bundesrates – Vorschlag für eine Verordnung des Rates über das Statut der Europäischen Stiftung (FE) COM(2012) 35 final – vom 30. März 2012, BR-Drucks. 74/12 (Beschluss), S. 3.

938 Beschluss des Bundesrates – Vorschlag für eine Verordnung des Rates über das Statut der Europäischen Stiftung (FE) COM(2012) 35 final – vom 30. März 2012, BR-Drucks. 74/12 (Beschluss), S. 1-3.

939 Beschluss des Bundesrates – Vorschlag für eine Verordnung des Rates über das Statut der Europäischen Stiftung (FE) COM(2012) 35 final – vom 30. März 2012, BR-Drucks. 74/12 (Beschluss), S. 2.

940 Beschluss des Bundesrates – Vorschlag für eine Verordnung des Rates über das Statut der Europäischen Stiftung (FE) COM(2012) 35 final – vom 30. März 2012, BR-Drucks. 74/12 (Beschluss), S. 3f.

941 Beschluss des Bundesrates – Vorschlag für eine Verordnung des Rates über das Statut der Europäischen Stiftung (FE) COM(2012) 35 final – vom 30. März 2012, BR-Drucks. 74/12 (Beschluss), S. 3.

942 Beschluss des Bundesrates – Vorschlag für eine Verordnung des Rates über das Statut der Europäischen Stiftung (FE) COM(2012) 35 final – vom 30. März 2012, BR-Drucks. 74/12 (Beschluss), S. 4.

943 S.o. 6. Kapitel: C. IV. Zwischenergebnis S. 185.

unmöglich ist, eine steuerliche Vergünstigung für eine grenzüberschreitende Spende zu erhalten. Gleichzeitig übersieht der Bundesrat, dass sich die gemeinnützigen Stiftungen auf die binnenmarktrechtliche Kapitalverkehrsfreiheit berufen können.[944] Die Mitgliedstaaten drängten jedoch auf eine Entschärfung des Verordnungsvorschlages. Im November 2013 hat sich der Ausschuss der Ständigen Vertreter der EU schließlich darauf geeinigt, die steuerrechtlichen Vorschriften aus dem Verordnungsvorschlag zu streichen.[945] Allein die steuerliche Anerkennung hätte die FE interessant gemacht, ohne steuerrechtliche Regelungen ist die FE bedeutungslos. Schließlich wurde im Dezember 2014 der Vorschlag der Kommission für eine Verordnung des Rates über das Statut einer Europäischen Stiftung insgesamt zurückgezogen.[946]

II. Integration durch die Grundfreiheitsberechtigten

Lange Zeit sah es durch die Rechtsprechung des BFH[947] so aus, als wäre der Versuch, die Europäisierung des Gemeinnützigkeitsrechts durch die Grundfreiheitsberechtigten voranzutreiben, gescheitert – eine Europäisierung des Gemeinnützigkeitsrechts, die darauf beruht, dass die Grundfreiheitsberechtigten ihre Grundfreiheiten wahrnehmen und sich gegenüber den Mitgliedstaaten der EU auf diese berufen und die Grundfreiheiten so mit Leben erfüllen. Zunächst sah es durch die Entscheidung des EuGH in den Rechtssachen Persche,[948] Jundt[949], Schwarz/Gootje-Schwarz[950] und Stauffer[951] so aus, als würde sich das deutsche Gemeinnützigkeitsrecht gegenüber den anderen Staaten der EU und des EWR öffnen. Als Reaktion auf diese Entscheidungen hat der deutsche Gesetzgeber jedoch mit einigen kleinen Änderungen die Voraussetzungen zur Erlangung des Gemeinnützigkeitsstatus und somit auch das deutsche Gemeinnützigkeitsrecht verschärft. Die Verschärfung hatte zur Folge, dass es bei wortwörtlicher An-

944 So auch: *Hufeld*, Recht und Moral der Gemeinwohlfinanzierung, S. 40.
945 Rat der Europäischen Union, Mitteilung an die Presse, 3295. Tagung des Rates, 20. Und 21. Februar 2014, DOC 6653/14 PR CO 7, S. 20.
946 EU-Kommission vom 16.12.2014 COM (2014) 910 final Annex 2, S. 13.
947 BFH, Urteil vom 17.09.2013 – I R 16/12, BFHE 243, 319.
948 Europäischer Gerichtshof, Urteil vom 27.01.2009 – C-318/07, Persche.
949 Europäischer Gerichtshof, Urteil vom 18.12.2007 – C-281/06, Jundt.
950 Europäischer Gerichtshof, Urteil vom 11.09.2007 – C-76/05, Schwarz/Gootjes-Schwarz.
951 Europäischer Gerichtshof, Urteil vom 14.09.2006 – C-386/04, Stauffer.

wendung des Gesetzes für die gemeinnützigen Organisationen im EU- und EWR-Ausland unmöglich ist, diese Voraussetzungen zu erfüllen. So scheitern sie entweder an der Voraussetzung der satzungsmäßigen Vermögensbindung nach § 61 AO oder es fehlt der Satzung an einer Festlegung, die die Anlage 1 zu § 60 AO enthält, sodass die Satzungsvoraussetzungen nicht erfüllt sind.

Das Finanzgericht Bremen hat diese Anforderungen unionsrechtsfreundlich ausgelegt,[952] um die ausländischen Organisationen nicht vom deutschen Gemeinnützigkeitsrecht auszuschließen. Im konkreten Fall entschied es, dass die Zuwendung einer GmbH an einen italienischen Verein eine nach § 9 Abs. 1 Nr. 2 Satz 2 lit. c KStG abziehbare Spende ist. Es legte die entsprechenden Vorschriften der Abgabenordnung im Lichte der europäischen Grundfreiheiten aus[953] und sah sich hierzu durch den unionsrechtlichen Effektivitätsgrundsatz verpflichtet.[954] Der BFH hat sich dieser Auslegung entschieden entgegengestellt. Nach seiner Ansicht ist die Rechtsprechung des EuGH dahingehend auszulegen, dass ein Verstoß gegen Art. 63 AEUV nicht vorliegt, „wenn der Spendenabzug auch im Fall der Zuwendung an im EU-Ausland ansässige Einrichtungen den im Mitgliedstaat des Spenders geltenden nationalen Anforderungen unterworfen wird".[955] Nach dieser Entscheidung des BFH war es für ausländische Organisationen nahezu unmöglich, den Status als gemeinnützig in Deutschland zu erhalten und somit auch für inländische Spender nahezu unmöglich, steuerbegünstigt an ausländische Organisationen zu spenden, obwohl dies dem Anschein nach durch die Gesetzänderungen möglich werden sollte.[956] Durch diese Entscheidung erübrigten sich auch die Überlegungen, ob eine zentrale Stelle beim Bundeszentralamt für Steuern geschaffen werden sollte, die prüft, welche ausländischen Organisationen die deutschen Voraussetzungen erfüllen, um als gemeinnützig anerkannt zu werden.[957]

---

952 Finanzgericht Bremen, Urteil vom 08.06.2011 – 1 K 63/10 (6), DStRE 2012, 1321 (1325ff.).

953 Finanzgericht Bremen, Urteil vom 08.06.2011 – 1 K 63/10 (6), DStRE 2012, 1321 (1325).

954 Finanzgericht Bremen, Urteil vom 08.06.2011 – 1 K 63/10 (6), DStRE 2012, 1321 (1326).

955 BFH, Urteil vom 17.09.2013 – I R 16/12, BFHE 243, 319 (325).

956 BFH, Urteil vom 17.09.2013 – I R 16/12, BFHE 243, 319.

957 *Hüttemann*, IStR 2010, 118 (124); *Hüttemann/Helios*, DB 2006, 2481 (2489), die sich für die Schaffung einer zentralen Stelle zur Anerkennung ausländischer Spendenempfänger ausgesprochen haben.

Doch die Entscheidung des BFH vom 22. März 2018[958] gibt erneut Hoffnung auf eine Öffnung des deutschen Spendenrechts. Einerseits bestätigt der BFH, dass die Zuwendungsbescheinigung nicht dem amtlichen Vordruck nach § 50 EStDV entsprechen muss. Es reiche die Bescheinigung aus, die Empfängerkörperschaft habe die Spende erhalten, verfolge den satzungsgemäßen gemeinnützigen Zweck und setze die Spende ausschließlich satzungsgemäß ein.[959] Gleichzeitig legt der BFH in einem obiter dictum § 51 Abs. 2 AO dergestalt aus, dass § 51 Abs. 2 AO kein Anwendungsbereich bei grenzüberschreitenden Spenden zukommt. Vielmehr wird auch hier eine Ansehenssteigerung stets vermutet.[960] Der BFH schließt sich hiermit zumindest in Bezug auf den strukturellen Inlandsbezug den Stimmen in der Literatur an, die § 51 Abs. 2 AO grundsätzlich einen Anwendungsbereich absprechen, um einen Verstoß gegen das Unionsrecht zu vermeiden.[961] Abschließend konnte er nicht über die Abzugsfähigkeit dieser Spende entscheiden, mangels ausreichender Feststellungen der Vorinstanz dahingehend, ob die Spendenempfängerin eine juristische Person des öffentlichen Rechts gemäß § 10b Abs. 1 Satz 2 Nr. 1 EStG ist.[962] Im zweiten Rechtsgang holte die Vorinstanz die erforderlichen Feststellungen nach, hob den ursprünglichen Einkommensteuerbescheid sowie die Einspruchsentscheidung auf und änderte den Einkommensteuerbescheid dahingehend ab, dass die Spende steuermindernd berücksichtigt wird.[963]

Abzuwarten bleibt, ob der BFH auch die Voraussetzungen an die Satzung privater ausländischer Spendenempfänger künftig – vergleichbar mit den Anforderungen an die Zuwendungsbestätigung – unionsrechtskonform auslegt. In der Entscheidung zur Spende an die griechisch-katholische Pfarrgemeinde in Rumänien brauchte der BFH sich nicht zur unionsrechtskonformen Auslegung der Anforderungen an private gemeinnützige Spendenempfänger im Ausland zu äußern, da er über die Abzugsfähigkeit einer Spende an eine Spendenempfängerin zu entscheiden hatte, die mit einer inländischen öffentlich-rechtlichen Körperschaft vergleichbar ist. Sofern der BFH die Anforderungen an private gemeinnützige Spendenempfänger im Ausland unionsrechtskonform auslegt, wäre ein grenzüberschreitendes Spenden auch an private Spendenempfänger im Ausland

958 BFH, Urteil vom 22.03.2018 – X R 5/16, BFHE 261, 132.

959 BFH, Urteil vom 22.03.2018 – X R 5/16, BFHE 261, 132 (140).

960 BFH, Urteil vom 22.03.2018 – X R 5/16, BFHE 261, 132 (142f.).

961 Vgl. 5. Kapitel: 6. Kapitel:. A. II. 1 Struktureller Inlandsbezug S. 157 und 5. Kapitel: 6. Kapitel:. B. II. 1 Struktureller Inlandsbezug S. 173.

962 BFH, Urteil vom 22.03.2018 – X R 5/16, BFHE 261, 132.

963 Finanzgericht Köln, Urteil vom 08.05.2019 – 9 K 1652/18, EFG 2019, 1445ff.

möglich, so wie es die Entscheidung des EuGH in der Rs. Persche[964] vorgezeichnet hat.

964 Europäischer Gerichtshof, Urteil vom 27.01.2009 – C-318/07, Persche.

9. Kapitel: Zusammenfassung

I. Das Gemeinwohl umfasst alle Bedürfnisse einer Gesellschaft, deren Befriedigung für ein gutes Zusammenleben und eine positive Entwicklung die Voraussetzung sind. Dieses Gemeinwohl wird von den Bürgern und von der jeweiligen Staatsgewalt in Arbeitsteilung geschaffen. Mit dem Gemeinnützigkeitsrecht begünstigt der Staat die altruistische Schaffung von Gemeinwohl unter bestimmten Voraussetzungen steuerlich. An die Verwirklichung einiger Gemeinwohlziele ist die Regierung durch die Verfassung gebunden. Bei der Schaffung von Gemeinwohlbelangen, die über die Verfassungsanforderungen hinausgehen, darf die jeweilige Regierung eigene Schwerpunkte setzen. Im gleichen Maße darf sie festlegen, welche Gemeinwohlbelange sie im Rahmen des Gemeinnützigkeitsrechts fördert.

II.1. Dem Subsidiaritätsprinzip und der freiheitlichen Ausgestaltung des Grundgesetzes lässt sich kein subjektives Recht des Spenders auf die steuerliche Begünstigung einer Spende entnehmen. Einerseits ist es dem Gesetzgeber überlassen, zu entscheiden, wie er Anreize zum gemeinnützigen Verhalten gibt – möglich wäre auch ein Zuschussmodell, nach dem die als gemeinnützig anerkannte Organisation für jede eingeworbene Spende einen Zuschuss vom Staat erhält. Andererseits lässt sich aufgrund der sehr unterschiedlichen Theorien zur Erklärung von altruistischem Verhalten des Menschen nicht vorhersagen, ob und in welchem Umfang staatliche Anreize zum altruistischen Verhalten notwendig sind.

II.2.1. Aus den Grundrechten lässt sich ebenfalls kein subjektives Recht der Spender auf eine steuerliche Berücksichtigung ihrer Spenden entnehmen. So lässt sich ein subjektives Recht weder aus dem Leistungsfähigkeitsprinzip noch aus dem subjektiven Nettoprinzip noch aus der Lehre des indisponiblen Einkommens verfassungsrechtlich entnehmen. Die Besteuerung nach dem Leistungsfähigkeitsprinzip ist zwar verfassungsrechtlich möglich, jedoch nicht nach Art. 3 Abs. 1 GG zwingend. Im Gegensatz zum objektiven Nettoprinzip ist das subjektive Nettoprinzip nicht durch Art. 3 Abs. 1 GG verfassungsrechtlich verankert. Im Gegenteil, durch das subjektive Nettoprinzip und durch die Ausweitung des subjektiven Nettoprinzips durch die Lehre nach dem indisponiblen Einkommen lässt sich der Belastungsgrund der Einkommensteuer nicht mehr steuerarttypologisch begründen und der Vergleichsmaßstab des Art. 3 Abs. 1 GG wird konturenlos überdehnt. Zudem kommt es im Ergebnis bei der Berücksichtigung der Lehre nach dem indisponiblen Einkommen zu Wertungswidersprüchen mit anderen Rechtsgebieten.

II.2.2. Ein subjektives Recht des Spendenempfängers auf die steuerliche Berücksichtigung seiner Spende lässt sich auch nicht Art. 14 GG entnehmen. So erfordert zwar Art. 14 Abs. 2 GG, dass ein gerechter Ausgleich zwischen dem Gemeinwohlinteresse und der Privatnützigkeit des Eigentums gewahrt bleibt. Allerdings führt die steuerliche Nichtberücksichtigung einer Spende nicht zu einem verfassungsrechtswidrigen Ungleichgewicht zwischen dem Gemeinwohlinteresse und der Privatnützigkeit. Eine absolute Grenze bei der Besteuerung stellt hierbei die „erdrosselnde Wirkung“ von Steuergesetzen dar. Diese erdrosselnde Wirkung wird durch eine steuerliche Nichtberücksichtigung einer Spendenleistung im Rahmen der Einkommensbesteuerung bei Weitem noch nicht erreicht.

II.2.3. Die steuerliche Berücksichtigung der Spende ist daher als Sozialzwecknorm einzuordnen. Die Spende sollte konsequenterweise von der Steuerschuld und nicht von der Bemessungsgrundlage abgezogen werden. Die derzeitige Berücksichtigung der Spende auf Ebene der Bemessungsgrundlage führt dazu, dass der steuerliche Vorteil der Spende zusammen mit der Spendenhöhe steigt. Diese Ungleichbehandlung lässt sich nicht mit dem Reflex des progressiven Steuertarifs rechtfertigen. Im Gegensatz zu Kosten, die die Leistungsfähigkeit mindern, kann der Regressionseffekt eine unterschiedlich hohe Subventionierung durch den Staat, bei der Bürger mit geringerem Einkommen weniger und Bürger mit höherem Einkommen stärker gefördert werden, nicht rechtfertigen.

III.1. Der Spender hat jedoch ein subjektives Recht auf die steuerliche Begünstigung einer Spende an eine Organisation mit Sitz in der EU oder im EWR, solange Spenden an inländische gemeinnützige Organisationen steuerlich berücksichtigt werden, und sofern die Organisation mit Sitz in der EU oder im EWR alle Voraussetzungen zur Anerkennung des Status als gemeinnützig in Deutschland erfüllt. Dieses subjektive Recht ergibt sich aus Art. 3 Abs. 1 GG, eine Ungleichbehandlung zwischen einer Spende an eine inländische gemeinnützige Organisation und einer Organisation mit Sitz in der EU oder im EWR, die als gemeinnützig anerkannt werden würde, wenn sie inländische Einkünfte hätte, lässt sich verfassungsrechtlich nicht rechtfertigten. Insbesondere lassen sich aufgrund der bestehenden Amtshilferichtlinie und den in den Doppelbesteuerungsabkommen geschlossenen Amtshilfeabkommen ausländische Sachverhalte im Vergleich zu inländischen Sachverhalten ausreichend verifizieren.

III.2. Der Spender hat darüber hinaus ein subjektives Recht auf die steuerliche Berücksichtigung seiner Spende an Organisationen mit Sitz in Drittstaaten, zu denen kein Amtshilfeabkommen besteht, solange der Spender zusammen mit seiner Einkommensteuererklärung vergleichbare Unterlagen vorlegt, die auch eine Spendensammelkörperschaft im Sinne von § 58 Nr. 1 AO vorlegt, anhand derer die Finanzverwaltung die Abzugsfähigkeit der Spenden nach § 58 Nr. 1 AO verifizieren kann. Auch dieses subjektive Recht ergibt sich aus einer verfassungsrechtlich zwingend geforderten Gleichstellung von Spendern mit Spendensammelkörperschaften nach Art. 3 Abs. 1 GG.

IV.1. Im Gegensatz zu den Spendern haben die inländischen Spendenempfänger teilweise ein subjektives Recht auf eine steuerliche Begünstigung ihrer Einnahmen. Soweit dem Staat gegenüber der inländischen Organisation eine Finanzierungsverantwortung trifft, muss er ihre Einnahmen von einer Besteuerung ausnehmen, sofern die Besteuerung dazu führen würde, dass er sie wiederum mehr finanziell unterstützen müsste. Vergleichbar, wie der Staat das Existenzminimum der Bürger von einer Besteuerung ausnehmen muss, muss er auch auf eine Besteuerung von Organisationen verzichten, für die er eine Finanzierungsverantwortung trägt. Eine Finanzierungsverantwortung wurde vom Bundesverfassungsgericht in der Vergangenheit für Privatschulen, für die Universitäten, für ein freiheitliches Kunstleben und für Religionsgemeinschaften, die den Status als Körperschaft des öffentlichen Rechts innehaben, hergeleitet.

IV.2. Darüber hinaus besteht auch in den Bereichen eine Pflicht zur steuerlichen Begünstigung der Einnahmen von Organisationen, in denen private Organisationen in Konkurrenz zu staatlichen Einrichtungen tätig werden und die Bürger in grundrechtlich gesicherter Freiheit frei zwischen den privaten und staatlichen Angeboten wählen können. Eine grundrechtlich gesicherte Wahlfreiheit besteht hier nur, solange die staatlichen Einrichtungen ihre Angebote nicht günstiger anbieten können, weil sie weniger Steuern zu zahlen haben als private Einrichtungen. Eine Gleichstellung der steuerlichen Begünstigung ist daher zur Wahrung der Wettbewerbsneutralität notwendig.

IV.3. Die steuerliche Begünstigung der Organisationen endet aus Wettbewerbsgründen dort, wo sie in Wettbewerb mit erwerbswirtschaftlichen Organisationen treten. Daher ist die Besteuerung der wirtschaftlichen Geschäftsbetriebe bei allen Organisationen verfassungsgemäß.

IV.4. Ein weitergehendes subjektives Recht auf eine steuerliche Begünstigung von Organisationen ergibt sich weder aus einer verminderten Leistungsfähigkeit (Art. 3 Abs. 1 GG), da auch beim Spendenempfänger die Leistungsfähigkeit lediglich durch Ausgaben zur Einnahmeerzielung vermindert werden kann und nicht durch eine reine Einkommensverwendung. Noch ergibt sich ein subjektives Recht auf eine steuerliche Begünstigung aus Art. 14 GG, da auch beim Spendenempfänger eine Substitutionsmöglichkeit der Steuerzahlung durch Verwendung der Einnahmen zu Gemeinwohlzwecken verfassungsrechtlich nicht zwingend ist.

V. Der in der EU oder im EWR ansässige Spendenempfänger hat aus Art. 3 Abs. 1 GG ein subjektives Recht auf die gleiche steuerliche Begünstigung seiner Einkünfte, die in Deutschland einer beschränkten Steuerpflicht unterliegen, wie inländische gemeinnützige Organisationen, sofern der ausländische Spendenempfänger nach dem deutschen Recht als gemeinnützig anzuerkennen ist. Um dem unionsrechtlichen Diskriminierungsverbot zu genügen, muss den juristischen Personen aus der EU und aus dem EWR im Anwendungsbereich des Unionsrechts derselbe Grundrechtsschutz in Deutschland gewährt werden, wie den inländischen juristischen Personen. Daher müssen die Spenden an Spendenempfänger mit Sitz in der EU oder im EWR genauso steuerlich begünstigt werden wie Spenden an inländische Organisationen, sofern der ausländische Spendenempfänger in Deutschland als gemeinnützig anzuerkennen ist (Art. 3 Abs. 1 GG).

VI.1. Grundsätzlich sind die Gesetzgeber der Mitgliedstaaten frei darin, ob sie die gemeinnützige Betätigung von Organisationen oder Spendern steuerlich begünstigen. Das Unionsrecht erzwingt nicht die Schaffung eines Gemeinnützigkeitsrechts in jedem Mitgliedstaat. Die Gesetzgeber der Mitgliedstaaten entscheiden frei über die gemeinnützigen Zwecke, die sie steuerlich begünstigen. Bei der Ausgestaltung des Gemeinnützigkeitsrechts haben sie allerdings das Unionsrecht zu achten. Sie dürfen die steuerliche Begünstigung nicht an einen inländischen Sitz der Organisation knüpfen. Bei der Entscheidung über die Zwecke, die steuerlich begünstigt werden, haben sie ebenfalls das Unionsrecht zu achten, sodass sie beispielsweise die

Förderung der Forschung nicht auf das Inland beschränken dürfen, weil dies dem Unionsziel, die Forschung unionsweit zu fördern, zuwiderliefe.

VI.2. Grundsätzlich kann eine Beschränkung der Kapitalverkehrsfreiheit von den Mitgliedstaaten mit der Wirksamkeit der Steueraufsicht gerechtfertigt werden. Allerdings ist eine Beschränkung der Kapitalverkehrsfreiheit zur Wirksamkeit der Steueraufsicht unverhältnismäßig, wenn die Mitgliedstaaten von Amtshilfeersuchen aufgrund der Amtshilferichtlinie oder aufgrund von in Doppelbesteuerungsabkommen abgeschlossenen Amtshilfeabkommen die Wirksamkeit der Steueraufsicht auch grenzüberschreitend sicherstellen können. Darüber hinaus lässt sich die Beschränkung der Kapitalverkehrsfreiheit auch nicht mit der Wirksamkeit der Steueraufsicht rechtfertigen, wenn der Spender stichhaltige Belege vorlegt, anhand derer eine Verifikation des Sachverhalts möglich ist.

VI.3. Unionsbürger, die von ihrem Recht auf Arbeitnehmerfreizügigkeit, Niederlassungsfreiheit oder die allgemeine Freizügigkeit Gebrauch machen und in einem anderen Mitgliedstaat arbeiten und leben, können sich bei Spenden in ihre Heimatländer neben der Kapitalverkehrsfreiheit auch auf die Arbeitnehmerfreizügigkeit, Niederlassungsfreiheit oder allgemeine Freizügigkeit berufen. Eine steuerliche Beschränkung der Begünstigung von Spenden an inländische Spendenempfänger trifft diese regelmäßig schwerer, weil sie ein größeres Interesse an grenzüberschreitenden Spenden haben als Personen, die nicht von ihrer Freizügigkeit Gebrauch machen und in ihren Heimatländern bleiben.

VI.4. Unionsrechtlich gewährleisten die Grundfreiheiten den Spendenempfängern in der EU und im EWR das subjektive Recht auf gleiche steuerliche Begünstigung ihrer Einnahmen, sofern sie die Voraussetzungen des deutschen Gemeinnützigkeitsrechts erfüllen. Sofern sie eine Niederlassung in Deutschland gründen, können sie sich auf die Niederlassungsfreiheit berufen, sofern sie lediglich Kapital- oder Mieteinnahmen in Deutschland erzielen, können sie sich auf die Kapitalverkehrsfreiheit berufen. Mit ihren Einnahmen aus einem in Deutschland befindlichen Zweckbetrieb können sie auf die Warenverkehrs- oder Dienstleistungsfreiheit rekurrieren. Ihren Anspruch auf die gleiche steuerliche Begünstigung einer Spende können die Spendenempfänger ebenso wie die Spender unionsrechtlich auf die Kapitalverkehrsfreiheit stützen, sofern die ausländische Empfängerkörperschaft die Voraussetzungen des deutschen Gemeinnützigkeitsrechts erfüllt.

VII.1.1. Der sogenannte strukturelle Inlandsbezug führt in der konkreten Anwendung durch die Finanzverwaltung aus Sicht des Spenders zu einer verfassungsrechtlich ungerechtfertigten Schlechterstellung der Spende an eine ausländische Empfängerkörperschaft im Vergleich zu einer Spende, die durch eine Spendensammelkörperschaft an eine ausländische Empfängerkörperschaft weitergeleitet wird. Denn im ersten Fall muss der Spender belegen, dass die Voraussetzungen des strukturellen Inlandsbezugs erfüllt werden. Im letzteren Fall vermutet die Finanzverwaltung aufgrund einer Indizwirkung – entsprechend der Vorgabe im Anwendungserlass –, dass die Voraussetzungen des strukturellen Inlandsbezugs erfüllt sind.

VII.1.2. Es lässt sich verfassungsrechtlich nicht rechtfertigen, dass Spenden an Organisationen mit Sitz in Drittstaaten nicht steuerlich begünstigt werden, im Vergleich hierzu eine steuerliche Begünstigung bei einer Weiterleitung von Spenden an Organisationen in Drittstaaten durch Spendensammelkörperschaften erfolgt. Aus Gleichbehandlungsgründen müssten die Spender zumindest die Möglichkeit haben, die gleichen Unterlagen vorzulegen wie die Spendensammelkörperschaften, um die steuerliche Begünstigung verifizieren zu lassen.

VII.2.1. Der unionsrechtliche Anerkennungsgrundsatz führt dazu, dass der strukturelle Inlandsbezug weder in Fällen, in denen an eine Empfängerkörperschaft mit Sitz in der EU oder im EWR, noch in Fällen, in denen an eine Empfängerkörperschaft mit Sitz in einem Drittland gespendet wird, zur Anwendung kommen kann. Da Spenden durch eine Spendensammelkörperschaft sowohl an Empfängerkörperschaften mit Sitz in der EU/ im EWR als auch mit Sitz im Drittland weitergeleitet werden können, ohne dass die Voraussetzungen des strukturellen Inlandsbezuges erfüllt werden müssen, muss das Entfallen dieser Voraussetzungen nach dem unionsrechtlichen Anerkennungsgrundsatz auch für Direktspenden ins Ausland gelten.

VII.2.2. Der Gesetzgeber darf die Steuerbegünstigung einer Spende nicht davon abhängig machen, dass der Spendenempfänger seinen Sitz in einem Staat hat, der Hilfe bei der Beitreibung von Steuerforderungen leistet. Von der Erfüllung dieser Voraussetzung kann allein abhängen, ob der Spender sich auf Vertrauensschutz berufen kann, falls seine Spende fehlverwendet wird oder ob der Spender im Falle einer Fehlverwendung der Spende durch den Spendenempfänger für den Steuerausfall in Haftung genommen werden kann.

VII.2.3. Der generelle Ausschluss einer steuerlichen Begünstigung von Spenden an Spendenempfänger mit Sitz in Drittstaaten lässt sich mit einer wirksamen Steueraufsicht nicht rechtfertigen, sondern beschränkt die Kapitalverkehrsfreiheit unverhältnismäßig. Dem Spender muss zumindest die Möglichkeit gegeben werden, stichhaltige Belege vorzulegen, anhand derer verifiziert werden kann, ob die Voraussetzungen für eine steuerliche Begünstigung vorliegen.

VII.2.4. Zwar hat der EuGH entschieden, die Kapitalverkehrsfreiheit erfordere es nicht, dass jeder Mitgliedstaat die gemeinnützige Anerkennung eines Spendenempfängers von einem anderen Mitgliedstaat übernimmt. Da jedoch in Art. 27 des Doppelbesteuerungsabkommens mit den USA geregelt ist, dass es für eine steuerliche Begünstigung in Deutschland ausreiche, dass die Spendenempfängerorganisation in den USA als gemeinnützig anerkannt ist, muss nach dem unionsrechtlichen Anerkennungsgrundsatz zurzeit für eine steuerliche Begünstigung eines Spendenempfängers mit Sitz in der EU und im EWR ausreichen, dass diese Organisation in ihrem Ansässigkeitsstaat als gemeinnützig anerkannt ist. Weitere Satzungsvoraussetzungen und Anforderungen an die tatsächliche Geschäftsführung müssen nicht erfüllt werden.

VII.3. Die Anforderungen an einen Zuwendungsnachweis bei einer grenzüberschreitenden Spende wurden dahingehend konkretisiert, dass die Empfängerorganisation bestätigt, die Spende erhalten zu haben, sie verfolge satzungsmäßige steuerbegünstigte Zwecke und verwendet die Spende ausschließlich für satzungsmäßige Zwecke.

VII.4.1. Der strukturelle Inlandsbezug verstößt gegen das verfassungsrechtliche Bestimmtheitsgebot, genügt also nicht den rechtsstaatlichen Anforderungen an die Normenklarheit und Justiziabilität einer Norm. Denn der strukturelle Inlandsbezug ist nicht so formuliert, dass die Bürger die Rechtslage erkennen und ihr Verhalten darauf einrichten können, die Verwaltung findet nicht steuernde und begrenzende Handlungsmaßstäbe und die Gerichte können keine wirksame Rechtskontrolle durchführen.

VII.4.2. Der strukturelle Inlandsbezug führt im Zusammenspiel mit dem Anwendungserlass zu einer unionsrechtlich nicht gerechtfertigten Diskriminierung, da bei einer steuerlich begünstigten Zweckerfüllung im Ausland durch eine inländische Organisation die Erfüllung der Voraussetzungen des strukturellen Inlandsbezugs stets ohne eine weitere Prüfung angenommen wird und allein Organisationen mit Sitz im Ausland belegen müssen, dass die Voraussetzungen des strukturellen Inlandsbezugs erfüllt wurden.

VII.5. Spenden an juristische Personen des öffentlichen Rechts und an öffentliche Dienststellen, die ihre steuerbegünstigten Zwecke nur im Ausland verwirklichen, werden nur dann steuerlich begünstigt, wenn auch die Voraussetzungen des strukturellen Inlandsbezugs erfüllt werden. Dies stellt einerseits eine unionsrechtswidrige Diskriminierung der juristischen Personen des öffentlichen Rechts und der öffentlichen Dienststellen im Ausland dar, da weit überwiegend nur diese ausschließlich ihre Zwecke im Ausland verwirklichen. Andererseits verstößt diese Voraussetzung auch gegen den unionsrechtlichen Anerkennungsgrundsatz. Da nach dem Anwendungserlass zur AO bei der Weiterleitung von Spenden über Spendensammelkörperschaften an Organisationen im Ausland die Erfüllung der Voraussetzungen des strukturellen Inlandsbezuges stets indiziert wird, muss nach dem unionsrechtlichen Anerkennungsgrundsatz auch bei Direktspenden auf die Erfüllung der Voraussetzungen des strukturellen Inlandsbezuges verzichtet werden.

VII.6. Das Feststellungsverfahren nach § 60a AO mit dem eine Organisation feststellen lassen kann, ob sie die Voraussetzungen für eine steuerliche Begünstigung erfüllt, steht entgegen der Aussage im Anwendungserlass auch Organisationen mit Sitz in der EU oder im EWR aufgrund des unionsrechtlichen Äquivalenz- und Effektivitätsprinzip offen. Diese Organisationen können den Antrag nach § 60a AO bei einem Finanzamt ihrer Wahl stellen.

VII.7.1. Insgesamt lässt sich den Gesetzesänderungen der letzten Jahre entnehmen, dass der Gesetzgeber einem grenzüberschreitenden Gemeinnützigkeitsrecht innerhalb der EU und dem EWR skeptisch gegenübersteht, da er Erleichterungsvorschriften aus Sorge vor einer weniger strengen Stiftungsaufsicht im Ausland abgeschafft hat. Beispielsweise hat er § 62 AO a.F. abgeschafft. Hiernach mussten die strengen Satzungsanforderungen an die satzungsmäßige Vermögensbindung nicht erfüllt werden, solange die Organisation einer staatlichen Stiftungsaufsicht unterlag.

VII.7.2. Daneben wurde zwar § 10 Abs. 1 Nr. 9 EStG im Nachgang zur EuGH-Entscheidung in der Rs. Schwarz/Gootjes-Schwarz geändert. Eine unionsrechtswidrige Diskriminierung existiert dennoch weiter, da Schuldgeldzahlungen nur an Privatschulen, jedoch nicht an staatliche Schulen steuerlich berücksichtigt werden. Diese Einschränkung betrifft allein ausländische staatliche Schulen, da an inländische staatliche Schulen grundsätzlich kein Schulgeld gezahlt wird. Die Schulgeldzahlungen an staatliche Schulen fallen in den Schutzbereich der allgemeinen Freizügigkeit. Eine Schlechterstellung, die auf einer gesetzlichen Ausgestaltung beruht, die automatisch nur ausländische Einrichtungen erfasst, nicht hingegen die inländischen Einrichtungen, stellt eine ungerechtfertigte Diskriminierung dar.

VII.7.3. Weiterhin besteht mit der Gesetzesanpassung nach der Entscheidung in der Rs. Jundt eine unionsrechtswidrige Diskriminierung im Anwendungsbereich des § 3 Nr. 26 und 26a EStG, da Freibeträge für Einnahmen aus einer nebenberuflichen Tätigkeit für eine unter § 5 Abs. 1 Nr. 9 KStG fallende Körperschaft nach § 3 Nr. 26 und 26a EStG bestehen, diese Freibeträge jedoch nicht gewährt werden, wenn die nebenberufliche Tätigkeit im Auftrag für eine Körperschaft erbracht wurde, die in der EU oder im EWR ihren Sitz hat und von der Körperschaftsteuer befreit wäre, wenn sie inländische Einkünfte erzielte (§ 10b Abs. 1 Satz 2 Nr. 3 EStG).

VII.7.4. In dieses Bild fügt sich passend ein, dass der Gesetzgeber die einzelnen Gesetzesvorschriften erst unionsrechtlich anpasst, wenn er hierzu durch EuGH-Entscheidungen gezwungen ist oder von der Europäischen Kommission aufgefordert wird. Proaktiv wird er nicht tätig, wenn sich beispielsweise durch EuGH-Verfahren zu vergleichbaren Gesetzesregelungen von anderen Mitgliedstaaten die Unionswidrigkeit von deutschen Regelungen im Gemeinnützigkeitsrecht abzeichnet, wie beispielsweise durch die Rs. Missionswerk Werner Heukelbach e.V., aus der sich auch die Unionsrechtswidrigkeit des § 13 Abs. 1 Nr. 16 Buchst. c ErbStG a.F. ableiten ließ. Zu einer Neufassung des § 13 Abs. 1 Nr. 16 Buchst. c ErbStG kam es erst nach einer förmlichen Aufforderung der Europäischen Kommission.

VIII.1. Im Vergleich zu anderen Ländern zeigt sich, dass nicht überall Spenden steuerlich begünstigt werden. In Schweden existiert keine steuerliche Begünstigung der Spenden beim Spender. Bis 2004 wurden Spenden in Schweden erbschaft- und schenkungsteuerlich begünstigt. Mit der Abschaffung der Erbschaft- und Schenkungsteuer ist auch diese steuerliche Begünstigung weggefallen.

VIII.2. In Großbritannien werden die Spenden teilweise beim Spender im Rahmen der Einkommensbesteuerung begünstigt. Die staatliche Begünstigung von Spenden erfolgt hingegen in Großbritannien weit überwiegend durch einen Zuschuss des Staates zu den Spenden beim Spendenempfänger.

IX.1. Auf unionsrechtlicher Ebene sah es zwischenzeitlich so aus, als würde die Schaffung eines Statuts für eine Europäische Stiftung in Anlehnung an die SE, EWIV, SCE und SPE die grenzüberschreitende gemeinnützige Betätigung innerhalb der EU und dem EWR auf Sekundärrechtsebene entscheidend voranbringen. Allerdings haben sich die Mitgliedstaaten gegen die Schaffung der Voraussetzungen für ein Statut für eine Europäische Stiftung erfolgreich gewehrt. Auch dieser Entwicklung lässt sich entnehmen, dass viele Mitgliedstaaten und insbesondere auch Deutschland einer unionsweiten Ausdehnung des Gemeinnützigkeitsrechts verhalten gegenüberstehen.

IX.2. Im Ergebnis erweist sich die Integration von unten durch die Grundfreiheitsberechtigten als entscheidender Motor. In der Praxis ist es nach wie vor nahezu unmöglich, eine steuerliche Begünstigung für eine grenzüberschreitende Spende zu erhalten, trotz der EuGH-Entscheidungen und der Einigkeit in der Literatur zu den unionsrechtlichen Vorgaben. Denn der BFH hat lange die Rechtsprechung des EuGH eigenwillig entgegen der Literatur ausgelegt und seine Entscheidung, das Verfahren nicht erneut dem EuGH vorzulegen, damit begründet, dass die Rechtslage klar und hinreichend vom EuGH entschieden wurde. Hoffnung auf eine Rechtsprechungsänderung gibt allerdings eine neuere Entscheidung des BFH, in der er sich der Literaturmeinung annähert und in deren Folge im zweiten Rechtsgang vor dem FG Köln eine Spende an eine juristische Person des öffentlichen Rechts mit Sitz in der EU zum Spendenabzug zugelassen wurde. Ob künftig grenzüberschreitende Spenden innerhalb der EU oder des EWR auch an private Spendenempfänger nach den Vorgaben des EuGH steuerlich begünstigt werden, bleibt abzuwarten.

Literaturverzeichnis

Andreoni, James, Giving with Impure Altruism: Applications to Charity and Ricardian Equivalence, Journal of Political Economy 1989, S. 1447-1458.

Andreoni, James, Impure Altruism and Donations to Public Goods: A Theory of Warm-Glow Giving, The Economic Journal 1990, S. 464-477.

Andreoni, James, Philanthrophy, in: Kolm, Serge-Christophe/Ythier, Jean Mercier (Hrsg.), Handbook of the Economics of Giving, Altruism and Reciprocity, Applications, Bd. 23, Amsterdam Boston Heidelberg London New York Oxford Paris San Diego San Francisco Singapore Sydney Tokyo 2006 (Volume 2) (zitiert als: Andreoni, in: Kolm/Ythier, Handbooks in Economics, S. 1201).

von Auer, Ludwig/Kalusche, Andreas, Spendenaufkommen, Steueraufkommen und Staatsausgaben: Eine empirische Analyse, in: Walz, W. Rainer/von Auer, Ludwig/von Hippel, Thomas (Hrsg.), Spenden- und Gemeinnützigkeitsrecht in Europa, Rechtsvergleichende, rechtsdogmatische, ökonometrische soziologische Untersuchungen, Tübingen 2007 (zitiert als: von Auer/Kalusche, in: Walz/von Auer/von Hippel, Spenden- und Gemeinnützigkeitsrecht in Europa, S. 13).

Bethge, Herbert, Die Grundrechtsberechtigung juristischer Personen nach Art. 19 Abs. 3 Grundgesetz, Passau 1985.

Bieber, Roland/Epiney, Astrid/Haag, Marcel/Kotzur, Markus, Die Europäische Union – Europarecht und Politik, 14. Auflage, Baden-Baden/Basel 2021 (zitiert als: *Bearbeiter*, in: Bieber/Epiney/Haag/Kotzur, Die Europäische Union).

Biergans, Enno/Wasmer, Claudius, Zum Tatbestand der Besteuerung und zum Leistungsfähigkeitsbegriff in der Einkommensteuer, FR 1985, S. 57-63.

Birk, Dieter/Wernsmann, Rainer, Der Schutz von Ehe und Familie im Einkommensteuerrecht, JZ 2001, S. 218-223.

Blümich, Walter/Heuermann, Bernd/Brandis, Peter (Hrsg.), EStG, KStG, GewStG – Einkommensteuergesetz, Körperschaftsteuergesetz, Gewerbesteuergesetz Kommentar, Bd. 2, (Loseblatt), München, Stand: Juni 2020 (zitiert als: *Bearbeiter*, in: Blümich, EStG, KStG, GewStG Kommentar).

Böckenförde, Ernst-Wolfgang, Steuergerechtigkeit und Familienlastenausgleich – Eine Diskussionsanregung zur Reform der Familienbesteuerung, StuW 1986, S. 335-340.

Bordewin, Arno/Brandt, Jürgen/Bode, Walter (Hrsg.), Kommentar zum Einkommensteuergesetz – EStG, Bd. 3, (Loseblatt), Heidelberg 1955, Stand: Oktober 2020 (zitiert als: *Bearbeiter*, in: Bordewin/Brandt, EStG Kommentar).

Bordewin, Arno/Brandt, Jürgen/Bode, Walter (Hrsg.), Kommentar zum Einkommensteuergesetz – EStG, Bd. 4, (Loseblatt), Heidelberg 1955, Stand: Oktober 2020 (zitiert als: *Bearbeiter*, in: Bordewin/Brandt, EStG Kommentar).

Breuer, Rüdiger, Freiheit des Berufs, in: Isensee, Josef/Kirchhof, Paul (Hrsg.), Handbuch des Staatsrechts der Bundesrepublik Deutschland, Grundrechte: Wirtschaft, Verfahren, Gleichheit, Bd. VIII, 3. Auflage, Heidelberg 2010 (zitiert als: Breuer, in: Isensee/Kirchhof, HStR Bd. VIII, § 170).

Buchna, Johannes/Leichinger, Carina/Seeger, Andreas/Brox, Wilhelm, Gemeinnützigkeit im Steuerrecht – Die steuerliche Begünstigung für Vereine, Stiftungen und andere Körperschaften – Steuerliche Spendenbehandlung, 11. Auflage, Achim 2015.

Bundesministerium der Finanzen, Unabhängige Sachverständigenkommission zur Prüfung des Gemeinnützigkeits- und Spendenrechts, Bonn 1988 (zitiert als: *Mehrheitsvotum*, in: BMF, Unabhängige Sachverständigenkommission zur Prüfung des Gemeinnützigkeits- und Spendenrechts).

Calliess, Christian/Ruffert, Matthias (Hrsg.), EUV / AEUV – Das Verfassungsrecht der Europäischen Union mit Europäischer Grundrechtecharta Kommentar, 5. Auflage, München 2016 (zitiert als: *Bearbeiter*, in: Calliess/Ruffert, EUV/AEUV Kommentar).

Cordewener, Axel, Deutsche Unternehmensbesteuerung und europäische Grundfreiheiten – Grundzüge des materiellen und formellen Rechtsschutzsystems der EG, DStR 2004, S. 6-15.

Cronin, Helena, The Ant and the Peacock – Altruism and sexual selection from Darwin to today, 3. Auflage, Cambridge, New York/Melbourne 1992.

Darwin, Charles, Über die Entstehung der Arten durch natürliche Zuchtwahl – Die Erhaltung der begünstigten Rassen im Kampfe um's Dasein, 9. Auflage, Darmstadt 1992.

Dawkins, Richard, Das Egoistische Gen, 2. Auflage, Berlin Heidelberg 2007.

Deutsches Zentralinstitut für soziale Fragen, DZI Spendenalmanach 2017, Berlin 2017.

Drathen, Klaus, Deutschengrundrechte im Lichte des Gemeinschaftsrechts – Grundrechtsgewährleistung für natürliche und juristische Personen der EU-Mitgliedstaaten im Bereich der Bürgerrechte und des Art. 19 Abs. 3 GG – Inaugural-Dissertation, Bonn 1994 (zitiert als: Drathen, Deutschengrundrechte im Lichte des Gemeinschaftsrechts).

Dreier, Horst (Hrsg.), Grundgesetz – Kommentar, Bd. 1, 3. Auflage, Tübingen 2013 (zitiert als: *Bearbeiter*, in: Dreier, GG Kommentar).

Droege, Michael, Gemeinnützigkeit im offenen Steuerstaat, Tübingen 2010.

Ebner, Stephan, Steuersystematische, verfassungs- und europarechtliche Untersuchung des § 10 Abs. 1 Nr. 9 EStG unter Einbeziehung der Urteile des EuGH vom 11.9.2007, Rs. C-76/05 und Rs. C-318/05 – Zugleich eine Stellungnahme zur Umsetzung von Urteilen des EuGH im deutschen Steuerrecht, DStZ 2009, S. 645-660.

Europäische Kommission, Vertragsverletzungsverfahren im Oktober – wichtigste Beschlüsse 16.10.2014, abrufbar im Internet: http://europa.eu/rapid/press-release_MEMO-14-589_de.htm (zuletzt aufgerufen am 30.11.2020).

Fischer, Hardy, Ausstieg aus dem Dritten Sektor – Juristische Probleme bei Beendigung der Gemeinnützigkeit, Köln 2005.

Fischer, Peter, Unorthodoxe Überlegungen zur Verfassungsarchitektur Europas am Beispiel des Falles „Stauffer", FR 2007, S. 361-368.

Fischer, Peter, Überlegungen zur Fortentwicklung des steuerlichen Gemeinnützigkeitsrechts, FR 2008, S. 752-760.

Fischer, Peter, Das EuGH-Urteil Persche zu Auslandsspenden – die Entstaatlichung des Steuerstaates geht weiter, FR 2009, S. 249-300.

Förster, Jutta, Grenzüberschreitende Gemeinnützigkeit – Spenden schwer gemacht?, BB 2011, S. 663-669.

Förster, Jutta, Immer Ärger mit den Nachweisen – Verfahrensprobleme bei grenzüberschreitenden Spenden, DStR 2013, S. 1516-1520.

Friauf, Karl Heinrich, Verfassungsrechtliche Anforderungen an die Gesetzgebung über die Steuern vom Einkommen und vom Ertrag, in: Deutsche Steuerjuristische Gesellschaft (Hrsg.), Steuerrecht und Verfassungsrecht, Bd. 12, Köln 1989 (zitiert als: Friauf, in: DStJG 12 (1989), S. 3).

Frotscher, Gerrit, Europarechtliche Fragen des Rechts der steuerbegünstigten Zwecke, in: Kohl, Helmut (Hrsg.), Zwischen Markt und Staat, Gedächtnisschrift für Rainer Walz, Köln 2008 (zitiert als: Frotscher, in: GS Walz, 199).

Frotscher, Gerrit/Drüen, Klaus-Dieter (Hrsg.), KStG GewStG/UmwStG – Kommentar, Bd. 1, (Loseblatt), Freiburg, Stand: September 2020 (zitiert als: *Bearbeiter*, in: Frotscher/Drüen, KStG/GewStG/UmwStG Kommentar).

Frotscher, Gerrit/Geurts, Matthias (Hrsg.), EStG – Kommentar zum Einkommensteuergesetz, Bd. 3, (Loseblatt), Freiburg, Stand: Oktober 2020 (zitiert als: *Bearbeiter*, in: Frotscher/Geurts, EStG Kommentar).

Geibel, Stefan J., Gemeinnützigkeitsrecht als Gemeinwohlförderung: eine Skizze, in: Anderheiden, Michael/Keil, Rainer/Kirste, Stephan/Schaefer, Jan Philipp (Hrsg.), Verfassungsvoraussetzungen, Gedächtnisschrift für Winfried Brugger, Tübingen 2013 (zitiert als: Geibel, in: GS Brugger, S. 429).

Geserich, Stephan, Privater, gemeinwohlwirksamer Aufwand im System der deutschen Einkommensteuer und des europäischen Rechts, Heidelberg 1999.

Geserich, Stephan, Das Spendenrecht, in: Deutsche Steuerjuristische Gesellschaft (Hrsg.), Gemeinnützigkeit, 27. Jahrestagung der Deutschen Steuerjuristischen Gesellschaft e.V., Erfurt, 23. und 24. September 2002, Bd. 26, Köln 2003 (zitiert als: Geserich, in: DStJG 26 (2003), S. 245).

Gosch, Dietmar/Hoyer, Andreas (Hrsg.), Abgabenordnung Finanzgerichtsordnung – mit Nebengesetzen EuGH-Verfahrensrecht Kommentar, Bd. 1, (Loseblatt), Bonn, Stand: Oktober 2020 (zitiert als: *Bearbeiter*, in: Gosch, AO Kommentar).

Grabitz, Eberhard/Hilf, Meinhard/Nettesheim, Martin (Hrsg.), Das Recht der Europäischen Union – Kommentar, Bd. 1, (Loseblatt), München, Stand: August 2020 (zitiert als: *Bearbeiter*, in: Grabitz/Hilf/Nettesheim, Das Recht der Europäischen Union Kommentar).

Grube, Christian/Wahrendorf, Volker (Hrsg.), SGB XII – Sozialhilfe mit Asylbewerberleistungsgesetz Kommentar, 6. Auflage, München 2018 (zitiert als: *Bearbeiter*, in: Grube/Wahrendorf, SGB XII Kommentar).

Hammer, Gerhard, Steuer- und Gebührenbefreiungen der Kirchen, in: Listl, Joseph/Pirson, Dietrich (Hrsg.), Handbuch des Staatskirchenrechts der Bundesrepublik Deutschland, Bd. I, 2. Auflage, Berlin 1994 (zitiert als: Hammer, in: Listl/Pirson, HStKirchR Bd. I, § 36, S. 1065).

Hanke, Michael/Tybussek, Kai, Gemeinnützigkeitsrecht im Wandel, NWB 2012, S. 718-724.

Helbig, Petra, Der steuerverfassungsrechtliche Halbteilungsgrundsatz – Maßstab für Steuerbelastung und Ausgleichsverpflichtung im Länderfinanzausgleich? – Zugleich ein Valet der verfassungsrechtlichen Anbindung des Äquivalenzprinzips, Berlin 2002.

Helios, Marcus/Strehlke, Charlotte, Aktuelle europarechtliche Aspekte des grenzüberschreitenden Spendenabzugs – Unter besonderer Berücksichtigung von FG Düsseldorf, Urteil vom 14.1.2013, nPOR 2013, S. 209-216.

Herrmann, Carl/Heuer, Gerhard/Raupach, Arndt/Hey, Johanna/Wendt, Michael (Hrsg.), Einkommensteuer- und Körperschaftsteuergesetz – Kommentar, Bd. 4, (Loseblatt), Köln, Stand: Oktober 2020 (zitiert als: *Bearbeiter*, in: Herrmann/Heuer/Raupach, EStG/KStG Kommentar).

Herzog, Roman, Ziele, Vorbehalte und Grenzen der Staatstätigkeit, in: Isensee, Josef/Kirchhof, Paul (Hrsg.), Handbuch des Staatsrechts der Bundesrepublik Deutschland, Aufgaben des Staates, Bd. IV, 3. Auflage, Heidelberg/München/Landsberg/Berlin 2006 (zitiert als: Herzog, in: Isensee/Kirchhof, HStR Bd. IV, § 72).

Hey, Johanna, Rechtsprechung des Bundesverfassungsgerichts zum Steuerrecht im Wandel?, in: Piltz, Detlev J./Günkel, Manfred/Niemann, Ursula (Hrsg.), Steuerberater-Jahrbuch 2007/2008, Zugleich Bericht über den 59. Fachkongress der Steuerberater, Köln, 23. und 24. Oktober 2007, Köln 2008 (zitiert als: Hey, in: StBJb 2007/2008, S. 19).

von Hippel, Thomas, Steuerrechtliche Diskriminierung ausländischer gemeinnütziger Nonprofit-Organisationen: ein Verstoß gegen die EG-Grundfreiheiten?, in: Walz, W. Rainer/von Auer, Ludwig/von Hippel, Thomas (Hrsg.), Spenden- und Gemeinnützigkeitsrecht in Europa, Rechtsvergleichende, rechtsdogmatische, ökonometrische soziologische Untersuchungen, Tübingen 2007 (zitiert als: von Hippel, in: Walz/von Auer/von Hippel, Spenden- und Gemeinnützigkeitsrecht in Europa, S. 677).

HM Revenue & Customs, Rates and allowances for Income Tax – Income Tax rates and allowances for current and past years 1.1.2014, abrufbar im Internet: https://www.gov.uk/government/publications/rates-and-allowances-income-tax/income-tax-rates-and-allowances-current-and-past (zuletzt aufgerufen am 30.11.2020).

Homburg, Stefan, Allgemeine Steuerlehre, 7. Auflage, München 2015.

Hübschmann, Walter/Hepp, Ernst/Spitaler, Armin (Hrsg.), Abgabenordnung Finanzgerichtsordnung – Kommentar, Bd. 3, (Loseblatt), Köln, Stand: Oktober 2020 (zitiert als: *Bearbeiter*, in: Hübschmann/Hepp/Spitaler, AO/FGO Kommentar).

Hufeld, Ulrich, Der Reichsdeputationshauptschluss von 1803 – Eine Dokumentation zum Untergang des Alten Reiches, Köln Weimar Wien 2003.

Hufeld, Ulrich, Deutsches Steuerrecht und europäische Gemeinnützigkeit, in: Grupp, Klaus/Hufeld, Ulrich (Hrsg.), Recht Kultur Finanzen, Festschrift für Reinhard Mußgnug zum 70. Geburtstag am 26. Oktober 2005, Heidelberg 2005 (zitiert als: Hufeld, in: FS Mußgnug, S. 255).

Hufeld, Ulrich, Recht und Moral der Gemeinwohlfinanzierung – Verfassungsgrundlagen und Europäisierung, Heidelberg 2014.

Hufeld, Ulrich/Epiney, Astrid/Merli, Franz, Europäisches Verfassungsrecht – Vertragliches Europaverfassungsrecht Staatliches Verfassungsrecht, 3. Auflage, Baden-Baden/Zürich 2014.

Hufeld, Ulrich/Rathke, Hannes, Der Grundrechtsschutz nach Lissabon im Wechselspiel zwischen der Charta der Grundrechte der Europäischen Union, Europäischer Menschenrechtskonvention und den nationalen Verfassungen, EuR Beiheft 3 2013, S. 7-37.

Hüttemann, Rainer, Rechtsfragen des grenzüberschreitenden Spendenabzugs – Anmerkung zum Regierungsentwurf eines Gesetzes zur Umsetzung steuerlicher Vorgaben sowie zur Änderung steuerlicher Vorschriften, IStR 2010, S. 118-124.

Hüttemann, Rainer, Abzug einer Auslandsspende innerhalb der Europäischen Union, ISR 2014, S. 133-135.

Hüttemann, Rainer, Der geänderte Anwendungserlass zur Gemeinnützigkeit – BMF-Schreiben vom 31.1.2014, DB 2014, S. 442-448.

Hüttemann, Rainer, Gemeinnützigkeits- und Spendenrecht, 4. Auflage, Köln 2018.

Hüttemann, Rainer/Helios, Marcus, Gemeinnützige Zweckverfolgung im Ausland nach der „Stauffer"-Entscheidung des EuGH, DB 2006, S. 2481-2490.

Hüttemann, Rainer/Helios, Marcus, Abzugsfähigkeit von Direktspenden an gemeinnützige Einrichtungen im EU-Ausland – Zugleich Anmerkung zum Beschluss des BFH vom 9.5.2007, IStR 2007, 599, IStR 2008, S. 39-44.

Hüttemann, Rainer/Helios, Marcus, Steuerfreie Aufwandsentschädigungen nach § 3 Nr. 26 EStG bei nebenberuflicher gemeinnütziger Tätigkeit im EU-Ausland – Anmerkung zum EuGH-Urteil vom 18.12.2007, Jundt, Rs. C-281/06, IStR 2008, 220, IStR 2008, S. 200-202.

Hüttemann, Rainer/Helios, Marcus, Zum grenzüberschreitenden Spendenabzug in Europa nach dem EuGH-Urteil vom 27.1.2009, Persche, DB 2009, S. 701-707.

Isensee, Josef, Subsidiaritätsprinzip und Verfassungsrecht – Eine Studie über das Regulativ des Verhältnisses von Staat und Gesellschaft, 2. Auflage, Berlin 2001.

Isensee, Josef, Gemeinnützigkeit und Europäisches Gemeinschaftsrecht, in: Deutsche Steuerjuristische Gesellschaft (Hrsg.), Gemeinnützigkeit, 27. Jahrestagung der Deutschen Steuerjuristischen Gesellschaft e.V., Erfurt, 23. und 24. September 2002, Bd. 26, Köln 2003 (zitiert als: Isensee, in: DStJG 26 (2003), S. 93).

Isensee, Josef, Gemeinwohl im Verfassungsstaat, in: Isensee, Josef/Kirchhof, Paul (Hrsg.), Handbuch des Staatsrechts der Bundesrepublik Deutschland, Aufgaben des Staates, Bd. IV, 3. Auflage, Heidelberg/München/Landsberg/Berlin 2006 (zitiert als: Isensee, in: Isensee/Kirchhof, HStR Bd. IV, § 71).

Isensee, Josef, Grundrechtsvoraussetzungen und Verfassungserwartungen an die Grundrechtsausübung, in: Isensee, Josef/Kirchhof, Paul (Hrsg.), Handbuch des Staatsrechts der Bundesrepublik Deutschland, Allgemeine Grundrechtslehren, Bd. IX, 3. Auflage, Heidelberg 2011 (zitiert als: Isensee, in: Isensee/Kirchhof, HStR Bd. IX, § 190).

Isensee, Josef, Das Grundrecht als Abwehrrecht und als staatliche Schutzpflicht, in: Isensee, Josef/Kirchhof, Paul (Hrsg.), Handbuch des Staatsrechts der Bundesrepublik Deutschland, Allgemeine Grundrechtslehren, Bd. IX, 3. Auflage, Heidelberg 2011 (zitiert als: Isensee, in: Isensee/Kirchhof, HStR Bd. IX, § 191).

Jachmann, Monika, Die Europarechtswidrigkeit des § 5 Abs. 2 Nr. 2 KStG – Replik zu Helios, BB 2002, 1893ff., BB 2003, S. 990-995.

Jachmann, Monika, Reformbedarf im Gemeinnützigkeitsrecht, ZSt 2003, S. 35-46.

Jachmann, Monika/Meier-Behringer, Annette, Gemeinnützigkeit in Europa: Steuer- und europarechtliche Rahmenbedingungen, BB 2006, S. 1823-1830.

Jüptner, Roland, Leistungsfähigkeit und Veranlassung – Eine ideen- und verfassungskritischer Beitrag zum Leistungsfähigkeitsprinzip und dessen Bedeutung für einen generalisierenden einkommensteuerlichen Verpflichtungsgrund, insbesondere am Beispiel der Veranlassung, Heidelberg 1989.

Katzer, Andreas, Einkommensbesteuerung in Schweden – Rechtsvergleichende Darstellung des schwedischen Einkommensteuerrechts unter besonderer Berücksichtigung des Leistungsfähigkeitsprinzips, Hamburg 2008.

Kirchhof, Ferdinand, Abgaben und Grundrechte, in: Merten, Detlef/Papier, Hans-Jürgen (Hrsg.), Grundsatzfragen der Grundrechtsdogmatik, Heidelberg/München/Landsberg/Berlin 2007 (zitiert als: Kirchhof, in: Merten/Papier, Grundsatzfragen der Grundrechtsdogmatik, S. 35).

Kirchhof, Paul, Zweiter Beratungsgegenstand: Besteuerung und Eigentum – 1. Bericht von Professor Dr. Paul Kirchhof, Münster, in: von Arnim, Hans Herbert/Kirchhof, Paul/Korinek, Karl/Müller, Jörg Paul/Schlaich, Klaus (Hrsg.), Berichte und Diskussionen auf der Tagung der Vereinigung der Deutschen Staatsrechtslehrer in Innsbruck vom 1. - 4. Oktober 1980, Bd. 39, Berlin/New York 1981 (zitiert als: Kirchhof, in: VVDStRL Bd. 39, S. 213).

Kirchhof, Paul, Gemeinnützigkeit – Erfüllung staatsähnlicher Aufgaben durch selbstlose Einkommensverwendung – Eröffnung der Jahrestagung und Rechtfertigung des Themas, in: Deutsche Steuerjuristische Gesellschaft (Hrsg.), Gemeinnützigkeit, 27. Jahrestagung der Deutschen Steuerjuristischen Gesellschaft e.V., Erfurt, 23. und 24. September 2002, Bd. 26, Köln 2003 (zitiert als: Kirchhof, in: DStJG 26 (2003), S. 1).

Kirchhof, Paul, Die Steuern, in: Isensee, Josef/Kirchhof, Paul (Hrsg.), Handbuch des Staatsrechts der Bundesrepublik Deutschland, Rechtsquellen Organisation Finanzen, Bd. V, 3. Auflage, Heidelberg/München/Landsberg/Berlin 2007 (zitiert als: Kirchhof, in: Isensee/Kirchhof, HStR Bd. V, § 118).

Kirchhof, Paul, Erwerbsstreben und Maß des Rechts, in: Isensee, Josef/Kirchhof, Paul (Hrsg.), Handbuch des Staatsrechts der Bundesrepublik Deutschland, Grundrechte: Wirtschaft, Verfahren, Gleichheit, Bd. VIII, 3. Auflage, Heidelberg 2010 (zitiert als: Kirchhof, in: Isensee/Kirchhof, HStR Bd. VIII, § 169).

Kirchhof, Paul, Bundessteuergesetzbuch – Ein Reformentwurf zur Erneuerung des Steuerrechts, Heidelberg 2011.

Kirchhof, Paul, Das Bundessteuergesetzbuch in der Diskussion, 1. Auflage, Baden-Baden/München 2013.

Kirchhof, Paul/Seer, Roman (Hrsg.), Einkommensteuergesetz – Kommentar, 19. Auflage, Köln 2020 (zitiert als: *Bearbeiter*, in: Kirchhof, EStG Kommentar).

Kirchhof, Paul/Söhn, Hartmut/Mellinghoff, Rudolf (Hrsg.), Einkommensteuergesetz – Kommentar, Bd. 2, (Loseblatt), Heidelberg 1986, Stand: Oktober 2020 (zitiert als: *Bearbeiter*, in: Kirchhof/Söhn/Mellinghoff, EStG Kommentar).

Kirchhof, Paul/Söhn, Hartmut/Mellinghoff, Rudolf (Hrsg.), Einkommensteuergesetz – Kommentar, Bd. 10, (Loseblatt), Heidelberg 1986, Stand: Oktober 2020 (zitiert als: *Bearbeiter*, in: Kirchhof/Söhn/Mellinghoff, EStG Kommentar).

Köster, Thomas, Bindende Mustersatzung für gemeinnützige Körperschaften?, DStZ 2010, S. 166-169.

Kotzur, Markus, Der Begriff der inländischen juristischen Personen nach Art. 19 Abs. 3 GG im Kontext der EU, DÖV 2001, S. 192-199.

Kulmsee, Verena, Die Berücksichtigung von Kindern im Einkommensteuergesetz, Aachen 2002.

Lang, Joachim, Die Bemessungsgrundlage der Einkommensteuer – Rechtssystematische Grundlagen steuerlicher Leistungsfähigkeit im deutschen Einkommensteuerrecht, Köln 1988.

Lang, Joachim, Verfassungsrechtliche Gewährleistung des Familienexistenzminimums im Steuer- und Kindergeldrecht – Zu den Beschlüssen des Bundesverfassungsgerichts vom 29.5.1990 und vom 12.6.1990, StuW 1990, S. 331-348.

Lehner, Moris, Abzug des Grundfreibetrages von der Bemessungsgrundlage oder von der Steuerschuld?, StuW 1986, S. 59-63.

Lehner, Moris, Einkommensteuerrecht und Sozialhilferecht – Bausteine zu einem Verfassungsrecht des sozialen Steuerstaates, Tübingen 1993.

Lindencrona, Gustav, Gemeinnützigkeits- und Spendenrecht in Schweden, in: Walz, W. Rainer/von Auer, Ludwig/von Hippel, Thomas (Hrsg.), Spenden- und Gemeinnützigkeitsrecht in Europa, Rechtsvergleichende, rechtsdogmatische, ökonometrische soziologische Untersuchungen, Tübingen 2007 (zitiert als: Lindencrona, in: Walz/von Auer/von Hippel, Spenden- und Gemeinnützigkeitsrecht in Europa, S. 419).

Link, Christoph, Staatszwecke im Verfassungsstaat – nach 40 Jahren Grundgesetz – 1. Bericht von Prof. Dr. Christoph Link, Erlangen, in: Vereinigung der Deutschen Staatsrechtslehrer (Hrsg.), Staatszwecke im Verfassungsstaat – nach 40 Jahren Grundgesetz, Berichte und Diskussionen auf der Tagung der Vereinigung der Deutschen Staatsrechtslehrer in Hannover vom 4. bis 7. Oktober 1989, Bd. 48, Berlin 1990 (zitiert als: Link, in: VVDStRL Bd. 48, S. 7).

Lissner, Benjamin, Das Gemeinnützigkeits- und Spendenrecht unter dem Einfluss der europäischen Grundfreiheiten, Hamburg 2009.

Littmann, Eberhard/Bitz, Horst/Pust, Hartmut (Hrsg.), Das Einkommensteuerrecht – Kommentar zum Einkommensteuerrecht, Bd. 3, (Loseblatt), Stuttgart, Stand: Oktober 2020 (zitiert als: *Bearbeiter*, in: Littmann/Bitz/Pust, EStG Kommentar).

von Mangoldt, Hermann/Klein, Friedrich/Starck, Christian/von Huber, Peter/Voßkuhle, Andreas (Hrsg.), Das Bonner Grundgesetz – Kommentar, Bd. 1, 7. Auflage, München 2018 (zitiert als: *Bearbeiter*, in: von Mangoldt/Klein/Starck, Kommentar zum GG).

von Mangoldt, Hermann/Klein, Friedrich/Starck, Christian/von Huber, Peter/Voßkuhle, Andreas (Hrsg.), Grundgesetz – Kommentar, Bd. 2, 7. Auflage, München 2018 (zitiert als: *Bearbeiter*, in: von Mangoldt/Klein/Starck, Kommentar zum GG).

Maunz, Theodor/Dürig, Günter/Herzog, Roman/Scholz, Rupert/Herdegen, Matthias/Klein, Hans H. (Hrsg.), Grundgesetz – Kommentar, Bd. 1, (Loseblatt), München, Stand: April 2020 (zitiert als: *Bearbeiter*, in: Maunz/Dürig, GG Kommentar).

Maunz, Theodor/Dürig, Günter/Herzog, Roman/Scholz, Rupert/Herdegen, Matthias/Klein, Hans H. (Hrsg.), Grundgesetz – Kommentar, Bd. 2, (Loseblatt), München, Stand: April 2020 (zitiert als: *Bearbeiter*, in: Maunz/Dürig, GG Kommentar).

Maunz, Theodor/Dürig, Günter/Herzog, Roman/Scholz, Rupert/Herdegen, Matthias/Klein, Hans H. (Hrsg.), Grundgesetz – Kommentar, Bd. 3, (Loseblatt), München, Stand: April 2020 (zitiert als: *Bearbeiter*, in: Maunz/Dürig, GG Kommentar).

Maunz, Theodor/Dürig, Günter/Herzog, Roman/Scholz, Rupert/Herdegen, Matthias/Klein, Hans H. (Hrsg.), Grundgesetz – Kommentar, Bd. 7, (Loseblatt), München, Stand: April 2020 (zitiert als: *Bearbeiter*, in: Maunz/Dürig, GG Kommentar).

Mayerl, Jochen, Warum Spenden Menschen Geld? – Ein einstellungstheoretisches Erklärungsmodell, in: Deutsches Zentralinstitut für soziale Fragen (Hrsg.), Helfersyndrom, Prestigeverlangen oder Gemeinsinn?, Untersuchungen zum Spendenverhalten, Berlin 2009 (Dokumentation einer Tagung vom 13. Oktober 2008 in Berlin) (zitiert als: Mayerl, in: DZI, Helfersyndrom, Prestigeverlangen oder Gemeinsinn?, S. 45).

Moderegger, Martin, Der verfassungsrechtliche Familienschutz und das System des Einkommensteuerrechts, Baden-Baden 1991.

Moes, Christoph, Die Steuerfreiheit des Existenzminimums vor dem Bundesverfassungsgericht – Eine ökonomische, steuersystematische und grundrechtsdogmatische Kritik des subjektiven Nettoprinzips, Baden-Baden 2011.

Möllmann, Peter, Die steuerliche Privilegierung gemeinnütziger Körperschaften im Spannungsfeld von Verfassungsrecht und europäischen Grundfreiheiten, Würzburg 2007.

von Münch, Ingo/Kunig, Philip (Hrsg.), Grundgesetz – Kommentar, Bd. 2, 6. Auflage, München 2012 (zitiert als: *Bearbeiter*, in: von Münch/Kunig, GG Kommentar).

Neumann, Steffen, Steuerliche Verbesserungen für das bürgerschaftliche Engagement und die Folgen aus der Stauffer-Entscheidung des EuGH für den Spendenabzug, FR 2008, S. 745-751.

von Oertzen, Christian/Loose, Matthias, Erbschaftsteuer- und Schenkungsteuergesetz – Kommentar, 2. Auflage, Köln 2020 (mit Bewertung und ErbSt-DBA) (zitiert als: *Bearbeiter*, in: von Oertzen/Loose, ErbStG Kommentar).

Oettler, Frank, Das deutsche Gemeinnützigkeitsrecht und die Europäische Union – Auswirkungen des Urteils des Europäischen Gerichtshofs in der Rechtssache Stauffer auf das deutsche Gemeinnützigkeitsrecht, Hamburg 2008.

Paqué, Karl-Heinz, Philanthropie und Steuerpolitik – Eine ökonomische Analyse der Förderung privater Wohltätigkeit, Tübingen 1986.

Plappert, Martin Karl, Gemeinnützigkeits- und Spendenrecht: Ein steuersystematischer Rechtsvergleich zwischen den USA und Deutschland, Frankfurt am Main 2009.

von Proff, Maximilian, Gemeinnützigkeit nach den „Stauffer"-Urteilen des EuGH und des BFH, IStR 2007, S. 269-274.

von Proff, Maximilian, Grenzüberschreitende Gemeinnützigkeit nach dem Persche-Urteil des EuGH, IStR 2009, S. 371-377.

Reimer, Ekkehart/Ribbrock, Martin, Gemeinnützigkeit auch für ausländische Körperschaften?, RIW 2005, S. 611-618.

Reimer, Ekkehart, Rechtsschutz durch den EuGH: Setzt die deutsche Verfassung Schranken?, in: Lüdicke, Jürgen (Hrsg.), Wo steht das deutsche Internationale Steuerrecht?, Steuerwettbewerb, Schranken der Verfassung, Revisionen des OECD-Musterabkommens, Missbrauchsvorschriften, Internationale Personengesellschaften, Bd. 35, Köln 2009 (zitiert als: Reimer, in: Lüdicke, Wo steht das deutsche Internationale Steuerrecht?, S. 31).

Ridley, Matt, The origins of virtue – Human Instincts and the Evolution of Cooperation, New York 1997.

Rittner, Fritz/Dreher, Meinrad, Europäisches und deutsches Wirtschaftsrecht – Eine systematische Darstellung, 3. Auflage, Heidelberg 2008.

Sachs, Michael (Hrsg.), Grundgesetz – Kommentar, 8. Auflage, München 2018 (zitiert als: *Bearbeiter*, in: Sachs, GG Kommentar).

Schauhoff, Stephan, Handbuch der Gemeinnützigkeit – Verein, Stiftung, GmbH; Recht, Steuern, Personal, 3. Auflage, München 2010 (zitiert als: *Bearbeiter*, in: Schauhoff, Handbuch der Gemeinnützigkeit).

Schauhoff, Stephan/Kirchhain, Christian, Steuer- und zivilrechtliche Neuerungen für gemeinnützige Körperschaften und deren Förderer – Zum Gesetz der Stärkung des Ehrenamtes, FR 2013, S. 301-314.

Schaumburg, Harald/Englisch, Joachim, Europäisches Steuerrecht, 2. Auflage, Köln 2020 (zitiert als: *Bearbeiter*, in: Schaumburg/Englisch, Europäisches Steuerrecht).

Schienke-Ohletz, Tanja, Internationales Gemeinnützigkeits- und Spendenrecht unerwünscht?, BB 2018, S. 221-226.

Schmehl, Arndt, Das Äquivalenzprinzip im Recht der Staatsfinanzierung, Tübingen 2004.

Scholz, Rupert, Koalitionsfreiheit, in: Isensee, Josef/Kirchhof, Paul (Hrsg.), Handbuch des Staatsrechts der Bundesrepublik Deutschland, Grundrechte: Wirtschaft, Verfahren, Gleichheit, Bd. VIII, 3. Auflage, Heidelberg 2010 (zitiert als: Scholz, in: Isensee/Kirchhof, HStR Bd. VIII, § 175).

Schunk, Martin, Kooperationen zwischen gemeinnützigen Körperschaften und das Unmittelbarkeitsgebot nach § 57 AO, Hamburg 2014.

Schwarz, Bernhard/Pahlke, Armin (Hrsg.), AO/FGO Kommentar – Abgabenordnung Finanzgerichtsordnung, Bd. 1, (Loseblatt), Freiburg, Stand: September 2020 (zitiert als: *Bearbeiter*, in: Schwarz/Pahlke, AO/FGO Kommentar).

Schwarze, Jürgen/Becker, Ulrich/Hatje, Armin/Schoo, Johann (Hrsg.), EU-Kommentar, 4. Auflage, Baden-Baden 2019 (zitiert als: *Bearbeiter*, in: Schwarze, EU-Kommentar).

Seer, Roman, Der sog. Halbteilungsgrundsatz als verfassungsrechtliche Belastungsobergrenze der Besteuerung, FR 1999, S. 1280-1291.

Seer, Roman, Gemeinwohlzwecke und steuerliche Entlastung, in: Deutsche Steuerjuristische Gesellschaft (Hrsg.), Gemeinnützigkeit, 27. Jahrestagung der Deutschen Steuerjuristischen Gesellschaft e.V., Erfurt, 23. und 24. September 2002, Bd. 26, Köln 2003 (zitiert als: Seer, in: DStJG 26 (2003), S. 11).

Selbig, Sabine, Gemeinnützigkeits- und Spendenrecht in Großbritannien, in: Walz, W. Rainer/von Auer, Ludwig/von Hippel, Thomas (Hrsg.), Spenden- und Gemeinnützigkeitsrecht in Europa, Rechtsvergleichende, rechtsdogmatische, ökonometrische soziologische Untersuchungen, Tübingen 2007 (zitiert als: Selbig, in: Walz/von Auer/von Hippel, Spenden- und Gemeinnützigkeitsrecht in Europa, S. 321).

Siegel, Theodor/Schneider, Dieter, Existenzminimum und Familienlastenausgleich: Ein Problem der Reform des Einkommensteuerrechts, DStR 1994, S. 597-604.

Söhn, Hartmut, Verfassungsrechtliche Bindungen bei der Beschränkung der Abzugsfähigkeit von Vorsorgeaufwendungen durch Höchstbeträge, StuW 1990, S. 356-363.

Ständige Deputation des Deutschen Bundestages (Hrsg.), Verhandlungen des siebenundfünfzigsten Deutschen Juristentages Mainz 1988, Empfiehlt es sich, das Einkommensteuerrecht zur Beseitigung von Ungleichbehandlungen und zur Vereinfachung neu zu ordnen?, Bd. 2, München 28. und 29. September 1988 (Sitzungsberichte Teil N) (zitiert als: Beschlüsse, in: Ständige Deputation des Deutschen Bundestages, Verhandlungen des siebenundfünfzigsten Deutschen Juristentages Mainz 1988, 211).

Stein, Torsten/von Buttlar, Christian/Kotzur, Markus, Völkerrecht, 14. Auflage, München 2017.

Steiner, Alexander, Die Analyse der Spendenmotive anhand einer psychologischen Studie, in: Deutsches Zentralinstitut für soziale Fragen (Hrsg.), Helfersyndrom, Prestigeverlangen oder Gemeinsinn?, Untersuchungen zum Spendenverhalten, Berlin 2009 (Dokumentation einer Tagung vom 13. Oktober 2008 in Berlin) (zitiert als: Steiner, in: DZI, Helfersyndrom, Prestigeverlangen oder Gemeinsinn?, S. 60).

Stern, Klaus, Das Staatsrecht der Bundesrepublik Deutschland – Allgemeine Lehren der Grundrechte, München 1988.

Störmer, Rainer, Gemeinschaftsrechtliche Diskriminierungsverbote versus nationale Grundrechte?, AöR 1998, S. 541-576.

Tiedtke, Klaus/Möllmann, Peter, Spenden und Stiften soll attraktiver werden – Zur geplanten Reform der steuerlichen Spenden- und Stiftungsregelungen sowie des allgemeinen Gemeinnützigkeitsrechts, DStR 2007, S. 509-514.

Tipke, Klaus, Die Steuerrechtsordnung – Wissenschaftsorganisatorische, systematische und grundrechtlich-rechtsstaatliche Grundlagen, Bd. I, 2. Auflage, Köln 2000.

Tipke, Klaus, Die Steuerrechtsordnung – Steuerrechtfertigungstheorie, Anwendung auf alle Steuerarten, sachgerechtes Steuersystem, Bd. II, 2. Auflage, Köln 2003.

Tipke, Klaus/Kruse, Heinrich Wilhelm/Seer, Roman/Brandis, Peter/Drüen, Klaus-Dieter/ Loose, Matthias/Krumm, Marcel (Hrsg.), Abgabenordnung – Finanzgerichtsordnung Kommentar, Bd. 1, (Loseblatt), Köln, Stand: Oktober 2020 (zitiert als: *Bearbeiter*, in: Tipke/Kruse, AO/FGO Kommentar).

Tipke, Klaus/Lang, Joachim, Steuerrecht, 23. Auflage, Köln 2018 (zitiert als: *Bearbeiter*, in: Tipke/Lang, Steuerrecht).

Ullrich, Benjamin D., Praxisfragen der gesetzlichen Mustersatzung für gemeinnützige Körperschaften, DStR 2009, S. 2471-2473.

Unger, Sebastian, Steuerbegünstigung grenzüberschreitender Gemeinnützigkeit im Binnenmarkt – Vorgaben des Gemeinnützigkeits- und Spendenrechts im Lichte der unionalen Grundfreiheiten, DStZ 2010, S. 154-166.

Vogel, Klaus, Der Finanz- und Steuerstaat, in: Isensee, Josef/Kirchhof, Paul (Hrsg.), Handbuch des Staatsrechts der Bundesrepublik Deutschland, Verfassungsstaat, Bd. II, 3. Auflage, Heidelberg 2004 (zitiert als: Vogel, in: Isensee/Kirchhof, HStR Bd. II, § 30).

Walz, W. Rainer, Die Selbstlosigkeit gemeinnütziger Non-Profit-Organisationen im Dritten Sektor zwischen Staat und Markt, JZ 2002, S. 268-275.

Wassermeyer, Franz/Kaeser, Christian/Schwenke, Michael/Drüen, Klaus-Dieter (Hrsg.), Doppelbesteuerung – Kommentar zu allen deutschen Doppelbesteuerungsabkommen, Bd. 1, (Loseblatt), München, Stand: Juli 2020 (zitiert als: *Bearbeiter*, in: Wassermeyer, Kommentar Doppelbesteuerungsabkommen).

Wassermeyer, Franz/Kaeser, Christian/Schwenke, Michael/Drüen, Klaus-Dieter (Hrsg.), Doppelbesteuerung – Kommentar zu allen deutschen Doppelbesteuerungsabkommen, Bd. 4, (Loseblatt), München, Stand: Juli 2020 (zitiert als: *Bearbeiter*, in: Wassermeyer, Kommentar Doppelbesteuerungsabkommen).

Weitemeyer, Birgit, Der Nutzen von steuerlicher Begünstigung für Spenden – Eine evolutionsbiologische Perspektive auf Privat- und Unternehmensspenden, Forschungsjournal Soziale Bewegungen – Analysen zu Demokratie und Zivilgesellschaft 2011, S. 65-74.

Wernsmann, Rainer, Die verfassungsrechtliche Rechtfertigung der Abzugsfähigkeit von Vorsorgeaufwendungen – Zugleich zum Unterschied zwischen existenznotwendigem und indisponiblem Einkommen, StuW 1998, S. 317-333.

Wernsmann, Rainer, Zunehmende Europäisierung und Konstitutionalisierung als Herausforderung für den Steuergesetzgeber, in: Schön, Wolfgang/Beck, Karin E. M. (Hrsg.), Zukunftsfragen des deutschen Steuerrechts, Berlin 2009 (zitiert als: Wernsmann, in: Schön/Beck, Zukunftsfragen des deutschen Steuerrechts, S. 161).

West, Clara, Jenseits von Altruismus und Egoismus – Eine Bestandsaufnahme der empirischen Erfassung und Diskussion von Spendenmotiven, in: Deutsches Zentralinstitut für soziale Fragen (Hrsg.), Helfersyndrom, Prestigeverlangen oder Gemeinsinn?, Untersuchungen zum Spendenverhalten, Berlin 2009 (Dokumentation einer Tagung vom 13. Oktober 2008 in Berlin) (zitiert als: West, in: DZI, Helfersyndrom, Prestigeverlangen oder Gemeinsinn?, S. 53).

West, Clara, Zur Erklärbarkeit und Erklärungskraft von Spendenmotiven, in: Adloff, Frank/Priller, Eckhard/Strachwitz, Rupert (Hrsg.), Prosoziales Verhalten, Spenden in interdisziplinärer Perspektive, Stuttgart 2010 (zitiert als: West, in: Adloff/Priller/Strachwitz, Prosoziales Verhalten, S. 64).

Winheller, Stefan/Geibel, Stefan J./Jachmann-Michel, Monika (Hrsg.), Gesamtes Gemeinnützigkeitsrecht – AO KStG GewStG EStG UmwStG ErbStG GrStG GrEStG UStG MwStSystRL Rechnungslegung Nebengesetze, 2. Auflage, Baden-Baden 2020 (zitiert als: *Bearbeiter*, in: Winheller/Geibel/Jachmann-Michel, Gesamtes Gemeinnützigkeitsrecht).

Zahavi, Amotz/Zahavi, Avishag, Signale der Verständigung – Das Handicap-Prinzip, Frankfurt am Main und Leipzig 1998.

Kolibri 360 GmbH
Ferdinand-Jühlke-Straße 7
99095 Erfurt, Deutschland
produktsicherheit@kolibri360.de